In die „Sammlung von Monographien aus dem Gesamtgebiete der Neurologie und Psychiatrie" sollen Arbeiten aufgenommen werden, die Einzelgegenstände aus dem Gesamtgebiete der Neurologie und Psychiatrie in monographischer Weise behandeln. Jede Arbeit bildet ein in sich abgeschlossenes Ganzes.

Das Bedürfnis ergab sich einerseits aus der Tatsache, daß die Redaktion der „Zeitschrift für die gesamte Neurologie und Psychiatrie" wiederholt genötigt war, Arbeiten zurückzuweisen nur aus dem Grunde, weil sie nach Umfang oder Art der Darstellung nicht mehr in den Rahmen einer Zeitschrift paßten. Wenn diese Arbeiten der Zeitschrift überhaupt angeboten wurden, so beweist der Umstand andererseits, daß für viele Autoren ein Bedürfnis vorliegt, solche Monographien nicht ganz isoliert erscheinen zu lassen. Es stimmt das mit der buchhändlerischen Erfahrung, daß die Verbreitung von Monographien durch die Aufnahme in eine Sammlung eine größere wird.

Die Sammlung wird den Abonnenten der „Zeitschrift für die gesamte Neurologie und Psychiatrie" zu einem um ca. 20% ermäßigten Vorzugspreise geliefert.

Angebote und Manuskriptsendungen sind an einen der Herausgeber, Prof. Dr. O. Foerster, Breslau, und Prof. Dr. R. Wilmanns, Heidelberg, erbeten.

Die Honorierung der Monographien erfolgt nach bestimmten, zwischen Herausgebern und Verlag genau festgelegten Grundsätzen und variiert nur nach Höhe der Auflage.

Abbildungen und Tafeln werden in entgegenkommender Weise ohne irgendwelche Unkosten für die Herren Autoren wiedergegeben.

MONOGRAPHIEN AUS DEM GESAMTGEBIETE DER NEUROLOGIE UND PSYCHIATRIE

HERAUSGEGEBEN VON
O. FOERSTER-BRESLAU UND **K. WILMANNS**-HEIDELBERG

HEFT 24

DIE GEMEINGEFÄHRLICHEN GEISTESKRANKEN IM STRAFRECHT, IM STRAFVOLLZUGE UND IN DER IRRENPFLEGE

EIN BEITRAG ZUR REFORM DER STRAFGESETZGEBUNG DES STRAFVOLLZUGES UND DER IRRENFÜRSORGE

VON

DR. PETER RIXEN
NERVENARZT IN BRIEG

BERLIN
VERLAG VON JULIUS SPRINGER
1921

ISBN-13:978-3-7091-9597-0 e-ISBN-13:978-3-7091-9844-5
DOI: 10.1007/978-3-7091-9844-5

Vorwort.

Es gibt wenige Probleme, die von so großer, weittragender Bedeutung für die Irrenpflege, das Strafrecht und den Strafvollzug sind, wie die Behandlung der gemeingefährlichen Geisteskranken. Seit mehr als einem halben Jahrhundert ist diese Frage ein Gegenstand lebhafter Erörterung von seiten der Irrenärzte, Juristen und Strafvollzugsbeamten, die in zahlreichen Abhandlungen und in den Verhandlungen der Fachversammlungen ihren Niederschlag gefunden hat. Trotz der reichen literarischen Arbeit auf diesem Gebiete ist der Streit der Meinungen keineswegs zur Ruhe gekommen. Mein hochverehrter Lehrer Carl Pelman schrieb in seinen „Erinnerungen eines alten Irrenarztes" (Bonn 1912), die mit ihren köstlichen und ergreifenden Schilderungen die Anteilnahme jedes deutschen Psychiaters erwecken: „Die Frage: Wohin mit den geisteskranken Verbrechern? hat schon unzählige Federn in Bewegung gesetzt und ist bald so, bald so entschieden worden. Sie ist, wie so manche ihrer Schwestern, in erster Linie eine Magenfrage, und die dafür und dagegen vorgeführten Gründe haben ihre Wurzel meist im Geldbeutel. Der Geisteskranke steht außerhalb des Rechtes, und er kann rechtlich für seine Handlungen nicht verantwortlich gemacht, bestraft werden. Hat er die strafbare Handlung in einem Zustande der Geistesstörung begangen, so ist die strafbare Handlung einfach nicht vorhanden, und wird er später im Gefängnis geisteskrank, so hat es wiederum keinen Sinn, die Strafe an einem Unzurechnungsfähigen zu vollziehen. Der Strafvollzug wird folgerichtig aufgehoben, und der geisteskranke Verbrecher der Irrenanstalt überwiesen. Er hat aufgehört, ein Verbrecher zu sein, und ist ein Geisteskranker geworden. Als Geisteskranker gehört er nicht mehr ins Gefängnis, sondern in die Irrenanstalt. Damit hat auch die Verpflichtung des Staates, für ihn zu zahlen, ein Ende, und an seine Stelle tritt die Provinz. Das ist die Logik des Juristen, und dagegen läßt sich bekanntlich nicht aufkommen. Und doch liegt die Sache in ihrer praktischen Ausführung etwas anders. Der Verbrecher ist geisteskrank geworden und damit kein Gegenstand des Strafvollzuges mehr. Ich will darüber nicht streiten. Seinen altgewohnten Rock hat er jedoch damit nicht ausgezogen, seine Neigungen nicht abgelegt, und oft genug tritt seine verbrecherische Natur durch die Erkrankung nur um so unverhüllter zutage. Die Irrenanstalten sind Humanitätsanstalten geworden, die alles, was an Zwang und Strafe erinnert, von sich abgestreift haben und sich emsig bemühen, jede Schranke zu überbrücken, die sie bisher von den übrigen Krankenanstalten schied. In diese freien Anstalten paßt der geisteskranke Verbrecher nicht hinein, er stört an allen Ecken und Enden und bildet eine ständige Gefahr, jedenfalls aber eine Quelle nie ruhender Besorgnis und Unruhe von seiten der Anstalt. Vom Standpunkte des Irrenarztes muß ich darauf bestehen: mag man mit dem geisteskranken Verbrecher machen, was man will, das ist mir vollständig gleichgültig, in die moderne Irrenanstalt aber paßt er nicht hinein, und wir Irrenärzte sollten nicht ruhen im Streite, bis wir ihn aus den Anstalten losgeworden sind." (S. 142—144.)

Dieser Auffassung meines alten Lehrers, den nun seit einigen Jahren der Rasen deckt, kann ich nicht zustimmen. Die Frage der Versorgung der geisteskranken Verbrecher kann nicht lediglich vom Standpunkte des Irrenarztes betrachtet werden, auch der Strafanstaltsarzt darf Anspruch darauf erheben, daß sein Urteil darüber gehört wird. Deshalb möge es mir gestattet sein, aus meinem Jahresbericht über die Irrenabteilung der Strafanstalt in Münster aus dem Jahre 1906 eine Stelle anzuführen, die sich auch in der Statistik der zum Ressort des Königlich preußischen Ministeriums des Innern gehörenden Strafanstalten, Berlin 1908, S. 58 und in dem Werke Aschaffenburgs „Die Sicherung der Gesellschaft gegen gemeingefährliche Geisteskranke, Berlin 1912, S. 39 u. 40“ findet und folgenden Wortlaut hat: „Eine großzügige, weitschauende psychiatrische Prophylaxe müßte hier (bei der Behandlung der geisteskranken Verbrecher) einsetzen, um die Degenerierten und zu geistigen Erkrankungen Disponierten durch Unterbringung in besonderen Anstalten einerseits vor dem Rückfall in Verbrechen und andererseits vor dem Rückfall in Geistesstörung zu schützen. In den Irrenanstalten bilden diese geisteskranken Verbrecher die störendsten, unruhigsten Elemente, die fortwährend die anderen Kranken aufwiegeln und nicht selten zu Revolten und tätlichen Angriffen auf die Ärzte und Pfleger Anlaß geben. Es ist daher verständlich, daß die Leiter der Irrenanstalten bestrebt sind, diese unruhigen, querulierenden Elemente, sobald als angängig, aus ihren Anstalten zu entfernen. Objekte eines geordneten Strafvollzuges können diese Menschen jedoch nimmer sein, die Strafe hat für sie Sinn und Bedeutung verloren. Ermahnungen und Belehrungen wie Disziplinarstrafen prallen wirkungslos an ihnen ab, ihr Weg führt sie nach kurzer Zeit wieder in die Irrenanstalten. So werden sie wie ein Spielball zwischen Irrenanstalten und Strafanstalten hin- und hergeworfen, und das Ende der Strafzeit ist in manchen Fällen gar nicht abzusehen, weil der Aufenthalt in den Irrenanstalten auf die Strafzeit nicht angerechnet wird. Die jetzige Behandlung der geisteskranken Verbrecher in den Irrenanstalten, das baldige Abschieben derselben in die Strafanstalten ist unwürdig und schädlich. Unwürdig, weil es Aufgabe der psychiatrischen Wissenschaft und der Irrenpflege ist, sich auch der geisteskranken Rechtsbrecher in humaner Weise anzunehmen und durch entsprechende dauernde Fürsorge dem Rückfall derselben in akute geistige Erkrankung vorzubeugen, und direkt schädigend, indem durch Überführung der Degenerierten und Schwachsinnigen in Strafanstalten bei diesen neue geistige Erkrankungen ausgelöst werden.“ Es schien mir nun wünschenswert, an der Hand der vorliegenden Literatur eine zusammenfassende Darstellung darüber zu geben, welche Maßnahmen die deutschen und ausländischen Staaten bisher hinsichtlich der gemeingefährlichen Geisteskranken getroffen haben, und auf Grund meiner in 15 jähriger Tätigkeit an Gefängnissen und Strafanstalten gesammelten Erfahrungen darzulegen, in welcher Weise diese ungemein wichtige Frage am besten zu einer befriedigenden Lösung gebracht wird. So übergebe ich die vorliegende Abhandlung, die schon vor dem Kriege begonnen, aber aus äußeren Gründen erst jetzt zu Ende geführt werden konnte, der Öffentlichkeit mit dem Wunsche, daß sie im Kreise der Fachgenossen eine wohlwollende Beurteilung finden, darüber hinaus aber weitere Kreise auf die Wichtigkeit und die Schwierigkeit der Behandlung der gefährlichen Geisteskranken hinweisen möge.

Der Verfasser.

Inhaltsverzeichnis.

I. Abschnitt.

Die geschichtliche Entwicklung des Problems und der Stand der Frage in Deutschland und den außerdeutschen Ländern.

In den Jahren 1791, 1792 und 1794 erschien in Halle das Buch des Gefängnispredigers H. B. Wagnitz „Historische Nachrichten und Bemerkungen über die merkwürdigsten Zuchthäuser in Deutschland“ in 3 Teilen, das „dem Geiste Howards und denen, die er umschwebt“, gewidmet ist und eine sehr wertvolle Fundgrube für die Kenntnis der Zustände in den deutschen Gefängnissen am Ausgange des 18. Jahrhunderts ist. Dem dritten Teile dieses Werkes ist ein Anhang „Über die zweckmäßigste Einrichtung der Gefängnisse und Irrenanstalten“ beigefügt, der kulturhistorisch von ganz besonderem Interesse ist. Daraus ersehen wir, daß in der damaligen Zeit gewöhnlich die Irrenhäuser mit den Zuchthäusern verbunden, und die ersteren in der Regel Adnexe der letzteren waren. Wagnitz führt eine Beschreibung von Becker an, in der es heißt: „So verwahrt man sie — die Irren —, die zum erhabenen Gebrauch ihrer Vernunft bestimmten, edelsten aller erschaffenen Wesen wie seltene Bestien aus Afrika zur Schau oder hebt sie wie leblose Inventarienstücke 3, 4, 10, 30 und mehr Jahre auf zu dem nicht eben menschenfreundlichen Endzwecke, sie bald oder spät der Fäulnis im stummen Grabe zu überliefern — ohne zur Hebung der Krankheiten, ohne zur Wiederherstellung ihrer Besinnkraft das Mindeste beizutragen, ohne ihnen die Brauchbarkeit wiederzugegeben, wodurch sie der Welt in ihren gesunden Tagen oft so verehrenswert waren — man verwahrt sie, sage ich, mit einer Indolenz, die unserm Jahrhundert durchaus nicht zur Ehre gereicht.“ Und Wagnitz bemerkt dazu: „Viel Wahres! Dazu kommt die schimpfliche Beimischung von Verbrechern aller Art, mit denen die Unglücklichen, die so sehr unser ganzes Mitleid verdienen — mag sein getrennt, in besonderen Zellen, doch unter demselben Dache, verwahrt und eingeschlossen gehalten, oft auf gleiche Art behandelt, und, so wie sie, jedem neugierigen Fremden, der das Zuchthaus besucht, zum Schauspiel dargestellt werden.“ Wagnitz greift in seinem Denken und Fühlen seiner Zeit weit voraus, wenn er weiter schreibt: „Lauter Umstände, die nicht nur für die Familie des Elenden kränkend und niederschlagend sind, sondern auch oft selbst diesem in vieler Rücksicht nachteilig werden; da sie teils seinen Genesungsfortgang unmöglich machen, teils seine Leiden vergrößern und seinen Zustand verschlimmern, teils, wenn er je wieder hergestellt werden sollte, ihn jederzeit mit Scham an seinen vorigen

Aufenthaltsort zurückdenken lassen — wodurch denn nicht nur der Wunsch, daß man nicht so geschwind sein möge, solche Unglückliche aufs Zuchthaus zu schicken, sondern auch der, daß Zucht- und Irrenanstalten überall getrennt werden könnten, wie mich dünkt, vollkommen gerechtfertigt wird." „Aber ich weiß wohl", so fährt er fort, „daß dieser Wunsch von mancherlei Schwierigkeiten begleitet wird, und daß man nicht ganz ohne scheinbaren Grund beide Institute fast überall zusammengeschmolzen und miteinander vereinigt hat, wobei man dann zugleich die Irrenanstalt mehr als Nebenanstalt betrachten mußte. Verrückte, sagt man, gehören doch immer unter das Genus der zu Verwahrenden, bei denen man dahin zu sehen hat, daß sie weder sich noch dem Publikum schädlich werden; was Wunder also, wenn man sie mit einer andern Spezies, die unter eben das Genus gehört, mit Verbrechern in ein Haus bringt. Überdies gibts, wofür Gott zu danken, doch nicht in jeder Provinz so viele, daß für sie eine eigene Anstalt mit dem dazu gehörigen Personale errichtet werden könnte." Wagnitz verlangt jedoch dringend eine Trennung der Zuchthaus- und Irrenanstalten. „Verunglückt", so sagt er, „schon in Anstalten, wo man sich ausschließungsweise mit solchen Unglücklichen beschäftigt, oft die sorgfältigste Kur, was wird vollends da zu hoffen sein, wo sie meistens ganz übersehen und in den Zellen der Vergessenheit begraben werden!"

Diese Darlegungen des vielgereisten, erfahrenen Gefängnisgeistlichen lassen deutlich erkennen, worin die Vereinigung der Irrenhäuser mit den Strafanstalten bis in das 19. Jahrhundert hinein ihren Grund hatten. Geisteskranke und Verbrecher stellten nach der Auffassung der damaligen Zeit nur verschiedene Spezies desselben Genus humanum, der zu Verwahrenden, vor, für beide Kategorien von Menschen kam gewissermaßen nur die gleiche Behandlungsmethode, die Sicherung, die Unschädlichmachung gegenüber der menschlichen Gesellschaft in Betracht. Im Strafrecht herrschte unumstritten der Vergeltungsgedanke, und dieses Prinzip der Vergeltung kam einer Unschädlichmachung völlig gleich. Wohl hatte Beccaria in seinem berühmten Werke „Dei delitti e delle pene" schon 1764 auf die Sinnlosigkeit und Schädlichkeit einer solchen Strafjustiz mit Nachdruck hingewiesen, wohl hatte der edle John Howard, der Reformator des Gefängniswesens, das namenlose Elend der Gefängnisse jener Zeit in seinem Buche „States of prisons" 1776 den Völkern und Fürsten in ergreifender Weise vor Augen geführt, wie wenig aber für eine Verbesserung der Gefängnisse geschehen war, das zeigen die Schilderungen, die Wagnitz in den ersten Teilen seines Werkes gibt.

Noch trauriger und jammervoller als das Schicksal der Gefangenen war das Los der Geisteskranken in jener Zeit. Es gab keine Irrenpflege, wie wir sie kennen. Das Einzige, was geschah, war, daß man die Geisteskranken recht und schlecht verwahrte. Von irgendwelcher Behandlung und Pflege konnte nicht die Rede sein. Die medizinische Wissenschaft beschäftigte sich nur ganz oberflächlich mit den psychischen Erkrankungen, unterschied im wesentlichen nur Melancholie und Manie und empfahl das eine oder andere Heilmittel. Ja, es war ja nicht einmal entschieden, ob der Geisteskranke dem Arzte zur Behandlung überwiesen werden solle oder dem Philosophen. Bis tief in das 19. Jahrhundert hinein bestand nicht nur in Laienkreisen, sondern auch bei Ärzten die Vorstellung, daß Sünde und Schuld die maßgebenden Faktoren bei der Entstehung der Geistesstörungen seien. Das war noch ein Grund mehr, um Verbrecher und Geisteskranke auf eine Stufe zu stellen und die gleichartige Verwahrung beider Spezies durchzuführen.

In ergreifender Weise haben Esquirol und Reil die Zustände in den Irrenanstalten zu Beginn des 19. Jahrhunderts geschildert.

Esquirol schrieb im Jahre 1818 in einem Bericht an das Ministerium, nachdem er die Einrichtungen zur Unterbringung der Irren in 33 französischen Städten kennen gelernt hatte:

„Diese Unglücklichen werden ärger mißhandelt als Sträflinge, und ihre Lage ist schlimmer als die des Viehs. Fast überall hat man die Geisteskranken in den feuchtesten und ungesündesten Gebäuden untergebracht. Ich sah sie mit Lumpen bedeckt und nur im Besitze von etwas Stroh, um sich gegen die feuchte Kälte des Pflasters zu schützen, auf welchem sie liegen; ich sah sie bei grober Kost, der Luft zum Atmen, des Wassers zum Stillen des Durstes beraubt und der einfachsten Lebensmittel bar, in Gewalt von wirklichen Kerkermeistern und ihrer rohen Behandlung preisgegeben. Ich sah sie in schmutzigen und engen Winkeln, ohne Luft und Licht, angekettet in Höhlen, in welche man sich scheuen würde, jene wilden Tiere einzusperren, welche der Luxus der Verwaltungen mit großen Kosten in den Hauptstädten unterhält".

Reil gab in seinen im Jahre 1803 erschienenen „Rhapsodien über die Anwendung der psychischen Kurmethode auf Geisteszerrüttungen" folgende Schilderung der Zustände des Geisteskranken in den Zucht- und Tollhäusern der damaligen Zeit:

„Die Barbarei perenniert, wie sie aus der rohen Vorzeit auf uns übertragen ist. Wir sperren diese unglücklichen Geschöpfe gleich Verbrechern in Tollkoben, ausgestorbene Gefängnisse, neben den Schlupflöchern der Eulen in öde Klüfte über den Stadttoren oder in die feuchten Kellergeschoße der Zuchthäuser ein, wohin nie ein mitleidiger Blick des Menschenfreundes dringt, und lassen sie daselbst angeschmiedet an Ketten in ihrem Unrat verfaulen. Ihre Fesseln haben ihr Fleisch bis an die Knochen abgerieben, und ihre hohlen und bleichen Gesichter harren des Grabes, das ihren Jammer und unsere Schande zudeckt".

Eine ausführliche Darstellung des Entwicklungsganges der Irrenpflege in den letzten hundert Jahren gibt auf Grund eingehenden Quellenmaterials Kraepelin in seiner Abhandlung: „Hundert Jahre Psychiatrie. Ein Beitrag zur Geschichte menschlicher Gesittung". (Zeitschrift für die gesamte Neurologie und Psychiatrie. Orig. Bd. 38, auch als Sonderdruck, Berlin, 1918 erschienen.)

Wohl gab es auch im 18. Jahrhundert vereinzelt Bestrebungen, die darauf abzielten, das bedauernswerte Los der Geisteskranken zu verbessern. Ein bemerkenswertes Beispeil dafür ist die in der Beilage A der Statistik der zum Ressort des Königl. Preußischen Ministeriums des Innern gehörenden Strafanstalten und Gefängnisse für das Jahr 1907 abgedruckten Haus- und Dienstordnung für das Zucht- und Tollhaus zu Celle vom Jahre 1732. In dem damaligen Kurfürstentum Braunschweig-Lüneburg war in den Jahren 1720—1729 mit dem erheblichen Kostenaufwande von 372 000 Mark für 200 Personen bei der Stadt Celle ein Zucht- und Tollhaus errichtet worden, in dem Verbrecher und Geisteskranke untergebracht werden sollten. Über dem Eingangstor der noch jetzt als Zuchthaus dienenden Anstalt findet sich unter einer Maske, die das Gesicht eines Verbrechers und eines Geisteskranken zugleich darstellen soll, die noch heute vorhandene Inschrift:

Puniendis facinorosis; custodiendis furiosis et mente captis; publico sumptu dicata domus.

Für diese Anstalt wurde im Jahre 1732 eine Hausordnung erlassen, deren humane Bestimmungen über die Behandlung der Geisteskranken auffallen. Die Irren sollten als beklagenswerte, „miserable" Leute mit Freundlichkeit und Sanftmut behandelt werden. „Bei ihrer Wartung ist aller ersinnlicher Fleiß und Bemühung aufzuwenden, daß es ihnen an nötiger Pflege nicht gebreche, sie nicht erbittert noch in mehrere Unruhe gesetzet, sondern soviel immer möglich zum stillen Wesen gebracht, auch darinne erhalten werden mögen." Die Beamten sollen nicht wieder schelten, wenn die Kranken sie beschimpfen; toben sie gar zu sehr, dann darf die Zelle verdunkelt werden, aber nicht länger als zur Beruhigung nötig ist; sie dürfen ihnen wohl mit Rute und Peitsche drohen, aber sie nur mit Zustimmung des Kommissarius und der Ärzte strafen. Auf Reinlichkeit und Sauberkeit in den Räumen und an ihrer Kleidung ist zu achten; das Essen soll ihnen stets frisch und reinlich gegeben werden. Jedes Reizen der Kranken ist verboten; Fremden ist der Zutritt nur mit Genehmigung des Kommissarius gestattet; die Verwandten dürfen den Kranken etwas mitbringen." Wie ein helles Licht in undurchdringlicher Finsternis erscheint diese vom Geiste echter Menschenliebe getragene Verordnung in einer Zeit völliger Verständnislosigkeit und sinnloser Grausamkeit gegenüber den unglücklichen Geisteskranken. Die Verbindung der Irrenanstalt mit dem Zuchthause in Celle bestand bis zum Jahre 1833. Dann wurden die Geisteskranken in die neuerrichtete Irrenanstalt zu Hildesheim übergeführt. Eine ähnliche Verbindung von Irrenanstalt und Strafanstalt bestand am Ende des 18. und zu Beginn des 19. Jahrhunderts in Brieg. Vom Jahre 1750 an wurden in dem 1740 gegründeten Brieger Zuchthause Geisteskranke untergebracht, in dem sie ohne Absonderung von den Gefangenen und ohne Trennung der Geschlechter verwahrt wurden. Erst im Jahre 1784 gelang es den Bemühungen des Dr. E. G. Glawnig, auf dem Gelände der Strafanstalt eine besondere Irrenanstalt für 50 Geisteskranke zu errichten; die Verbindung der Irrenanstalt mit der Strafanstalt blieb aber bis zum Jahre 1810 bestehen.

Der Reformator der Irrenbehandlung und Irrenpflege war Philippe Pinel (1755—1826). Er befreite die Geisteskranken aus den Ketten und Kerkern, in die sie Unwissenheit und Hartherzigkeit gelegt hatte, und trug für eine humane Behandlung derselben Sorge. In seinem Werke: „Traité médico-philosophique sur l' aliénation mentale. Paris 1801" legte er seine Ansichten über das Wesen und die Behandlung der Geisteskrankheiten ausführlich dar. Er verwarf fast alle Zwangsmittel und empfahl Überwachung, psychische Beruhigung und Beschäftigung der Kranken in einer zweckmäßig eingerichteten und unter ärztlichen Leitung stehenden Irrenanstalt. Bemerkenswert ist, daß er zu großer Vorsicht bei der Entlassung geheilter Kranker in die Heimat riet, weil auch nach der Genesung noch lange Zeit bei vielen Kranken große Reizbarkeit bestehe.

Die Durchführung der Vorschläge Pinels ließ in Deutschland noch lange auf sich warten. Ein wichtiges Dokument für die Beurteilung der Zustände in den deutschen Irrenanstalten am Anfange des 19. Jahrhunderts bildet die kurze „Darstellung der vom Königl. Preußischen Kammergericht zu Berlin gegen den Geheimen Medizinalrat Dr. Ernst Horn geführten Kriminaluntersuchung wegen angeblich verkehrter und grausamer Behandlung der Gemütskranken in der Irrenanstalt der Charité und wegen Veranlassung des Todes der unverehelichten Thiele durch dieselbe" im fünften Bande der Abhandlungen aus dem Gebiete der gerichtlichen Medizin von Adolph Henke, Leipzig 1834, s. S. 162—216. Aus der Krankengeschichte dieser offenbar an Jugendirresein leidenden Kranken greife ich folgende Stellen heraus: 23. August 1811: „Sie schlief in der Nacht wenig, sondern schrie fortwährend über ihr Unglück. Dieses währte den ganzen Tag fort, denn auch das Sackstecken konnte dem Wehklagen über ihre eingebildete Krankheit nicht Einhalt tun. 24. August: Heute bekam sie ein emeticum, wobei sie zu sterben vermeinte, indem sie glaubte, daß alle Eingeweide am Halse herausstürzen würden. 25. August: Alles Besänftigen mittels gutem Zureden noch Schelten, Drohen mit härterer Strafe als der Sack, hilft nichts. Es wurde ihr ein setaceum in den Nacken gelegt, welche Operation sie nur mittels Zwang erduldete, da sie untätig gemacht werden mußte. 26. August: Sechzehn Eimer kaltes Wasser über den Kopf machen sie heute ruhig. 31. August: Weder kalte Bäder, Drehen, Haarseil, noch Brechmittel und Sack nötigt sie, ihr Schreien zu unterlassen. 1. September: Um 11 Uhr vormittags ihres beständigen Schreiens wegen, ihr die Zwangsjacke angezogen, doch nur lose, und sie in einen Sack gesteckt und auf die Erde gelegt." Hier lag sie unter unaufhörlichem Schreien bis gegen halb 4 Uhr, wo sie plötzlich ruhig wurde. Durch diese plötzliche Ruhe aufmerksam gemacht, ging die Aufwärterin zu ihr, nahm ihr den Sack ab und fand sie fast leblos. Sie brachte sie aufs Bette, wo sie einigemal zuckte und dann verschied." Am 6. September erstattete der Stadtrat Rehfeld, ein Verwandter der Verstorbenen, bei dem Kammergericht die Anzeige, daß der Tod der Thiele nach Aussage mehrerer Ärzte „der Behandlung oder vielmehr Mißhandlung des H. R. Horn und namentlich der Anwendung des Sackes zugeschrieben war." Zunächst lehnte das Kammergericht es ab, eine Untersuchung gegen Dr. Horn zu eröffnen, als aber der zweite Arzt und Geburtshelfer in der Charité, Geheimer Medizinalrat Dr. Kohlrausch, gleichfalls schwere Beschuldigungen gegen Dr. Horn wegen kunstwidriger Behandlung der Irren überhaupt und der verstorbenen Thiele insbesondere erhob, wurde von dem Gericht eine Untersuchung angeordnet und der Physikus, Obermedizinalrat von Könen, und der Oberbergrat, Professor der Medizin an der Universität in Berlin, Johann Christian Reil mit der Begutachtung der Todesursache und der Behandlung der Thiele beauftragt. Das Gutachten Reils (1759—1813), des Verfassers der „Rhapsodien über die Anwendung der psychischen Kurmethode auf Geisteszerrüttung", Halle 1803, und des Gründers der ersten psychiatrischen Zeitschrift in Deutschland, des „Magazins für die psychische Heilkunde", 1805, ist von besonderem Interesse, denn es vertritt mit großer Wärme jene Anschauungen, die die „psychischen" Ärzte damals in Deutschland für die allein richtigen hielten, und deshalb sei es zur Kennzeichnung der damaligen Ansichten wissenschaftlich gebildeter, hervorragender Ärzte über die Behandlung der Geisteskranken gestattet, daraus einige charakteristische Stellen anzuführen. Reil erörtert ausführlich die Frage, ob der Tod der Thiele durch die Anwendung des Sackes herbeigeführt und ob sie überhaupt kunstwidrig behandelt worden sei. Der Polizeiinspektor Holthoff hatte den Sack „ein schreckliches und durchaus unpsychologisches

Mittel und die Anwendung desselben wider den Wahnsinn ein unmenschliches und beispielloses Verfahren" genannt und der Obermedizinalrat Kohlrausch den Sack als einen „Sterbesack" bezeichnet. Reil nimmt Dr. Horn gegen diese Vorwürfe in Schutz mit folgenden Worten: „Der eine Arzt laxiert seine Kranken mit Rhabarber, der andere mit Koloquinten; H. R. Horn sucht die wilden Ausbrüche der Wahnsinnigen mit einem Sacke zu dämpfen, van Helmont band ihnen Gewichte an die Füße und versenkte sie solange in Wasser, als zur Hersagung des Psalms Miserere Zeit erfordert wird. Doch ist H. R. Horn wirklich nicht der Einzige, der sich des Sackes zur Kur des Wahnsinns bedient. Hr. Dr. Mangold heilte durch ihn den Gastwirt Niqué in der Behrenstraße, der 7 Jahre epileptisch war und am 16. Dezember 1809 plötzlich wahnsinnig wurde, auf der Straße herumlief und Feuer schrie. Er ließ ihn in einen Sack stecken und in demselben solange ganze Ströme eiskalten Wassers über ihn gießen, bis die Feuersbrunst ausgelöscht war. Der Kranke schlief nach dieser gezwungenen Taufe ein, und als er nach 8 Stunden erwachte, war er nicht allein frei von Wahnsinn, sondern hat wenigstens noch bis März 1811 selbst von der mehrjährigen Epilepsie keinen Anfall mehr gehabt." Reil hält den Arzt für durchaus berechtigt, „dem verkehrten Willen des Wahnsinnigen eine andere Richtung zu geben, dem inneren und gewaltigen Drange zur Ungebundenheit die Notwendigkeit, der aufbrausenden Kraft, die das Ufer überschwillt, ein Gefühl der Ohnmacht und Unterwürfigkeit entgegen zu setzen", und die Mittel dazu sind: „das Stürzen ins Wasser, das Untertauchen, das Aufziehen am Stricke, die Zwangsweste, Coxs Schaukel, das glühende Eisen, Stockschläge, die Autenriethsche Maske, Hungerkuren usw., unter welchen der Sack das sanfteste ist."

Auf Grund der übereinstimmenden Gutachten des Professor Reil und des Dr. Merzdorf erkannte der Kriminalsenat des Kammergerichts am 8. Mai 1912 für Recht: „Daß der Hofrat Dr. Horn von der Anschuldigung einer pflichtwidrigen Amtsführung und der Veranlassung des Todes der gemütskranken L. Thiele durch Fahrlässigkeit, wie hierdurch geschieht, völlig freizusprechen sei." Ein ähnlicher Vorfall ereignete sich im Januar 1814 in der Irrenanstalt zu Brieg. Dort war ein Geistlicher 24 Stunden nach seiner Ankunft, während welcher Zeit er nach Anordnung des Arztes Dr. Fischer mit mehreren Zwangsmitteln, mit der sogen. Zwangsbirne, mit der Zwangsjacke, dem Stehen an der Schnur usw. behandelt worden war", gestorben. Die Obduzenten hatten bestimmt erklärt, daß die ärztliche Behandlung im vorliegenden Falle den Tod jenes Geistlichen befördert habe. Die Kommissare der Regierung in Breslau traten diesem Gutachten entgegen, und der Geheime Obermedizinalrat Dr. Langermann legte später in einem Gutachten unter Berufung auf Boerhaave und Celsus eingehend dar, „daß der Dr. Fischer durchaus mit dem Grade von Sorgfalt bei Ausübung seiner Kunst gehandelt habe, welcher ihn der Verantwortlichkeit bei einem unglücklich abgelaufenen Versuche überheben, und das Recht, seiner Erfahrung zu vertrauen, ihm sichern muß". Henke teilt im Jahre 1834 völlig diesen Standpunkt und spricht seine Entrüstung darüber aus, daß „Männer sich ein Urteil über die angeschuldete Kunstwidrigkeit der Heilmethode anmaßten, die keine Kunstverwandte waren, wenn sie auch in hohen Posten und selbst an der Spitze des Medizinaldepartements standen". Wie wenig zweckmäßig die Unterbringung der Geisteskranken selbst in Berlin um das Jahr 1840 war, geht aus einer Schilderung Leubuschers hervor: „Die unheilbaren Irren befinden sich jetzt im Arbeitshause in einem Zustande, wie man ihn in den Schilderungen der mittelalterlichen Irrenhäuser trifft, wie ihn uns Kaulbachs Gemälde in ergreifender Weise vor die Seele führt. Das Arbeitshaus ist das große Reservoir des Verbrechens und des tiefsten, unschuldigen Elends. Fleißige, aber arme Arbeiter, die kein Unterkommen finden, Kinder, die verwaist, weil ihre Eltern Verbrecher sind, Diebe und Gauner von jeder Sorte, alles in einem Gebäude zusammen und zwischen ihnen, zwar auf einem besonderen Hofe, aber doch in vielfachem Verkehr mit den anderen Bewohnern die unheilbar Verrückten ohne Trennung der Geschlechter, zusammengeschichtet mit anderen Hospitaliten und derselben Zucht- und Lebensordnung unterworfen wie die anderen Bewohner."

Solcher Art war die Behandlung der Geisteskrankheiten in den ersten Jahrzehnten des 19. Jahrhunderts, und Männer von wissenschaftlich anerkanntem Rufe wie Reil und Langermann hielten die ausgedehnte Anwendung von Zwangsmitteln nicht nur für erlaubt, sondern aus psychologischen Erwägungen heraus für direkt geboten. Erst allmählich brach die Ansicht sich Bahn, daß eine möglichst freie Behandlung der Irren, die Entfernung jeglichen körperlichen Zwanges nicht nur möglich, sondern von größter Wichtigkeit für die Genesung sei. Die Erkenntnis, daß die Geistesstörungen Erkrankungen des Gehirnes sind, und die Geisteskranken den anderen körperlich Kranken völlig gleichzustellen sind, daß die Irrenhäuser nur Spezialkrankenhäuser mit einigen besonderen, der Art der in denselben Untergebrachten entsprechenden Einrichtungen seien, und eine freundliche, ruhige, jedem Zwang abholde Fürsorge und Behandlung an die Stelle von furchtbaren Zwangsmitteln zu treten habe, ist die größte Errungenschaft der Irrenheilkunde im 19. Jahrhundert. Conolly war der erste, der im Jahre 1839 im Hanwell-Asylum in England die freie Behandlung in großem Umfange und mit schönem Erfolge durchführte. Allmählich fand das Opendoor-System der Geisteskranken in allen Ländern Aufnahme. Die Zwangsstühle, Zwangsjacken und dergleichen Mittel schwanden, die Irrenanstalten erhielten ein freundlicheres Gepräge, die Bettbehandlung fand ausgedehnte Anwendung, der Überwachung dienten besondere Wachsäle, unruhige und erregte Kranke wurden durch Dauerbäder beruhigt, die Familienpflege wurde nach dem Vorbilde Gheels eingeführt und ausgebaut.

Die Erfolge der modernen Irrenheilkunde haben zum großen Teil ihren Grund in der freien humanen Behandlung, die Zwangsmittel nach Möglichkeit vermeidet und die ärztliche Behandlung in den Vordergrund stellt. Von besonderer Wichtigkeit war auch die Ausbildung der Arbeitstherapie bei den psychisch Kranken. Die zweckmäßige Beschäftigung dieser Kranken teils im landwirtschaftlichen Betriebe, teils als Handwerker unter kundiger Leitung ist ohne Zweifel ein mächtiger Heilfaktor, und so sehen wir in den modernen Irrenanstalten einen großen Teil der Kranken in nützlicher und anregender Weise beschäftigt.

Aus den Insassen der Irrenanstalten hob sich aber bald eine kleinere Gruppe von Kranken heraus, die im Gegensatze zu den anderen meist ruhigen, leicht lenkbaren und ohne Schwierigkeit zu beaufsichtigenden Kranken nach verschiedenen Richtungen hin schwer zu behandeln war, die Ordnung erheblich und dauernd störte, den Ärzten und den Pflegern mit Mißtrauen und Feindseligkeit begegnete, andere Kranke aufhetzte und auf Entweichen sann, die gefährlichen Geisteskranken. Wie es zu allen Zeiten gefährliche Menschen überhaupt gegeben hat, so gab es natürlich auch in früheren Jahrhunderten nicht selten gefährliche Geisteskranke. Sie wurden aber nicht für geisteskrank oder wenigstens nicht für unzurechnungsfähig gehalten, und die Gerichte trugen kein Bedenken, diese Personen mit den schwersten Strafen zu belegen. Pelman teilt in seinem bedeutsamen Werke „Psychische Grenzzustände", 2. Aufl. Bonn 1910 mit, daß in den Jahren 1800—1900 nicht weniger als 197 Attentate gegen 155 Personen unternommen wurden, die an der Spitze eines Staates standen oder sonst eine bedeutende politische Stellung inne hatten, darunter gegen 9 Präsidenten von Republiken, 2 Könige, 1 Kaiser, 2 Fürsten, 1 Sultan und 1 Schah. Die überwiegende Mehrheit dieser Attentäter war geisteskrank oder doch in erheblichem Grade geistig abnorm.

Ravaillac, der am 14. Mai 1610 Heinrich IV. durch einen Dolchstoß tötete, war ein geisteskranker Schwärmer und Fanatiker, Staps, der am 13. Oktober 1809 in Schönbrunn einen Mordversuch gegen Napoleon unternahm, hatte kurz vorher Sinnestäuschungen, Eduard Oxford, der 1840 ein Attentat gegen die Königin Viktoria verübte, wurde wegen Geisteskrankheit freigesprochen und ebenso mußte Sefeloge, der am 22. Mai 1850 auf den König Friedrich Wilhelm IV. geschossen hatte, wegen Unzurechnungsfähigkeit außer Verfolgung gesetzt und einer Irrenanstalt überwiesen werden. Angriffe geisteskranker Personen gegen ein gekröntes Haupt waren es auch, die zum ersten Male die Aufmerksamkeit weiter Kreise auf diese Kategorie von Gemeingefährlichen lenkten und Anstoß zu besonderen Maßnahmen gegen dieselben gaben. Im Jahre 1786 hatte Margarete Nicolson ein Attentat auf König Georg III. von England unternommen, wobei sie von dem Wahne ausging, daß die Krone ihr gebühre. Auf denselben Herrscher verübte im Jahre 1800 Hadfield, der unter dem Einfluß eines anderen Geisteskranken, Bannister Truelok, stand, einen Mordversuch. Da diese beiden Geisteskranken, von denen letzterer unter dem Wahne stand, der wahre Messias werde aus seinem Munde geboren werden, wegen Unzurechnungsfähigkeit freigesprochen werden mußten, setzte eine Bewegung ein, die eine sichere und dauernde Internierung dieser Geisteskranken forderte. Hauptsächlich auf Veranlassung des Lords Erskine kam noch im Jahre 1800 ein Gesetz zustande, in dem die sichere Verwahrung der gemeingefährlichen Irren angeordnet wurde. In dieser außerordentlich wichtigen insane offenders bill, die am 28. Juli 1800 die königl. Bestätigung erhielt, wird bestimmt:

„In all den Fällen, in denen eine Person des Verrates, des Mordes und Hochverrates schuldig ist, hat das Gericht, wenn bewiesen ist, daß die Person im Augenblick der Tat geisteskrank gewesen ist, und wenn sie freigesprochen ist, zu erklären, daß diese Freisprechung wegen der geistigen Erkrankung erfolgt ist; als Folge dieses Urteils hat der Gerichtshof anzuordnen, daß diese Person unter sorgfältige Überwachung gestellt wird an einem Orte und in einer Weise, die das Gericht für guthalten wird, so lange es dem Könige gefällt (till Her Majesty's pleasure shall be known). Dieselben Maßnahmen finden auf alle Personen Anwendung, die irgendeines Verbrechens angeklagt und, sei es im Moment der Anklage oder im Laufe des Prozesses, als geisteskrank erkannt sind.“ (Gesetz 39 und 40 Georg III. Kap. 94. Act for the safe custody of insane persones charged with offences.)

Dies ist die erste gesetzliche Bestimmung, die über die kriminellen Geisteskranken erlassen wurde. Wie sich auf Grund dieser Anordnung die Unterbringung dieser Geisteskranken in England weiter entwickelt hat, soll später dargestellt werden. Zunächst soll ein Rückblick über die Entwicklung der Frage in

Deutschland

gegeben werden. Hier setzten die ersten Bestrebungen, die sich auf eine besondere Behandlung der geisteskranken Sträflinge richteten, um die Mitte des vorigen Jahrhunderts ein. Im Jahre 1865 erschien in Horns Vierteljahrsschrift für gerichtliche Medizin und öffentliches Gesundheitswesen eine zusammenfassende Arbeit von Theodor Simon: „Die Behandlung geisteskranker Verbrecher vom medizinal-polizeilichen Standpunkte.“ Auf Grund sorgfältiger Beobachtungen und Erwägungen und insbesondere auch gestützt auf die Erfahrungen, die man inzwischen in England gemacht hatte, kommt Simon darin zu folgendem Ergebnis: „Ein Teil der sogenannten „irren Verbrecher“ sind Criminal lunatics und gehören in die gewöhnlichen Irrenanstalten. Die anderen, erst „im Laufe der Haft Erkrankten“ — insane convicts — können, wenn die Fälle akut sind, in eigenen Abteilungen der Strafanstaltslazarette — lunatics wards der Engländer untergebracht werden, die chronischen und alle unheilbaren Fälle gehören in die Irrenanstalten, wo sie in eigenen Abteilungen so lange zu behandeln sind, bis sie geeignet erscheinen, mit den anderen Geisteskranken zusammengebracht zu werden. Eigene Anstalten für Verbrecher sind bei deren immerhin nicht großen Zahl überflüssig und können leicht durch Überhandnehmen des Strafanstaltswesens ihren Zweck vollständig verfehlen.“

In der Folgezeit wurde die Frage der Unterbringung der kriminellen Geisteskranken in Deutschland von drei Seiten eingehend erörtert. Zunächst beschäftigten sich die Strafanstaltsbeamten, in erster Linie die Strafanstaltsärzte mit dem Problem. Darauf machten die Irrenärzte die Angelegenheit zum Gegenstande eingehender Verhandlungen und schließlich nahmen die Parlamente und Verwaltungsbehörden zu der Frage wiederholt Stellung. Auch in der Tagespresse wurde im Anschluß an Berichte über Entweichungen geisteskranker Verbrecher aus den Irrenanstalten und neue Straftaten derselben in den letzten Jahren häufiger, die zweckmäßigste Art der Unterbringung und Verwahrung dieser Personen mit mehr oder weniger Sachkenntnis erörtert. Das Oberverwaltungsgericht hatte sich in den letzten Jahren wiederholt mit der Frage zu beschäftigen, ob die Kommunalverbände oder die Polizei-Verwaltungen die Kosten für die Unterbringung der geisteskranken Verbrecher zu tragen hätten. Da die Kostenfrage von großer Bedeutung ist, sollen die Entscheidungen des Oberverwaltungsgerichts und die daran geknüpften juristischen Darlegungen kurz besprochen werden.

Mit Recht betont Weber in seinem ausgezeichneten Referate: „Die Unterbringung geisteskranker Verbrecher und gemeingefährlicher Geisteskranker“, Ergebnisse der Neurologie und Psychiatrie Bd. I, daß „in der ganzen Frage der Beziehungen zwischen Geisteskrankheit und Kriminalität und der Behandlung dieser Individuen in der älteren Literatur die Grundzüge festgelegt, die

Schwierigkeiten in der Beurteilung und Behandlung des Problems dargelegt sind und die Folgezeit neue grundlegende Gedanken, namentlich in klinisch-anthropologischer Beziehung nicht mehr beigebracht, sondern sich begnügt hat, das Thema entsprechend den veränderten sozialen Bedingungen der Kulturvölker und gegenüber neuen gesetzgeberischen Aufgaben anders zu fassen und formal umzustalten".

Der erste, der die Irrenärzte und Strafanstaltsärzte auf die Geisteskrankheiten der Strafgefangenen hinwies, war Delbrück durch seine Arbeiten über seine Beobachtungen in der Strafanstalt zu Halle a. S., die in den Jahren 1854 und 1863 in der Allgemeinen Zeitschrift für Psychiatrie veröffentlicht wurden. 1865 wurde an der Strafanstalt in Bruchsal in Baden eine Irrenstation als „Hilfsstrafanstalt" für 10—15 Kranke eröffnet. Auf der Versammlung der Irrenärzte zu Speyer im Jahre 1865 berichtete Snell über seine Erfahrungen in Eberbach, Gutsch über seine Beobachtungen in Bruchsal. Die Versammlung sprach sich dahin aus, daß die geisteskranken Strafgefangenen am zweckmäßigsten in besonderen Einrichtungen an den Strafanstalten untergebracht würden. Die Beschlüsse der Versammlung in Speyer lauten: „Es ist wünschenswert:

1. daß für geisteskranke Gefangene besondere Einrichtungen getroffen,
2. dieselben nicht in die gewöhnlichen Irrenanstalten aufgenommen werden,
3. daß die Strafhäuser nicht ungeeignet sind, solche Häuser mit sich zu verbinden."

Zu einem ähnlichen Ergebnis kommt eine Arbeit Damerows aus dem Jahre 1862: „Verbindung einer Abteilung für geisteskranke Strafgefangene mit einer großen Strafanstalt." Moritz sprach sich 1862 für Unterbringung der geisteskranken Strafgefangenen in besonderen Abteilungen der Strafanstaltslazarette aus. Roller wandte sich 1863 gegen die Vorschläge von Gutsch und forderte möglichst baldige Überführung der geisteskrank gewordenen Sträflinge in die Irrenanstalten. Delbrück schlug 1863 und 1866 besondere Anstalten für irre Verbrecher mit milderem Strafverfahren vor. Im Jahre 1866 schrieb er in seiner Abhandlung: „Einige Worte über Verbrecherwahnsinn." (Vierteljahrsschrift f. ger. Med. N. F. IV. Bd. 1866. S. 305—306). „Es tritt nun das Bedürfnis ein, viel früher und häufiger als sonst, solche irre gewordene Verbrecher den Irrenanstalten zu übergeben. Daraus erwachsen aber für die öffentlichen Irrenanstalten größerer Staaten bedeutende Verlegenheiten. Sie sind genötigt, eine Anzahl immerhin noch gefährliche Verbrecher bei sich aufzunehmen; diese Menschen, bei noch immer fortbestehender Neigung zum Verbrechen, üben mit ihren Zuchthausgewohnheiten einen höchst nachteiligen Einfluß auf ihre Umgebungen aus; das Irrenanstalts-Personal, nicht gewohnt, mit Verbrechern umzugehen, ist jenen Menschen und ihren Ränken nicht gewachsen, die Irrenanstalten bieten überhaupt nicht die Sicherheit, um Entweichungen, Ausbrüche und neue Verbrechen solcher Individuen zu verhüten.

Wiedemeister empfahl 1871 die Errichtung eines Appendix an der Strafanstalt, in der die geisteskranken Verbrecher auch über das Strafende hinaus festgehalten werden sollten, während Pelmann in einer Verteilung der irren Verbrecher auf die Irrenanstalten die beste Lösung des Problems erblickte, um einer Anhäufung derselben vorzubeugen. Bär machte im Jahre 1871 den

Vorschlag, die verbrecherischen Irren sowie die unheilbaren irren Verbrecher in einer Irrenanstalt, dagegen die frisch und periodisch Erkrankenden der letzteren Kategorie in besonderen Abteilungen der Strafanstalten unterzubringen. Der Verein der Deutschen Strafanstaltsbeamten befaßte sich mit der Frage in den Versammlungen in Berlin 1874, Stuttgart 1877, Bremen 1880 und Wien 1883. In den Versammlungen in Berlin, Stuttgart und Bremen wurden Beschlüsse gefaßt, daß die Schaffung von Adnexen für irre Verbrecher an größeren Strafanstalten ein Bedürfnis sei, während man in Wien zu dem Ergebnis kam, daß die Errichtung eigener Anstalten zum Zwecke der Heilung geisteskranker Sträflinge nicht ausführbar sei, Geisteskranke leichteren Grades und Schwachsinnige in den Lazaretten der Strafanstalten bewahrt werden könnten und die unheilbaren Geisteskranken in die gewöhnlichen Irrenanstalten gebracht werden sollten. 1873 erstattete Gutsch in der Versammlung des südwestdeutschen psychiatrischen Vereins ein Referat, in dem er die Errichtung von Hilfs-Strafanstalten befürwortete. Der Verein Deutscher Irrenärzte sprach sich in einer Versammlung in München im Jahre 1875 für die Errichtung von Irrenabteilungen an größeren Strafanstalten aus. Der Vorstand dieses Vereins richtete darauf unter dem 15. Juli 1876 eine Eingabe an den Reichskanzler, in der es heißt:

„Es möge in das in Vorbereitung befindliche Strafvollzugsgesetz die Bestimmung aufgenommen werden, daß diejenigen Gefangenen, bei welchen während ihrer Strafzeit eine krankhafte Störung der Geistestätigkeit festgestellt wird, soweit erforderlich, in Anstalten untergebracht werden, welche mit Strafanstalten in unmittelbarer Verbindung und unter sachverständiger ärztlicher Leitung stehen."

1876 wurde die Irrenstation in Waldheim eröffnet. Der Versammlung des Vereins Deutscher Irrenärzte in Eisenach im Jahre 1882 legte Zinn folgende Leitsätze vor:

1. In den Irrenanstalten können und dürfen zur Sicherung von während der Untersuchung oder der Strafvollstreckung oder nach Ablauf der letzteren in der Anstalt aufgenommenen geisteskranken oder der Geisteskrankheit verdächtigen Personen keine anderen Anordnungen und Einrichtungen getroffen werden, als solche für gefährliche Kranke überhaupt bestehen oder ärztlich als zulässig gelten. Die gleichen Grundsätze und Vorsichtsmaßregeln, welche für die Behandlung Bewachung und Sicherung gefährlicher Kranker überhaupt gelten, sind auch den geisteskranken oder der Geisteskrankheit verdächtigen Verbrechern gegenüber allein maßgebend. Die Irrenanstalt kann in solchen Fällen den gleichen Schutz gegen Entweichungen, gegen Selbstbeschädigungen und gegen Gefährdung anderer Personen und der öffentlichen Sicherheit nicht gewähren, wie das der Strafanstalt möglich ist.

   Es ist Pflicht der Irrenanstalts-Direktoren, den Charakter der Irrenanstalt als Krankenanstalt unter allen Umständen zu wahren und die Verantwortung für weitergehende Zumutungen ausdrücklich abzulehnen.

2. Psychiatrische Bildung und Erfahrung ist den Ärzten an Strafanstalten unentbehrlich.

3. Akut auftretende und voraussichtlich rasch verlaufende Geisteskrankheiten bei Gefangenen sind in den Strafanstalten selbst zu behandeln. Wo die dazu nötigen Einrichtungen fehlen, sind solche herzustellen.
4. Es ist die Errichtung von Strafanstalten und Gefängnissen für körperlich und geistig schwache Strafgefangene ähnlich den in England bestehenden „Invalidengefängnissen" anzustreben. Mit solchen Invalidengefängnissen sind allen Anforderungen der Irrenpflege entsprechende Irrenabteilungen (Irrenanstalten) zu verbinden. In diese Irrenabteilungen sind alle während der Strafvollstreckung geisteskrank gewordenen Gefangenen, soweit sie nicht unter Nr. 3 fallen, zu verbringen und dort so lange zu behalten, bis sie entweder in die Freiheit entlassen oder ohne Gefahr für die öffentliche Sicherheit und ohne empfindliche Störung der Irrenanstaltsordnung und Zwecke in eine Irrenanstalt aufgenommen werden können.

   Bereits wegen eines Verbrechens oder Vergehens Bestrafte, welche während der Untersuchung oder in der Freiheit geisteskrank werden, sind, sofern sie zu den sogenannten „Verbrechernaturen" gehören, nach der Irrenabteilung eines Invalidengefängnisses zu verbringen und dort so lange zu belassen, als sie der öffentlichen Sicherheit gefährlich sind.
5. Personen, welche im geisteskranken Zustand ein Vergehen oder Verbrechen begangen haben, sind, so lange sie einer Anstaltspflege bedürfen, in einer gewöhnlichen Irrenanstalt zu behandeln und zu verpflegen. Die Verwahrung solcher Kranken in einer für geisteskranke Verbrecher bestimmten Irrenanstalt oder Irrenabteilung einer Strafanstalt ist unstatthaft.
6. In Untersuchung befindliche Personen, deren Geisteszustand aber zur Zeit der Tat zweifelhaft erscheint, können, sofern sie nicht schon bestrafte Verbrecher und sehr gefährlich und störend sind, zur Beobachtung und Konstatierung ihres Geisteszustandes unbedenklich in eine Irrenanstalt aufgenommen werden." Die Versammlung faßte nach eingehender Diskussion, an der sich namentlich Gutsch, der für die Errichtung von Hilfsstrafanstalten mit Irrenabteilungen eintrat, und von Gudden, der Direktor der Irrenanstalt in München, der die Einrichtung eigener Anstalten oder Irrenstationen für geisteskranke Strafgefangene nicht für erforderlich hielt, beteiligten, folgende Beschlüsse:

I. Die Deutschen Regierungen zu ersuchen:

1. Vorsorge treffen zu wollen, daß an akut auftretenden und rasch verlaufenden Formen von Geistesstörung erkrankte Straf- und Untersuchungsgefangene in den Strafanstalten und Gefängnissen eine angemessene psychiatrische Behandlung und Pflege finden.
2. Dahin zu wirken, daß in dem in Vorbereitung begriffenen Reichsgesetz, betreffend die Vollstreckung von Freiheitsstrafen, die Fürsorge für die geisteskranken Strafgefangenen in einer den Anforderungen der öffentlichen Sicherheit sowie der öffentlichen Irrenpflege entsprechenden Weise geregelt werde; bis zum Erlaß eines solches

Gesetzes aber von sich aus Anordnungen zu treffen, daß wenigstens alle gemeingefährlichen geisteskranken Verbrecher den Irrenanstalten ferngehalten werden.

II. Den Herrn Reichskanzler zu ersuchen:

1. Veranlassen zu wollen, daß in dem in Vorbereitung begriffenen Reichsgesetz betreffend die Vollstreckung von Freiheitsstrafen die Fürsorge für geisteskranke Strafgefangene in einer den Anforderungen der öffentlichen Irrenpflege entsprechenden Weise geregelt werde;
2. zu dem Zwecke das Kaiserliche Gesundheitsamt anzuweisen, die erforderlichen Ermittelungen anzustellen und sich auf Grund derselben gutachtlich zu der Frage zu äußern."

Der Bescheid des Reichskanzlers auf diese Eingabe an den Vorstand des Vereins deutscher Irrenärzte lautete dahin, „daß die Unterbringung verurteilter geisteskranker Verbrecher nicht in das Gebiet des Strafvollzugs gehöre, da begriffsmäßig an Geisteskranken eine Freiheitsstrafe nicht vollzogen werden könne."

Mendel empfahl 1884, die frisch Erkrankten in Strafanstaltslazaretten zu verpflegen und die Unheilbaren nach beschleunigtem Entmündigungsverfahren möglichst rasch in die Irrenanstalten zu versetzen. Knecht hielt in einem Gutachten aus dem Jahre 1885 die Errichtung selbständiger unter ärztlicher Leitung stehender Zentralanstalten für die beste Lösung des Problems. In diese Zentralasyle sollten Sträflinge, die während der Haft erkranken, Geisteskranke mit verbrecherischem Vorleben und Untersuchungsgefangene, die einer Beobachtung ihres Geisteszustandes unterworfen werden sollen, kommen. Auch Pinder trat auf Grund seiner Erfahrungen als Strafanstaltsarzt für die Errichtung von Zentralanstalten ein. In der zehnten Jahresversammlung des nordwestdeutschen Vereins für Gefängniswesen in Hildesheim erstattete Krohne ein eingehendes Referat über die Unterbringung der geisteskranken Verbrecher, in dem er die folgenden Leitsätze aufstellte:

1. „Personen, welche wegen einer strafbaren Handlung zu Freiheitsstrafen verurteilt sind und vor Antritt der Strafe oder während derselben in Geisteskrankheit verfallen, sind, soweit sie nicht in Gefängnislazaretten einer geeigneten irrenärztlichen Behandlung unterzogen werden können, in die öffentlichen Irrenanstalten aufzunehmen.
2. In den Irrenanstalten sind im Interesse der öffentlichen Sicherheit die für die sichere Verwahrung der geisteskranken Verurteilten erforderlichen Einrichtungen zu treffen."

Die Versammlung nahm diese Thesen aber nicht an, erklärte die Lösung der Frage noch nicht für spruchreif und forderte neue Erhebungen durch psychiatrisch gebildete Strafanstaltsärzte, statistische Untersuchungen und eine Kommission, die dieses Material verarbeiten solle. — Den gleichen Standpunkt wie in der Versammlung in Hildesheim vertritt Krohne in seinem Lehrbuche der Gefängniskunde (1889), indem er schreibt: „Das Gesetz weist alle diese Personen (die irren Verbrecher und die verbrecherischen Geisteskranken) in all den vorgesehenen Fällen an die Irrenpflege; es ist Sache der Irrenanstaltsverwaltungen, wie sie dieselben unterbringen und behandeln wollen; und es ist Sache der Landespolizei, die Irrenanstaltsverwaltungen anzuweisen, sie derart zu verwahren, daß die öffentliche Sicherheit nicht gefährdet wird."

Im Jahre 1886 erschien das Werk von Sander und Richter: „Die Beziehungen zwischen Geistesstörung und Verbrechen“, das einen Markstein in der psychiatrischen Literatur auf kriminalanthropologischem Gebiete bedeutet. Sander verneint in demselben strikte die Notwendigkeit der Errichtung besonderer Anstalten für die geisteskranken Verbrecher. „Der wesentlichste und wichtigste Nachteil aller dieser Bestrebungen für die Errichtung spezieller Anstalten für irre Verbrecher ist für den Verfasser aber der, daß sie den Blick ablenken und von den wirklich notwendigen Erfordernissen. Der Fortschritt der Psychiatrie ist wie bei der Medizin überhaupt die Prophylaxe. Nicht die Entfernung der unbequemen Elemente aus den Anstalten wird das Anstaltswesen verbessern, sondern die Bestrebungen müssen dahin gerichtet sein, daß derartige Zustände mit so gefährlichen und störenden Eigenschaften allmählich nicht zur Beobachtung kommen“. „Nicht Spezialanstalten, sondern Spezialärzte!“ lautet die Forderung Sanders. Das Buch Sanders wirkte überaus anregend. Gefängnis- und Irrenärzte widmeten erneut der Erkennung und Behandlung der geistigen Erkrankungen in der Strafhaft ihr Interesse. Moeli kam in seinem Buche: „Über irre Verbrecher“ 1888 zu keinem abschließenden Ergebnis: „Alle ins einzelne gehenden Vorschläge über Schaffung von Spezialasylen oder Strafanstaltsannexen nach auswärtigen Mustern, über die Aufnahme zu Untersuchender daselbst und über den schließlichen Verbleib der Insassen sind bedeutungslos vor der endgültigen Beantwortung der Vorfrage: „Ist es möglich, im gewöhnlichen Strafvollzuge allein durch vermehrte Tätigkeit psychiatrisch gebildeter Ärzte — aber ohne Gewährung neuer Hilfsmittel und Einrichtungen — auch allen Gefangenen mit beginnenden Psychosen bzw. mit geringen geistigen Abweichungen genügend — nach den Erfahrungen an den schließlich zur Irrenanstalt Gelangenden umfänglicher als bisher — Rechnung zu tragen? Zu einer Antwort auf diese Frage erscheint in erster Linie nicht der Irrenanstaltsarzt, sondern der durch reiche Erfahrungen über die Insassen der Strafanstalten im allgemeinen und durch irrenärztliche Kenntnisse zum Urteile befähigte Strafanstaltsarzt berufen.“

Langreuter berechnete im Jahre 1887 die Zahl derjenigen, die wegen ihrer „Verbrechernatur“ und ihres ganz besonders unbändigen Wesens für eine gewöhnliche Irrenpflege ungeeignet erscheinen, wenn man Straf- und Irrenanstalten zusammennimmt, in ganz Preußen auf ca. 300. Er hält zwei Arten der Unterbringung dieser gefährlichen Geisteskranken für zweckmäßig: „Es werden diese 300 am besten untergebracht, wenn man sie auf die Provinzen verteilt, daß also an je einer Irrenanstalt jeder Provinz sich ein Appendix mit besonders sicheren Einrichtungen befindet, in welchem — je nach der Größe der Provinz — 15 bis 40, in Berlin 60 Kranke verpflegt werden können. Je nach ihrem Zustande können dieselben längere oder kürzere Zeit auch in der Mutteranstalt dieses Appendix verweilen; durch diesen Wechsel wird der Eintönigkeit und der sich dadurch einstellenden erhöhten Unzufriedenheit vorgebeugt. — Ein anderer Modus der Unterbringung der oben bezeichneten 300 Kranken besteht darin, daß man in Preußen 3 Zentralanstalten, je eine für die westlichen, mittleren und östlichen Provinzen errichtete, deren jede etwa 100 Insassen hätte. Diese Anstalten stünden dann unter selbständiger Leitung von Ärzten.“ Ribstein empfahl in seiner Abhandlung über Kriminalirrenanstalten und Invalidengefängnisse im Handbuche des Gefängniswesens von v. Holtzendorff und v. Jagemann (1888) die Errichtung von Irrenabteilungen in Verbindung mit Hilfsanstalten. Schäfer wandte sich in seiner Abhandlung „Zur Revision der Frage nach der Unterbringung der geisteskranken Verbrecher mit Rücksicht auf das Buch von Sander-Richter“, die im Jahre 1888 in der Allgemeinen Zeitschrift für Psychiatrie erschien, scharf gegen die von Sander vertretene Anschauung, daß die kriminellen Geisteskranken wie die übrigen Irren in Irrenanstalten untergebracht werden sollten, und forderte die Belassung der geisteskranken Verbrecher in oder bei den Gefängnissen zur eigenen Behandlung und Beobachtung der Organe der Strafrechtspflege. Schäfer führt fünf Gesichtspunkte an, die nach seiner Ansicht in der Frage der Unterbringung der geisteskranken Verbrecher entscheidend sind: „An Bedeutung voran steht nach meiner Meinung“, so schreibt er, „der ethische gegenüber den unbescholtenen Irrenanstaltsbewohnern; dazu kommt der Widerspruch, daß die Irrenanstalten, welche reine Krankenanstalten sind, Personen, die noch im Strafverfahren stehen und solche, die mit dem Charakter des Gewohnheitsverbrechertums behaftet sind, aufheben soll. Dementsprechend ist es auf der andern Seite die Pflicht des Staates zur Aufbewahrung und ärztlichen Behandlung der Sträflinge, sowie die Erfahrung, daß Gewohnheitsverbrecher, wenn sie in Geistesstörung verfallen, darum noch nicht aufhören Verbrecher zu sein. Folgt aus diesen Gründen in prinzipieller Weise die Notwendigkeit der Errichtung eigener Anstalten zur Pflege der irren Sträflinge und Gewohnheitsverbrecher, so kommt fünftens in praktischer Beziehung die Überlegung hinzu, daß die Übelstände, welche in der Behandlung der Geisteskranken vor Gericht und in den Strafanstalten hervortreten, als einzig von Grund aus Heilung entsprechendes Mittel die Belassung der Betreffenden in oder bei den Gefängnissen zur eigenen Behandlung und Beobachtung der Organe der Strafrechtspflege verlangen“.

Leppmann sprach sich 1895 in einer Abhandlung „Fürsorge für geisteskranke Strafgefangene“ (Blätter für Gefängniskunde, Bd. 29, H. 1/2, S. 65) gegen die Errichtung von Spezialanstalten und Spezialabteilungen für geisteskranke Strafgefangene an Irrenanstalten aus. Dagegen hielt er die Einrichtung besonders gesicherter Abteilungen von Irrenanstalten für zweckmäßig. Dorthin sollten diejenigen, welche die Eigenart ihrer Krankheitsäußernng gefährlich macht, aber ohne Rücksicht auf ihre Kriminalität gebracht werden.

Auf den Antrag Kirns faßte die Sektion Staatshygiene des internationalen Kongresses für Hygiene und Demographie in Budapest im Jahre 1894 folgenden Beschluß: „Die akuten Psychosen sollen im Lazarette der Strafanstalt von einem psychiatrisch ausgebildeten Hausarzte behandelt werden; die chronischen gehören in die Irrenanstalt; sammelt sich dort eine größere Anzahl an, so ist es ratsam, dieselben in einem besonderen Adnexe unterzubringen, damit sie die anderen Kranken nicht demoralisieren oder stören.“

In ein neues Stadium trat das Problem der Versorgung der geisteskranken Verbrecher in Preußen mit der Schaffung besonderer Einrichtungen für diese Kranken sowohl an den Irrenanstalten als an den Strafanstalten. An der im Jahre 1880 eröffneten Irrenanstalt Dalldorf bei Berlin wurde bald die Errichtung eines Hauses für geisteskranke Verbrecher notwendig, das sich aber bald als unzureichend erwies, da zahlreiche Entweichungen und Ausbrüche vorkamen. Durch bessere bauliche Einrichtungen, Verteilung der Kranken auf möglichst viele Schlafräume, Anstellung tüchtigen Wärterpersonals, zweckmäßige Beschäftigung der Kranken gelang es, die Mißstände zu beseitigen, so daß Moeli „die hier getroffenen besonderen Vorrichtungen für geeignet hält, die durch oft bestrafte Kranke in Irrenanstalten entstehenden Störungen, unter vollkommener Rücksichtnahme auf den Krankheitszustand dieser Personen möglichst zu beschränken." Im Gegensatz zu Sander möchte er nach seinen Erfahrungen der Einrichtung einer besonderen Abteilung in vieler Hinsicht den Vorzug geben. Am 1. März 1888 wurde an der Strafanstalt Moabit in Berlin eine Abteilung für geisteskrank gewordene Strafgefangene eingerichtet und damit in Preußen der erste Versuch gemacht, „die möglichst schnelle Fürsorge für heilbare Geisteskranke" und die endgültige Ausmittelung des strafvollzugsunfähig machenden Grades unheilbarer Störungen im Rahmen des Strafvollzuges selbst zu übernehmen" (Leppmann). Nach dem Ministerial-Erlaß vom 18. März 1892 sollten in die Irrenabteilung an der Strafanstalt Moabit aufgenommen werden „die in den Gefängnissen und Strafanstalten des Stadtkreises Berlin und der näheren Provinzen befindlichen Gefangenen, welche in Geisteskrankheit verfallen sind oder deren Geisteszustand zweifelhaft erscheint, um in derselben einem Heil- oder Beobachtungsverfahren unterzogen zu werden. Dagegen sollten die Sträflinge, welche unheilbar geisteskrank sind und deren Verbleiben in der Anstalt mit den Zwecken der Strafvollstreckung und der Hausordnung unvereinbar erscheint, sofort in Irrenanstalten gebracht werden". Die Irrenabteilung in Moabit hatte zunächst 40 Plätze. Im Jahre 1898 wurden durch einen Erweiterungsbau noch weitere 15 Plätze geschaffen. Leppmann konnte im Jahre 1895 berichten, daß unter den mehr als 300 Aufnahmen in die Irrenabteilung Moabit innerhalb 7 Jahren 15% Heilungen und Besserungen erzielt wurden. Er kommt zu dem Ergebnis: „Auch bei strenger Abwägung läßt sich die Behauptung rechtfertigen, daß sie in ihrer Wirksamkeit einen endgültigen Beweis ihrer Daseinsberechtigung geliefert hat." Im Jahre 1898 wurde eine Irrenabteilung am Strafgefängnis in Breslau für 39 Kranke, 1901 eine solche am Strafgefängnis in Halle a. d. S. für 50, 1902 eine am Zuchthause in Graudenz (jetzt zu Polen gehörig) für 50, 1903 eine an dem Straf- und Untersuchungsgefängnis in Köln für 33 und in demselben Jahre an dem Zuchthause in Münster i. W. für 55 Kranke eröffnet, so daß jetzt in Preußen 5 Irrenabteilungen an Gefängnissen und Strafanstalten mit insgesamt 232 Plätze bestehen, die wie diese Gefängnisse und Strafanstalten selbst dem Ministerium des Innern unterstellt sind. An den Gefängnissen, die zum Geschäftsbereich des preußischen Justizministeriums gehören, sind besondere Einrichtungen zur Behandlung und Beobachtung geisteskranker Gefangener nicht getroffen.[1]) Durch Erlaß des Ministers des Innern vom 16. August 1898 wurde eine Hausordnung für die Strafanstalts-Irrenabteilungen festgesetzt, der ich folgende Bestimmungen entnehme:

§ 1.

„Die Strafanstalts-Irrenabteilungen sind bestimmt, Strafgefangene, welche in Geisteskrankheit verfallen, oder deren Geisteszustand zweifelhaft erscheint, zur Anstellung eines Heil- oder Beobachtungsverfahrens aufzunehmen. Sie

[1]) Durch Allerhöchsten Erlaß vom 14. Dezember 1917 ist das gesamte Gefängniswesen dem Justizministerium unterstellt worden.

bildet eine räumlich getrennte Abteilung der Strafanstalt, mit der sie jedoch in bezug auf die Verwaltung und das Rechnungswesen verbunden sind.“

Untersuchungsgefangene dürfen zur Beachtung ihres Geisteszustandes nicht in die preußischen Irrenabteilungen aufgenommen werden, da sie nach einer Entscheidung des Kammergerichts vom 15. Juni 1905 nicht den Charakter einer öffentlichen Irrenanstalt haben (Verf. d. Just. Min. vom 5. Februar 1907). Die Angabe Webers (Die Unterbringung geisteskranker Verbrecher und gemeingefährlicher Geisteskranker S. 529 u. 549), daß auch jetzt noch Untersuchungsgefangene in die Irrenabteilungen aufgenommen werden, ist nicht zutreffend.

§ 3.

„Dem Vorsteher steht die Vertretung der Irrenabteilung nach außen hin und die Disziplinargewalt über die darin fungierenden Beamten ausschließlich des Arztes zu. Er hat vor Verhängung von Disziplinarstrafen gegen Beamte der Irrenabteilung den Arzt zu hören.“

§ 4.

„Die allgemeine Dienstanweisung für die Anstaltsärzte gilt auch für den Arzt der Irrenabteilung; im übrigen hat der Arzt außer den eigentlichen ärztlichen Verordnungen, für welche er selbständig handelt, eine entscheidende Stimme in allen Anordnungen, welche sich auf Beköstigung, Lagerung, Bekleidung, Beschäftigung, Absonderung, Besuche, Teilnahme am Gottesdienst und Unterricht der Gefangenen beziehen, sowie darüber, ob und welche Hausstrafen an ihnen vollzogen werden können.

Der Arzt ist dafür verantwortlich, daß durch die von ihm getroffenen Anordnungen und Einrichtungen es keinem Gefangenen ermöglicht wird, außerhalb des eingeschlossenen Bereichs der Irrenabteilung zu gelangen oder ohne besondere Genehmigung mit anderen Personen in Verkehr zu treten.“

§ 5.

„Dem Vorsteher und dem Arzt liegt die Leitung und Verwaltung der Irrenabteilung gemeinsam ob. Beide Beamte haben täglich die Angelegenheiten der Irrenabteilung zu beraten und dabei sich gegenseitig die erforderlichen Mitteilungen zu machen. Sollten zwischen dem Vorsteher und dem Arzte Meinungsverschiedenheiten entstehen, die sich nicht ausgleichen lassen, so entscheidet die Aufsichtsbehörde, an welche beide zu berichten haben. Bis zum Eingange der Entscheidung gilt in allen Fragen, die sich auf die Verwaltung, den Strafvollzug und die Sicherheit beziehen, die Anordnung des Vorstehers, in allen ärztlichen Angelegenheiten die Anordnung des Arztes.“

§ 11.

„Die Entlassung des Strafgefangenen aus der Irrenabteilung geschieht entweder

a) mit Ablauf der Strafe oder

b) vor Ablauf derselben.

Zu a) Wenn die Strafe sich ihrem Ende nähert, hat der Arzt, sofern er den Gefangenen nicht für geheilt erachtet, über den Gesundheitszustand desselben ein Gutachten abzugeben, in welchem er seine Vorschläge über die Unterbringung macht.

Zu b) Die Entlassung vor Ablauf der Strafzeit ist auf Veranlassung des Arztes durch den Vorsteher in folgenden Fällen zu beantragen:

1. wenn der Gefangene vom Arzte für geheilt angesehen wird,
2. wenn der Gefangene vom Arzte für unheilbar erklärt wird.

In beiden Fällen ist der Antrag auf Entlassung unter Beifügung eines eingehenden Gutachtens des Arztes und des Vorstehers der Aufsichtsbehörde einzureichen."

Ist der Gefangene als geheilt anzusehen, so erfolgt Zurückversetzung in den geordneten Strafvollzug, und zwar in die Hauptanstalt, wenn in derselben Strafen der gleichen Art verbüßt werden, wie der Gefangene, der in der Irrenabteilung untergebracht war, zu verbüßen hat, sonst in die nächstgelegene für Strafgefangene gleicher Art eingerichtete Gefangenenanstalt des Ministeriums des Innern. Diese Anordnung ist durch Verfügung des Justizministers vom 19. Mai 1920 dahin abgeändert worden, daß der Gefangene, wenn er wieder strafvollzugsfähig ist, in den geordneten Strafvollzug derjenigen Anstalt zu überführen ist, aus der er eingeliefert worden ist.

Ist der Gefangene als unheilbar anzusehen, so hat die Aufsichtbehörde nach Benehmen mit der Oberstaatsanwaltschaft die Entlassung aus der Haft bei dem Herrn Minister zu beantragen.

Die Dauer des Aufenthalts in der Irrenabteilung soll in der Regel nicht länger als 6 Monate betragen, kann aber in besonderen Fällen bis zu einem Jahr ausgedehnt werden. Probeweise kann ein Gefangener aus der Irrenabteilung für 6 Monate in die Hauptanstalt versetzt werden. In dem Erlaß des Ministers des Innern vom 3. November 1903 wird anläßlich eines gemeinsamen gefährlichen Ausbruchs aus einer Irrenabteilung darauf hingewiesen, daß auch bei ärztlichen Anordnungen die Sicherheit der Anstalt und der Beamten zu berücksichtigen sei. Verurteilte, die wegen Geisteskrankheit nach vorgängiger Beobachtung in der Irrenabteilung einer Strafanstalt entlassen waren, demnächst aber zur Strafverbüßung wieder herangezogen werden, sollen nach einer Verfügung des Ministeriums des Innern und Justiz-Min. vom 21. Juli 1902 in die nächstgelegene Irrenabteilung zu erneuter Beobachtung auf ihre Strafvollzugsfähigkeit aufgenommen werden (siehe auch Erl. d. Min. d. Inn. vom 15. November 1909).

Die baulichen und sonstigen Einrichtungen der preußischen Irrenabteilungen sind ausführlich geschildert von Aschaffenburg in seinem Buche: „Die Sicherung der Gesellschaft gegen gemeingefährliche Geisteskranke", Berlin 1912. S. 38 bis 80. Weitere Mitteilungen über dieselben finden sich in den „Statistiken der zum Ressort des Königlich Preußischen Ministeriums des Innern gehörenden Strafanstalten und Gefängnisse."

Über die Erfahrungen an der Irrenabteilung der Strafanstalt Moabit berichtet A. Leppmann in seiner Abhandlung: „Fürsorge für geisteskranke Strafgefangene." Zeitschrift für Medizinalbeamte 1893 und Blätter für Gefängniskunde 1895. Auf Beobachtungen in der Irrenabteilung des Strafgefängnisses Breslau fußen die Arbeiten Bonhoeffers: „Irrenabteilungen an Gefängnissen" in: Monatsschrift für Neurologie und Psychiatrie 1899, S. 231 und Heilbronners:

„Die Versorgung der geisteskranken Verbrecher mit Bemerkungen über die Wirksamkeit der Gefängnisirrenabteilungen in Preußen“ in Monatsschrift für Kriminalpsychologie und Strafrechtsreform 1904. Eine kurze Schilderung der Breslauer Irrenabteilung habe ich in „Gesundheits- und Wohlfahrtspflege der Stadt Breslau“, Breslau 1912 S. 385 gegeben. Die Einrichtung der Irrenabteilung am Zuchthause in Graudenz schilderte M. Sander in seiner Abhandlung: „Die neueingerichtete Irrenabteilung an der Strafanstalt in Graudenz“ in Allg. Zeitschr. f. Psychiatrie 1903, Bd. 60, S. 31. Über die Wirksamkeit der Irrenabteilung in Halle berichtete Aschaffenburg in mehreren Abhandlungen. Auch Sieferts schönes Werk: „Die Geistesstörungen der Strafhaft“, in dem sich eine vortreffliche Würdigung der Vorzüge und Mängel der preußischen Irrenabteilungen findet, ist aus Beobachtungen an der Irrenabteilung in Halle hervorgegangen. Die Irrenabteilung an dem Gefängnis in Köln hat Longard 1901 in der Allg. Zeitschr. f. Psychiatrie beschrieben. Eine eingehende Darstellung der Tätigkeit der preußischen Irrenabteilungen, ihrer Vorzüge und Mängel soll später folgen. Ihr Schöpfer, der langjährige Leiter des preußischen Gefängniswesens unter dem Ministerium des Innern, Geheimrat Krohne, hat sich durch ihre Einrichtung und Ausgestaltung ein unvergängliches Verdienst um die Fürsorge für die geisteskranken Gefangenen erworben. Das Problem der Behandlung der Geisteskranken im Strafvollzuge war mit der Einrichtung der Irrenabteilungen an einer Reihe von Strafanstalten, zu denen später noch die Abteilungen für geistigminderwertige Gefangene an den Strafanstalten in Insterburg und Brandenburg a. H. traten, zu einem im allgemeinen befriedigenden Abschluß gelangt; keineswegs aber war damit die Frage der Versorgung der gefährlichen Geisteskranken überhaupt gelöst, vielmehr traten die Schwierigkeiten der Unterbringung und Behandlung dieser Kranken infolge ihrer Anhäufung in einzelnen Städten durch die Entlassung derselben aus den Irrenabteilungen erst recht zutage. Immer mehr wurde die Frage akut, was mit den gemeingefährlichen Geisteskranken und insbesondere mit den geisteskranken Verbrechern nach ihrer Entlassung aus dem Strafvollzuge geschehen solle. Wir haben gesehen, daß in den ersten Jahrzehnten, als dieses erörtert wurde, die Strafanstaltsärzte — Delbrück, Gutsch, Moritz, Wiedemeister, Marcard, Ribstein — für den weiteren Verbleib der Geisteskranken, wenigstens eines Teiles derselben, in den Strafanstalten eintraten, während namhafte Irrenärzte wie Roller, Pelman, Sander, sich für die restlose Übernahme sämtlicher Geisteskranken aus den Strafanstalten in die Irrenanstalten aussprachen. Mit der Anhäufung der kriminellen Geisteskranken in den Irrenanstalten trat ein völliger Umschwung der Ansichen in den Kreisen der Irrenärzte ein. Am liebsten hätte man, wie Siefert erklärt, die Irrenanstalten für diese Kategorie von Geisteskranken gesperrt. Das Bestreben, diese Kranken von den Irrenanstalten fernzuhalten, trat immer deutlicher hervor. Dazu kam noch die Kostenfrage, und im Zusammenhang damit die Schwierigkeit, die daraus entstand, daß in Preußen die Gefängnisse und Strafanstalten unmittelbare Einrichtungen des Staates sind, während die öffentlichen Irrenanstalten Institutionen der Provinzialverwaltungen oder einzelner Städte — Berlin, Breslau, Köln — sind. Die Bestrebungen der Irrenärzte, die kriminellen Geisteskranken von den öffentlichen Irrenanstalten fernzuhalten und den Staat zu veranlassen, diese Kategorie von Geisteskranken in eigene Obhut und Pflege zu nehmen, fanden eifrige Fürsprecher in den preußischen Landesdirektoren und in den preußischen Parlamenten, während die Regierung sich denselben gegenüber ablehnend verhielt.

Am 21. Juli 1882 richtete der Landesdirektor der Provinz Sachsen eine Eingabe an den preußischen Minister des Innern, in der er auf die Schwierigkeiten der Unterbringung der geisteskranken Verbrecher in den öffentlichen Irrenanstalten hingewiesen und angeregt wurde, für dieselben von seiten des Staates Fürsorge zu treffen.

Über die Verhandlungen der preußischen Parlamente über diese Frage entnehme ich der ausführlichen Begründung der Petition des Magistrats der Königl. Haupt- und Residenzstadt Berlin an die beiden Häuser des Landtages betreffend: „Fürsorge für die gemeingefährlichen Geisteskranken, Idioten und Epileptiker“ vom 3. Februar 1913 folgende Angaben: „In einer bedeutsamen Sitzung vom 23. Dezember 1883 (Seite 414ff. der stenographischen Berichte der Session 1883/84) wurde die Frage zum erstenmal im Abgeordnetenhaus eingehend diskutiert. Die meisten Parteien sprachen Wünsche im Sinne der Eingabe aus, und der damalige Minister des Innern, von Puttkammer, gab im allgemeinen sehr entgegenkommende Erklärungen ab und teilte mit, daß er bereits eine Enquete unter den beteiligten Ministerien zur Prüfung der Frage, wie hier den Wünschen der Provinzialverwaltungen Rechnung getragen werden könne, veranlaßt habe.“

„Zu einer weiteren eingehenden Erörterung im Parlament gelangte die Frage in der Session 1896—97 aus Anlaß einer Gesamtpetition der Landesdirektoren sämtlicher Provinzen, mit Ausnahme von Hannover, an beide Häuser des Landtages. Der Antrag der Petition geht dahin:

auf die königliche Staatsregierung dahin einwirken zu wollen, daß zur Verwahrung und Behandlung irrer Verbrecher baldigst besondere Einrichtungen getroffen, und die Irrenanstalten der Kommunalverbände — nötigenfalls unter Mitwirkung der Gesetzgebung — von diesen Geisteskranken entlastet werden.

In der Beratung der Justizkommission des Abgeordentenhauses (Drucksachen Nr. 114) wurde einstimmig beschlossen, die Petition der Staatsregierung zur Erwägung zu überreichen. Derselbe Beschluß wurde in der Plenarsitzung vom 7. April 1897 (Stenographische Berichte Seite 2129ff.) gefaßt. Dabei sei bemerkt, daß sich sowohl in den Kommissionsberatungen wie bei den ausführlichen Erörterungen im Plenum alle Parteien des Hauses für den Antrag der Provinzialverbände ausgesprochen haben. Der Regierungsvertreter Professor Dr. Moeli erkannte prinzipiell die Mißstände, welche die gegenwärtige Fürsorge für irre Verbrecher gezeitigt habe, an, erklärte aber den von der Petition angeregten Weg (dieselbe bezog sich nur auf die Abnahme der aus den Strafanstalten hervorgegangenen „irren Verbrecher“) nicht für gangbar, da zum mindesten die „verbrecherischen Irren“ dieselben Schwierigkeiten in den Anstalten verursachten. Er sagte jedoch wohlwollende Erwägung der Frage, in welcher Weise hier Abhilfe geschaffen werden könne, namens der Regierung zu.

Noch dringender wie im Abgeordnetenhause wurde die Petition im Herrenhause von allen Mitgliedern, die sich an der eingehenden Beratung beteiligten, befürwortet (Sitzung vom 15. Februar 1897, S. 123ff. der stenographischen Berichte). Gegen den Widerspruch des Regierungsvertreters wurde einstimmig der Beschluß angenommen, die Petition der königlichen Staatsregierung zur

Berücksichtigung zu überweisen. Ein Ergebnis der Erwägungen der Staatsregierung ist dem Parlamente nicht mitgeteilt worden.

Nachdem sodann der Oberbürgermeister Bender von Breslau in der Sitzung des Herrenhauses vom 7. Mai 1902 (Stenographische Berichte S. 291) und der Abgeordnete Fischbeck in der Sitzung des Abgeordnetenhauses vom 15. Mai 1914 (Stenographische Berichte S. 2990ff.) erneut die Dringlichkeit der Frage hervorgehoben hatten, fand noch in der Session 1904/05 eine erneute eingehende Erörterung im Abgeordnetenhause statt. In der Sitzung vom 3. November 1904 stellte der Abgeordnete Schmedding den Antrag:

Das Haus der Abgeordneten wolle beschließen:

Die kgl. Staatsregierung zu ersuchen, schleunigst im gesetzlichen Wege die Fürsorge für diejenigen mittellosen geisteskranken und schwachsinnigen Personen, welche nur behufs des Schutzes anderer Personen gegen ihre Ausschreitungen der Unterbringung in Anstalten bedürfen, zu regeln,

(Stenographische Berichte S. 6959ff.). Das Haus beschloß zunächst den Antrag der durch 7 Mitglieder verstärkten Gemeindekommission zu überweisen. In dieser wurde der Antrag nach sehr gründlicher Beratung — in Widerspruch zu den Regierungsvertretern — einstimmig angenommen. Zur Durchführung des Beschlusses wurde noch folgender Antrag gestellt:

Das Haus der Abgeordneten wolle beschließen:

Die kgl. Staatsregierung zu ersuchen, einen Gesetzentwurf vorzulegen, wonach folgendes bestimmt wird: Soweit die Landarmenverbände nicht gemäß dem Gesetze vom 11. Juli 1891, betreffend die außerordentliche Armenpflege, verpflichtet sind, die Kosten der Unterbringung derjenigen mittellosen Geisteskranken und schwachsinnigen Personen zu übernehmen, welche nur oder vorwiegend behufs des Schutzes anderer Personen gegen ihre Ausschreitungen der Unterbringung in Anstalten bedürfen, hat der Staat diese Kosten auf die Staatskasse zu übernehmen.

Zur Begründung wurde ausgeführt, daß es zwar wünschenswert sei, daß der Staat die volle Fürsorge für die gefährlichen Geisteskranken übernehme, daß man sich aber mit Rücksicht auf die ablehnende Haltung der Staatsregierung und die bisherige Entwicklung auf das unbedingt Notwendige beschränken wolle und daher nur Übernahme der Kosten verlange.

Auch dieser Antrag wurde einstimmig angenommen. (Kommissionsbericht siehe Drucksache 647 der Session 1904—05.) In der Plenarsitzung vom 24. März 1905 (Stenographische Berichte S. 12098 ff.) wurde der Kommissionsantrag widerspruchslos angenommen.

Eine erneute eingehende Erörterung folgt in den Sitzungen vom 16., 19. und 20. Februar 1907 (Stenographische Berichte S. 829ff., 929ff., 994ff., 1003ff., 1013ff., 1043ff. und 1060ff.). Wiederum sprachen sich sämtliche Redner für eine Übernahme der gemeingefährlichen Geisteskranken durch die Regierung aus, während der damalige Minister des Innern von Bethmann-Hollweg gleichfalls eine ablehnende Haltung einnahm. Allerdings erkannte auch er die von allen Rednern gerügten Mißstände an und deutete an, daß möglicherweise die Regierung einer Erhöhung der durch die Dotationsgesetze den Provinzialverbänden zur Verfügung gestellten Mittel näher treten könnte."

Weitere Erörterungen der Angelegenheit erfolgten in den Sitzungen des Abgeordnetenhauses vom 27. Februar und vom 2. März 1908. (Stenographische

Berichte S. 2808ff. und S. 3082ff.) Die letzte Verhandlung über die Frage fand in der Sitzung des Abgeordnetenhauses vom 14. Februar 1914 statt. Die Abg. von Schmedding (Zentr.), von Pappenheim (kons.), Frhr. von Zedlitz (freikons.), Dr. Röchling (nl.), Cassel (fortschr. Volksp.) beantragten:

„Die Regierung zu ersuchen, einen Gesetzentwurf vorzulegen, wonach die Fürsorge für die gemeingefährlichen Geisteskranken, soweit sie nicht gemäß dem Gesetz vom 11. Juli 1891 den Landarmenverbänden obliegt, vom Staate zu übernehmen ist."

Der Abg. Frhr. Schenk zu Schweinsberg (kons.) erklärte: „Wir halten es aus Zweckmäßigkeitsgründen nicht für angebracht, diese Geisteskranken in öffentlichen Irrenanstalten unterzubringen, da dies zu Unzuträglichkeiten in den Kommunalverbänden führen würde. Wir wünschen, daß die Fürsorge für die gemeingefährlichen Geisteskranken vom Staate zu übernehmen ist." Der Abg. Dr. Schröder, Kassel (nl.) schloß sich diesen Ausführungen an und betonte insbesondere, die Kostenfrage sei nicht ausschlaggebend, „wenn auch die Provinzialverbände es gerne sehen würden, wenn der Staat diese Kosten übernähme." Der Minister des Innern Dr. von Dallwitz erwiderte darauf: „Gewiß, eine Teilung des Irrenwesens würde möglich sein, aber ob es zweckmäßig ist, einen Zweig des Irrenwesens loszulösen und einen kleinen Teil der Irren infolgedessen anders zu behandeln als den andern, das glaube ich nicht. Das würde nicht nur außerordentlich unzweckmäßig sein, sondern dieser Vorschlag widerspricht auch der ganzen Tendenz der Vereinfachung, der Tendenz, die auch in diesem Hause mit Bezug auf die Verwaltungsreform in erster Reihe vertreten worden ist. Aus diesen Gründen bin ich nicht in der Lage, den Antrag Schmedding anzunehmen." Der Abg. Dr. Flesch (fortschr. Volksp.) hob demgegenüber hervor: „Der Schutz der Allgemeinheit vor gemeingefährlichen Geisteskranken ist eine Aufgabe der Sicherheitspolizei, und darum muß in erster Linie der Staat eintreten und die Gemeindeverbände von dieser Aufgabe befreien. Ich bitte deshalb die Regierung angesichts des einmütigen Votums dieses Hauses, ihren ablehnenden Standpunkt aufzugeben." Ähnlich äußerte sich der Abg. Liebknecht (Soz.): „Die gemeingefährlichen Geisteskranken müssen in besonderen Anstalten auf Kosten des Staates interniert werden. Die Inhaber der Irrenanstalten haben den lebhaften Wunsch, daß sie von gemeingefährlichen Geisteskranken verschont bleiben. Der Staat sollte sich nicht in Kompetenzstreitigkeiten mit den Gemeinden einlassen. Hier steht ein Interesse aller Staatsbürger in Frage. Schon aus polizeilichen Gründen hat der Staat die Pflicht, für diese Irren zu sorgen." Ebenso betont der Abg. Viereck (freikons.): „Der Schutz der Allgemeinheit kommt nicht nur der Gemeinde zugute, sondern dem ganzen preußischen Volke, denn man kann nicht wissen, gegen wen sich die Übergriffe der Kranken richten. Darum meinen wir, daß der Staat verpflichtet ist, für die Unterbringung derjenigen Geisteskranken zu sorgen, deren Unterbringung zum Schutze der Allgemeinheit für erforderlich erachtet wird." Demgegenüber erklärte der Ministerialdirektor Dr. Freund: „Es ist hier ausgeführt worden, daß die Sorge für die gemeingefährlichen Geisteskranken nicht der Ortspolizei sondern der Landespolizei zur Last falle. Demgegenüber möchte ich bemerken, daß die Sorge, selbst wenn sie über den Umfang eines Ortspolizeibezirks hinausreicht, auch dann ein Gegenstand nicht der Landespolizei, sondern der Ortspolizeibehörde ist. Dies hat schon der Minister hervorgehoben, da es sich um die

Regelung der Kostenfrage handelt, denn die Kosten für die Maßregel der Wohlfahrtspolizei trägt die Gemeinde, die Kosten für die Sicherheitspolizei aber der Staat.“ Zu einem greifbaren Ergebnis hat auch diese letzte Behandlung der Frage im Abgeordnetenhause nicht geführt. Die Vertreter sämtlicher Parteien traten für den Antrag Schmedding ein, während die Regierung auf ihrem ablehnenden Standpunkte beharrte. Ebensowenig brachten wiederholte Petitionen an die beiden Häuser der Abgeordneten eine Änderung. Unter diesen verdient die des Magistrats der königlichen Haupt- und Residenzstadt Berlin vom 3. Februar 1913 (Vorlagen für die Stadtverordnetenversammlung zu Berlin 1913, Nr. 6, S. 161—182) wegen ihrer eingehenden Begründung besondere Hervorhebung. Die Bitte des Magistrats von Berlin ging dahin:

„Das Haus der Abgeordneten (das Herrenhaus) wolle beschließen, die Kgl. Staatsregierung zu ersuchen, einen Gesetzentwurf vorzulegen, welcher bestimmt:

§ 1.

Die Fürsorge für diejenigen gefährlichen Geisteskranken, Idioten und Epileptiker, deren Unterbringung in geeigneten Anstalten allein oder vorwiegend im Interesse der öffentlichen Sicherheit, Ruhe und Ordnung geboten ist, liegt dem Staate ob.

§ 2.

Zu den im § 1 bezeichneten Personen sind stest diejenigen gefährlichen Geisteskranken, Idioten und Epileptiker zu zählen, deren Unterbringung in geeigneten Anstalten von einer Justiz- oder Verwaltungsbehörde im Anschluß an die Strafhaft verlangt wird oder mit Rücksicht auf ein vorangegangenes Strafverfahren, das wegen mangelnder Zurechnungsfähigkeit des Kranken nach § 403 St.P.O. eingestellt ist, oder in dem nach § 51 St.G.B. Freisprechung erfolgt ist.“

In der Begründung werden die Bedenken, die gegen die Aufnahme dieser gefährlichen Geisteskranken in die öffentlichen Irrenanstalten erhoben werden, ausführlich auseinander gesetzt und die Mißstände, die dadurch in den Irrenanstalten hervorgerufen werden, geschildert. Weiter wird betont, welche erheblichen Kosten den Kommunalverbänden durch die Übernahme der kriminellen Geisteskranken erwachsen und sodann gegen die Entscheidung des Oberverwaltungsgerichts vom 20. Juni 1905 in eingehenden Erörterungen Stellung genommen.

Dem Vorbilde der Stadt Berlin folgend, wurden mit Anfang dieses Jahrhunderts in einer Reihe von Provinzialirrenanstalten in Preußen feste Häuser für gefährliche Geisteskranke errichtet, die als „gesicherte Häuser“ oder „Bewahrungshäuser“ bezeichnet werden. Aschaffenburg gibt in dem bereits erwähnten Werke: „Die Sicherung der Gesellschaft gegen gemeingefährliche Geisteskranke“, S 56—80, eine eingehende Schilderung dieser Einrichtungen.

In der Rheinprovinz wurde zunächst an der Provinzialirrenanstalt in Düren ein Bewahrungshaus für 48 Männer eingerichtet, das am 7. August 1900 bezogen wurde. Zunächst traten, wie Flügge berichtet, Schwierigkeiten mancherlei Art zutage. Exzesse aller Art, Demolierungen, Ausbruchsversuche und Angriffe waren an der Tagesordnung. Es wurde ein Umbau notwendig, nach dessen Ausführung nach dem Berichte Gellers das Bewahrungshaus seinen Zweck erfüllte und Ausschreitungen nicht mehr vorkamen.

Das zweite Verwahrungshaus der Rheinprovinz wurde im Mai 1908 an dem Arbeitshause in Brauweiler eröffnet. Wie Aschaffenburg, so habe auch ich schon früher Bedenken gegen diese enge räumliche und administrative Vereinigung einer Irrenstation mit einem Arbeitshause geäußert.

Ein drittes festes Haus für 50 Männer besitzt die Rheinprovinz an der Provinzialirrenanstalt in Bedburg bei Cleve.

In der Provinz Westfalen besteht eine Abteilung für 63 gemeingefährliche Geisteskranke an der Provinzialirrenanstalt in Eikelborn.

Für die Provinz Hannover wurde im Jahre 1909 auf Anregung von Cramer ein Verwahrungshaus für 60 unsoziale Geisteskranke an der Provinzial-Heil- und Pflegeanstalt Göttingen errichtet. Dasselbe ist von Cramer: „Die weitere Entwicklung der Anstalten für psychische und Nervenkrankheiten in Göttingen." Klinisches Jahrbuch XXII. Bd., Jena 1909 und Weber, „Das hannoversche Provinzial-Verwahrungshaus in Göttingen", Monatsschr. f. Kriminalpsychologie, VII, S. 159, beschrieben.

Die Provinz Sachsen hat ein festes Haus für 50 Kranke an der Provinzialirrenanstalt in Nietleben.

Für die Provinz Schleswig-Holstein wurde im Jahre 1904 ein festes Haus mit 40 Plätzen an der Provinzialirrenanstalt in Neustadt in Holstein erbaut, über das Krömer: „Zur Frage der Unterbringung geisteskranker Verbrecher", Allg. Zeitschr. f. Psychiatrie, Bd. 64, S. 980, berichtet hat.

In der Provinz Schlesien besteht ein Haus an der Provinzial-Heil- und Pflegeanstalt in Rybnik für 40 Kranke und ein zweites an der Provinzial-Heil- und Pflegeanstalt in Plagwitz für 38 Kranke (Deutsche Heil- und Pflegeanstalten Bd. I, S. 370).

Die Provinz Pommern hat an der Provinzial-Heil- und Pflegeanstalt in Stralsund ein festes Haus mit 50 Plätzen errichtet.

In der Provinz Ostpreußen besteht mit dem Jahre 1895 in Verbindung mit dem Arbeitshause in Tapiau eine Pflegeanstalt für geisteskranke, gemeingefährliche Männer, die 68 Plätze hat. Fritz Hoppe hat sie in der Abhandlung: „Die Pflegeanstalt für geisteskranke Männer in Tapiau", Psychiatrisch-Neurologische Wochenschr. 1904, S. 111 beschrieben.

In der Provinz Brandenburg sind drei feste Häuser vorhanden, eins an der Provinzial-Heil- und Pflegeanstalt in Neuruppin für 36 Kranke, eins an der Provinzial-Heil- und Pflegeanstalt in Landsberg a. W. und ein drittes für 50 Kranke an der Provinzial-Heil- und Pflegeanstalt in Teupitz.

Die Stadt Berlin, die einen eigenen Kommunalverband bildet, hat außer dem bereits erwähnten festen Hause in Dalldorf mit 50 Betten 2 Überwachungshäuser mit besonderen Sicherungsmaßnahmen für je 80 Männer an der Irrenanstalt Herzberge und zwei Verwahrungshäuser für 125 Kriminelle an den Irrenanstalten in Buch.

In den Provinzen Hessen-Nassau und Westpreußen sind keine besonderen Einrichtungen für gefährliche Geisteskranke vorhanden.

Zu der Einrichtung der festen Häuser an den öffentlichen Irrenanstalten sahen die Landarmen-Verbände sich genötigt, weil die Regierung sich auf den Standpunkt stellte, daß die Fürsorge für die gemeingefährlichen Geisteskranken

Sache der Landarmenverbände sei, und durch den Ministerial-Erlaß vom 13. Juli 1904 die Polizeiverwaltungen anwies, Armenverbände, die sich weigern sollten, im Interesse der öffentlichen Sicherheit unterzubringende Geisteskranke in ihre Irrenanstalten aufzunehmen, nötigenfalls mit polizeilichen Zwangsmitteln zur Aufnahme anzuhalten. Es entwickelten sich infolgedessen eine Reihe von Verwaltungsstreitigkeiten, bei denen es sich vornehmlich darum handelte, ob die Unterbringung der gemeingefährlichen Geisteskranken zu den Aufgaben der Kommunalverbände gehöre und die Kosten für die Unterbringung und Verwahrung dieser Kranken den Armenverbänden zur Last falle, oder der Staat die Fürsorge für diese Kategorie von Geisteskranken zu übernehmen habe. Das Endurteil des II. Senats des Königlich Preußischen Oberverwaltungsgerichts vom 20. Juni 1905 Rep. II. A 5/04 (Entscheidungen des Königlich Preußischen Oberverwaltungsgerichts 47. Bd. I. Berlin 1908, Nr. 2, S. 6—24) hat folgenden Wortlaut:

„Die Kosten der Anstaltspflege für mittellose gemeingefährliche Geisteskranke sind auch dann Kosten der Armenpflege, wenn die Unterbringung der Kranken in der Anstalt nicht in ihrem eigenen Interesse, sondern im Interesse der öffentlichen Ordnung und Sicherheit erforderlich ist. Die Provinzialverbände sind verpflichtet, auch bemittelte gemeingefährliche Geisteskranke in ihre Irrenanstalten aufzunehmen, wenn deren Aufnahme von der zuständigen Polizeibehörde verlangt wird."

Durch diese bedeutsame Entscheidung, die durch die Urteile des Ersten Senats des Preußischen Oberverwaltungsgerichts vom 3. Juli 1906 in der Verwaltungsstreitsache der Stadtgemeinde Breslau wider den Regierungspräsidenten in Breslau über die Kosten der Unterbringung der Geisteskranken Czempich in dem Lazarett des Weibergefängnisses in Breslau und vom 19. November 1907 in den Verwaltungsstreitsachen derselben Gemeinde gegen den Oberpräsidenten der Provinz Schlesien über die Unterbringung der Geisteskranken Sobel, Berger, Cawallinsky und Blumenfeld bestätigt und ergänzt wurde, ist die Verpflichtung der Provinzialverbände zur Übernahme und Unterbringung der gemeingefährlichen Geisteskranken unwiderruflich festgelegt. An dieser Tatsache vermag auch die vom Bundesamt für das Heimatwesen in mehreren Entscheidungen vertretene abweichende Auffassung des Begriffs der Hilfsbedürftigkeit im armenrechtlichen Sinne nichts zu ändern. Ebensowenig kann den ausführlichen rechtlichen Darlegungen in der bereits mehrfach erwähnten Petition des Magistrats der Stadt Berlin vom 3. Februar 1913, die sich gegen die Richtigkeit der vom Oberverwaltungsgericht in der Entscheidung vom 20. Juni 1905 Rechtsanschauungen wenden, durchschlagende Beweiskraft zuerkannt werden. Die rechtliche Verpflichtung der Provinzialverbände zur Übernahme der gemeingefährlichen Geisteskranken ist jedenfalls, solange nicht eine Änderung der diesbezüglichen Gesetze erfolgt, als feststehend zu erachten.

Gestützt auf die Entscheidungen des Oberverwaltungsgerichts übte die Regierung einen erheblichen Druck auf die Provinzialverbände dahin aus, daß sie für die Unterbringung der gemeingefährlichen Geisteskranken Fürsorge zu treffen hätten. Sie ging aber noch einen Schritt weiter, in dem sie über die Entlassung dieser Kranken folgende Bestimmungen erließ.

In dem Erlaß des Ministers der Medizinal-Angelegenheiten und des Ministers des Innern betreffend das Verfahren bei der Entlassung gefährlicher Geisteskranker aus den öffentlichen Irrenanstalten vom 15. Juni 1901 wird ausgeführt:

„Das Verfahren bei der Entlassung gefährlicher Geisteskranker aus den öffentlichen Irrenanstalten genügt, wie die Erfahrung gezeigt hat, den Interessen der öffentlichen Sicherheit nicht. Es ist vielmehr erforderlich, daß die Polizeibehörden vor der beabsichtigten Entlassung einer nach ihrem Vorleben als gefährlich zu erachtenden Person gehört werden und ihnen Gelegenheit gegeben wird, etwaige Bedenken zum Ausdruck zu bringen, welche aus dem Vorleben und den ganzen wirtschaftlichen und Familienverhältnissen, namentlich auch aus denjenigen, in welche der zu Entlassende demnächst eintreten wird, gegen die Entlassung sprechen. Eine solche Äußerung kann für die Anstaltsleitung, der diese Verhältnisse oft unbekannt sein werden, sowohl im allgemeinen wie mit Rücksicht auf § 832 B.G.B. nur erwünscht sein. Ferner ist es erforderlich, daß von der Entlassung eines Kranken, bei dem nach seinem Vorleben eine Gefährdung der öffentlichen Sicherheit in Frage kommt, der Polizeibehörde sofort Nachricht gegeben wird, damit sie imstande ist, die erforderlichen Maßregeln zu treffen.

Ew. Exzellenz ersuchen wir ergebenst, zu veranlassen, daß in der dortigen Provinz:

1. Geisteskranke auf Grund des § 51 Str.G.B. freigesprochene oder auf Grund des § 203 Str.P.O. außer Verfolgung gesetzte Personen und geisteskranke Verbrecher, bei denen der Strafvollzug ausgesetzt ist — sofern diesen Personen ein Verbrechen oder nicht ganz geringfügiges Vergehen zur Last gelegt ist —
2. diejenigen auf Veranlassung der Polizeibehörde aufgenommenen Geisteskranken, bei denen die Polizeibehörde ausdrücklich das Ersuchen um Mitteilung von der beabsichtigten Entlassung gestellt hat,
3. sonstige nach Ansicht des Anstaltsleiters gefährliche Geisteskranke aus den öffentlichen Irrenanstalten nicht entlassen werden, bevor dem Landrat, in Stadtkreisen der Ortspolizeibehörde des zukünftigen Aufenthaltsortes und, wenn dieser außerhalb Preußens liegt, der gleichen für den Ort der Anstalt zuständigen Behörde Gelegenheit zur Äußerung gegeben ist. Die Leiter der Anstalten werden den genannten Behörden unter Mitteilung des Materials zur Beurteilung des Kranken, insbesondere eines eingehenden ärztlichen Gutachtens, die beabsichtigte Entlassung mitzuteilen haben und werden über sie erst nach Eingang der Äußerung der Behörden oder nach Ablauf einer Frist von 3 Wochen seit deren Benachrichtigung Entscheidung treffen dürfen. Auch werden sie diese Behörden von der Entlassung sofort zu benachrichtigen haben.

Einer Änderung des Reglements der öffentlichen Irrenanstalten bedarf es zu diesem Zwecke nicht, es genügt vielmehr, wenn die erforderlichen Anordnungen im Verwaltungswege getroffen werden."

Dieser Erlaß hat dann weiter noch eine Ergänzung gefunden durch einen gemeinsamen Erlaß der Minister der Medizinalangelegenheiten und des Innern vom 16. Dezember 1901, in dem bestimmt wird:

„Daß die Polizeibehörden in den Fällen, in welchem es sich um die in der Rundverfügung vom 15. Juni d. J. unter I. aufgeführten Personen, mit Ausnahme der auf Grund des § 51 Str.G.B. freigesprochenen, handelt, spätestens binnen 3 Tagen nach Empfang der Mitteilung des Anstaltsleiters über die beabsichtigte Entlassung diese Mitteilung nebst Anlagen zunächst der an dem Strafverfahren beteiligt gewesenen Staatsanwaltschaft mit dem Ersuchen um eine Äußerung zu übersenden haben. Diese Behörden werden von dem Herrn Justizminister angewiesen werden, ihre Äußerung spätestens binnen 1 Woche den Polizeibehörden mitzuteilen. Nach Ablauf dieser Frist ohne Eingang einer Antwort der Staatsanwaltschaft, ist die Polizeibehörde zur selbständigen weiteren Verfügung berechtigt. Widerspricht die Staatsanwaltschaft der Entlassung nach Ansicht der Polizeibehörde unbegründeterweise, so ist die Entscheidung des Regierungspräsidenten nachzusuchen. Dies hat stets auch dann zu geschehen, wenn die Staatsanwaltschaft und die Polizeibehörde zwar derselben Ansicht sind, es sich aber um Fälle von besonderer Wichtigkeit und Schwierigkeit handelt. Hierzu sind alle Fälle zu rechnen, in denen die gegen den Verbrecher verhängte Freiheitsstrafe 2 Jahre übersteigt. Die Regierungspräsidenten haben die Entscheidung in den ihnen unterbreiteten Fällen sofort zu treffen. Die Polizeibehörden haben in diesen beiden Fällen auf Grund der Entscheidung des Regierungspräsidenten und in allen sonstigen Fällen auf Grund eigener pflichtmäßiger Prüfung nach Eingang der Äußerung der Staatsanwaltschaft der Leitung der Irrenanstalt mitzuteilen, ob polizeilicherseits gegen die Entlassung Bedenken zu erheben sind. Da die Anstaltsleiter nach der Verfügung vom 15. Juni d. J. berechtigt sind, hinsichtlich der Entlassung der betreffenden Personen Entscheidung zu treffen, wenn sie 3 Wochen nach der Benachrichtigung der Polizeibehörde von dieser keine Antwort erhalten haben, so muß der nach vorstehendem erforderliche Schriftwechsel so beschleunigt werden, daß jene Frist in allen Fällen innegehalten wird. Die Polizeibehörden und die Regierungspräsidenten sind hierauf besonders aufmerksam zu machen. Zur Verhütung von Verzögerungen erscheint es ferner geboten, die Anstaltsleiter zu ersuchen, in ihren Mitteilungen an die Polizeibehörden die in Frage kommende Staatsanwaltschaft genau zu bezeichnen.“

Ein Erlaß des Justizministers vom 6. Januar 1902 regelt endlich auch die Mitwirkung der Justizverwaltung.

„Nach näherer Bestimmung eines Runderlasses des Herrn Ministers der geistlichen, Unterrichts- und Medizinal-Angelegenheiten und des Innern vom 15. Juni vorigen Jahres (M. d. J. IIa. 9209, M. d. g. A. M. 6368) (Minist.-Blatt für Medizinalangelegenheiten I. Jahrgang S. 179), liegt es dem Oberpräsidenten ob, im Interesse der öffentlichen Sicherheit zu veranlassen, daß aus öffentlichen Irrenanstalten solche Personen, welche nach ihrem Vorleben als gefährlich zu erachten, nicht ohne polizeiliche Mitwirkung zu entlassen sind.

Als solche Personen sind in dem Runderlasse unter Ziffer I aufgeführt:

„Geisteskranke auf Grund des § 51 des Str.G.B. freigesprochene, oder auf Grund des § 203 der Str.P.O. außer Verfolgung gesetzte Personen und geisteskranke Verbrecher, bei denen der Strafvollzug ausgesetzt ist — sofern diesen Personen ein Verbrechen oder ein nicht ganz geringfügiges Vergehen zur Last gelegt ist.“

An der Benachrichtigung über eine bevorstehende Entlassung der hier bezeichneten Personen haben die Justizbehörden insofern ein unmittelbares Interesse, als eine alsbaldige oder spätere Wiederaufnahme der vorläufig eingestellten Untersuchung oder des ausgesetzten Strafvollzuges in Frage kommen kann, und es den Justizbehörden erwünscht sein muß, sowohl den gegenwärtigen Gesundheitszustand als auch den Verbleib des Beschuldigten oder des Verurteilten zu erfahren. Es entspricht aber auch der Stellung der Staatsanwaltschaft, die ihr etwa bekannten Umstände, welche Bedenken gegen die Entlassung eines ungeheilten Geisteskranken wegen seiner Gemeingefährlichkeit zu begründen geeignet sein könnten, zur Kenntnis der zuständigen Polizeibehörde zu bringen.

Der Runderlaß vom 16. Dezember v. J. sichert der Staatsanwaltschaft eine Mitwirkung bei der Entlassung geisteskranker Verbrecher aus öffentlichen Irrenanstalten, soweit ein Interesse der Rechtspflege an dieser Mitwirkung besteht, und zwar auch, soweit es sich um Strafsachen handelt, in welchen die Strafvollstreckung den Amtsgerichten obliegt. Die nach dem Runderlasse von der Staatsanwaltschaft abzugebenden Erklärungen, für welche die oben hervorgehobenen Gesichtspunkte maßgebend sein müssen, sind, soweit tunlich, umgehend zu erstatten, in jedem Falle aber so zu beschleunigen, daß die Antwort mit den wieder angeschlossenen Anfragen bei der anfragenden Polizeibehörde innerhalb einer Woche wieder eingeht.“

Endlich wird in dem Erlaß des Ministers der geistlichen, Unterichts- und Medizinalangelegenheiten vom 20. Mai 1904 unter Bezugnahme auf die Erlasse vom 15. Juni 1901 und 16. Dezember 1901 verfügt:

„Wir bestimmen hiermit, daß fortan in gleicher Weise alle Fälle der vorgedachten Art zu behandeln sind, in denen ein richterliches Urteil über die Täterschaft eines Angeschuldigten, welcher erhebliche Vorstrafen nicht erlitten hat, nicht vorliegt, weil der § 51 des Str.G.B. oder der § 203 der Str.P.O. zur Anwendung gekommen ist.“

Damit glaube ich, eine übersichtliche Darstellung der Frage der Unterbringung der gemeingefährlichen Geisteskranken in Preußen gegeben zu haben, und wende mich nunmehr zu der Entwicklung dieses Problems in den andern deutschen Bundesstaaten.

In Bayern waren nach einer Mitteilung in der Psychiatrisch-neurologischen Wochenschrift XV Jahrg. 1913, S. 349 im Juli 1912 — 29 geisteskranke Gefangene ohne Unterbrechung der Strafvollstreckung in Irrenanstalten untergebracht, während 55 geisteskranke und 141 geistig gefährdete Gefangene in Strafanstalten selbst verwahrt wurden. Im Juli 1913 befanden sich 30 geisteskranke Gefangene in Irrenanstalten, 53 geisteskranke und 146 geistig gefährdete Gefangene in den Strafanstalten. Nach einer Statistik von Kundt waren am 1. Januar 1910 — 25 geisteskranke Sträflinge in Irrenanstalten, 130 geisteskranke für den Aufenthalt im Strafhause ungeeignete Gefangene in den Strafanstalten. Rüdin kommt in seinem auf der Jahresversammlung des Vereins bayrischer Psychiater im Mai 1910 erstatteten Referate: „Über die zweckmäßigste Unterbringung der irren Verbrecher und der verbrecherischen Irren in Bayern (Zeitschr. für die gesamte Neurologie und Psychiatrie, Bd. II, H. 2) zu folgenden Ergebnissen:

1. „Im Interesse der Strafanstalten, der Justizverwaltung, der Kranken, der Irrenanstalten und des breiten Publikums liegt es, daß die geisteskrank gewordenen Gefangenen sofort in irrenärztlich modern eingerichtete und geleitete, aber organisch mit einer Strafanstalt ver-

bundene Irren-Beobachtungs- und Verwahrungsadnexe kommen und dort, im Prinzip, bis zum Ende der Strafzeit verbleiben.

II. Im allseitigen Interesse ist es ferner unumgänglich notwendig, daß dem Irrenarzt der Irrenanstalt für die Behandlung und Verwahrung gefährlicher Irrer eine Sonderabteilung, noch besser ein Sonderbau mit festen Einrichtungen und beschränkterer Bewegungsfreiheit zur Verfügung steht.

III. Selbständige Zentralanstalten, wo nur gefährliche Irre oder auch nur Verbrecher in größerer Anzahl verwahrt werden, sind nicht zu empfehlen."

In der Heil- und Pflegeanstalt Eglfing bei München befinden sich 2 Sonderpavillons für je 70 gefährliche Geisteskranke.

Im Jahre 1913 hat die bayrische Justizverwaltung bei dem Landtage die Errichtung einer Irrenabteilung an der Strafanstalt in Straubing für 50 geisteskranke Gefangene beantragt.

In Nr. 31/32 der psychiatrisch-neurologischen Wochenschrift vom 8. November 1919 (S. 238) wird mitgeteilt, daß in dem Strafvollzugsgefängnis Stadelheim bei München, im Untersuchungsgefängnis zu Nürnberg und bei der Gefangenen-Anstalt St. Georg zu Bayreuth psychiatrische Stationen errichtet werden sollen,

Sachsen besitzt in Waldheim seit dem Jahre 1876 eine Anstalt für kriminelle Geisteskranke, die zunächst ein Adnex der Strafanstalt Waldheim war. Sie war nicht nur für geisteskranke Verbrecher, sondern auch für solche Geisteskranke bestimmt, „deren Aufnahme in eine andere Irrenanstalt aus sicherheits-, wohlfahrts- oder sittenpolizeilichen Gründen wegen ihres verbrecherischen Vorlebens oder ihrer Individualität bedenklich fällt". Über die Einrichtungen der Irrenstation in Waldheim hat Knecht wiederholt berichtet. In den Jahren 1880—1891 wurden in dieselbe 151 Kranke aufgenommen, darunter 98 aus der Strafanstalt in Waldheim. Nach einer Erweiterung der Irrenstation im Jahre 1892 wurde sie im Jahre 1905 als selbständige „Landesanstalt für Geisteskranke in Waldheim" eingerichtet. Im Gegensatze zu den preußischen Irrenabteilungen steht die Landesanstalt in Waldheim hinsichtlich der Verwaltung völlig unter ärztlicher Leitung. Zwei Irrenärzte sind an derselben im Hauptamte angestellt. Mit der Strafanstalt hat die Irrenanstalt lediglich die Küche und den Eingang gemeinsam. Die in der Irrenanstalt in Waldheim zugebrachte Zeit wird bei den geisteskranken Strafgefangenen nicht in Anrechnung gebracht. In die Anstalt können 200 Kranke aufgenommen werden. Seit dem Jahre 1908 besteht in Sachsen eine zweite Abteilung für kriminelle Geisteskranke mit 70 Plätzen an der Landesstrafanstalt in Bautzen.

Die Entwicklung des Problems in Württemberg hat v. Schwab in einem Vortrage: „Die Unterbringung geisteskranker Strafgefangener in Württemberg", Blätter für Gefängniskunde 1904, 38. Bd., geschildert. Bis zum Jahre 1905 wurden die geisteskrank gewordenen Strafgefangenen direkt aus der Strafanstalt in die Irrenanstalt gebracht, nachdem die Genehmigung des Justizministeriums von dem Strafanstaltenkollegium eingeholt worden war. Im Jahre 1883 wurde auf Wunsch der Irrenanstaltsverwaltungen angeordnet, daß die in den Irrenanstalten untergebrachten geisteskranken Gefangenen nicht mehr Sträflingskleidung zu tragen hätten, und durch Erlaß des Justizministeriums vom

11. Januar 1892 wurde die Überführung der geisteskranken Gefangenen in Privat-Irrenanstalten untersagt. In den 90er Jahren des vorigen Jahrhunderts entstand zwischen dem Justizministerium einerseits und dem Medizinalkollegium und dem Ministerium des Innern andererseits eine Meinungsverschiedenheit über die Unterbringung der geisteskranken Verbrecher. Die Schwierigkeiten, die durch die Unterbringung einer größeren Anzahl geisteskranker Verbrecher in den Irrenanstalten entstanden, häuften sich. Es entwickelte sich ein Streit, ob diese Kranken am zweckmäßigsten in einem Irrenanstaltsadnex oder einem Adnex an einer Strafanstalt untergebracht werden sollten. Nach eingehender Erörterung der Frage in der Kammer der Abgeordneten am 10. Juli 1903 (Blätter für Gefängniskunde, Bd. 38, S. 305ff.) wurde beschlossen, als Adnex an der Strafanstalt Ludwigsburg eine Irrenabteilung auf Hohenasperg zu errichten. Die Abteilung wurde am 1. Februar 1905 eröffnet und hat Platz für 36 Kranke. Über die Erfahrungen in der Irrenabteilung auf Hohenasperg haben v. Schwandner (Praktische Erfahrungen in der Behandlung geisteskranker Strafgefangener, Monatsschrift für Kriminalpsychologie, Bd. V, S. 411) und Staiger (Erfahrungen in der Behandlung geisteskranker Verbrecher, Monatsschrift für Kriminalpsychologie, Bd. V., S. 421) berichtet. In den ersten 3 Jahren wurden 84 Gefangene, 53 aus dem Zuchthause und 31 aus den Gefängnissen aufgenommen. Die Kranken bleiben bis zum Strafende in der Irrenabteilung und werden, wenn sie nach Ablauf der Strafzeit noch der Behandlung bedürfen, in die zuständige Irrenanstalt gebracht. Werden sie während der Strafverbüßung gesund, so findet Versetzung in den geordneten Strafvollzug oder in die Invalidenabteilung am Zuchthause Ludwigsburg statt. Bei unheilbaren Geisteskranken kann die Begnadigung und Überführung in eine Irrenanstalt beantragt werden. Der Arzt der Irrenabteilung ist im Hauptamte angestellt.

In Baden wurde im Jahre 1864 auf Veranlassung von Gutsch in Verbindung mit dem Zellengefängnis Bruchsal eine Hilfsstrafanstalt eröffnet, in die neben körperlich kranken und gebrechlichen Gefangenen auch geisteskranke und geistig defekte aufgenommen wurden. Für die Einrichtung solcher Invalidengefängnisse traten auf Grund ihrer Erfahrungen in Bruchsal Gutsch (Das Zellengefängnis Bruchsal nebst der dazu gehörigen Hilfsstrafanstalt, Heidelberg 1867) und Ribstein (Kriminalirrenanstalten und Invalidengefängnisse in v. Holtzendorf und Jagemann, Handbuch des Gefängniswesens 1888, Bd. II, S. 329 bis 348) warm ein. Zu Beginn des Jahrhunderts stellte sich jedoch die Notwendigkeit ein, für die Unterbringung der geisteskranken Gefangenen in Baden besondere Einrichtungen zu treffen. Am 15. November 1903 wurde die Irrenstation an dem Landesgefängnis Bruchsal eröffnet, die zur Aufnahme der geisteskranken Gefangenen aus den vier badischen Zentralanstalten und den Kreisgefängnissen dient. Die Kranken bleiben in der Irrenstation bis zum Strafende und werden dann bei Fortbestehen der Geisteskrankheit in eine Irrenanstalt gebracht. Bessert sich der Zustand der Kranken in der Irrenabteilung, so werden sie wieder dem geordneten Strafvollzuge überwiesen. Bei unheilbaren Kranken findet Strafunterbrechung und Überführung in eine Irrenanstalt statt. Den ärztlichen Dienst versieht ein im Hauptamte angestellter Psychiater, der keine sonstige Praxis betreiben darf. Die Irrenabteilung hat 34 Plätze. Nach der badischen Gefängnisstatistik 1907 (Blätter für Gefängniskunde 1909, Bd. 43, H. 3, S. 548) betrug der durchschnittliche Bestand 28 Kranke. Im ganzen wurden im Jahre

1907 24 Zuchthaus- und 20 Gefängnisgefangene aufgenommen. In den ersten 5 Jahren wurden insgesamt 114 Kranke aufgenommen. Über die Erfahrungen in der Irrenstation haben Stengel und Hegar: „Die Unterbringung geisteskranker Verbrecher", Allgemeine Zeitschrift für Psychiatrie, Bd. 66, S 82ff., berichtet. Nach Hegar beträgt die Zahl der geisteskranken Gefangenen, die jährlich in die badischen Irrenanstalten aufgenommen werden, acht bis zehn. In den badischen Irrenanstalten befanden sich nach Hegar 348 Männer, die vorbestraft waren; von diesen bedurften aber nur 58 Kranke besonderer Sicherheitsmaßnahmen hinsichtlich ihrer Verwahrung. Im Jahre 1911 wurde an der Heil- und Pflegeanstalt Wiesloch ein gesichertes Haus mit 46 Plätzen für gefährliche und verbrecherische Geisteskranke errichtet.

Die Behandlung der gefährlichen Geisteskranken in Hessen ist eingehend dargelegt in den Vorträgen von Lenhard, Dannemann, Oßwald und Kullmann: „Die Fürsorge für gemeingefährliche Geisteskranke unter besonderer Berücksichtigung der Verhältnisse im Großherzogtum Hessen." Juristisch-psychiatrische Grenzfragen, Halle 1908, Bd. VI, H. 7. Nach der Mitteilung Oßwalds befanden sich am 15. November 1907 unter 708 kranken Männern in den hessischen Irrenanstalten 62 vorbestrafte, 111 verbrecherische Geisteskranke und 33 geisteskranke Verbrecher, also insgesamt 206 kriminelle Geisteskranke, von denen aber zwei Drittel bis drei Viertel harmlos waren und keiner besonderen Sicherungsmaßnahmen bedurften. Kullmann teilte mit, daß im Zuchthause und Gefängnisse Butzbach 115 geistige Erkrankungen schwerer Art vorkamen. Aber nur bei 46 mußte die Strafe wegen Geisteskrankheit unterbrochen werden. An der hessischen Strafanstalt in Butzbach sind besondere Einrichtungen für geisteskranke Gefangene nicht vorhanden. Der neuen Irrenanstalt in Gießen ist eine Abteilung für gemeingefährliche Geisteskranke mit 25 Plätzen angegliedert. Außerdem sind besondere Sicherheitsmaßnahmen für unsoziale Geisteskranke an der Irrenanstalt in Goddelau getroffen.

Für Elsaß-Lothringen ist im Jahre 1912 an der Heil- und Pflegeanstalt Hördt ein festes Haus mit 40 Plätzen erbaut worden. (Ransohoff, Beilage zur Zeitschrift für Medizinalbeamte, 1910, S. 57. Zwangserziehungs- und Gefängniswesen in Elsaß-Lothringen im Rechnungsjahre 1912/13. Blätter für Gefängniskunde 1914, Bd. 48, S. 255.)

Hamburg hat im Gefängnis II in Fuhlsbüttel eine Beobachtungsstation für 20 geisteskranke Gefangene. Außerdem besitzt Hamburg an der Irrenanstalt Langenhorn 2 feste Häuser mit je 55 Plätzen. Bei Überführung eines geisteskranken Gefangenen in die Irrenanstalt wird die Strafe unterbrochen und der Aufenthalt in der Irrenanstalt wird deshalb nicht auf die Strafzeit in Anrechnung gebracht.

In Bremen besteht an dem St. Jürgenasyl für Geisteskranke in Ellen ein Bewahrungshaus mit 35 Plätzen.

Oldenburg hat eine kleine Irrenabteilung an der Strafanstalt in Vechta, in die auch nicht bestrafte gefährliche Geisteskranke eingeliefert werden. Die geisteskranken Gefangenen können hier wie in Waldheim über das Strafende hinaus festgehalten werden; im Gegensatz zu Waldheim findet aber in Vechta Anrechnung des Aufenthaltes in der Irrenabteilung auf die Strafzeit statt

In den übrigen deutschen Bundesstaaten sind besondere Einrichtungen für gefährliche Geisteskranke nicht vorhanden.

Der Streit der Meinungen über die zweckmäßigste Art der Versorgung der kriminellen Geisteskranken war mit der Errichtung der Adnexe an Gefangenen- und Irrenanstalten keineswegs zur Ruhe gekommen, vielmehr wurde das Problem nach allen Richtungen immer wieder von neuem erörtert. Der Verein Deutscher Irrenärzte sprach sich in seiner Jahresversammlung im Jahre 1895 für die Eliminierung der geisteskrank gewordenen Verbrecher aus den Irrenanstalten aus (Allg. Zeitschr. f. Psychiatrie Bd. 52, S. 841) und auf der Jahresversammlung desselben Vereins im Jahre 1900 stellte Siemerling die These auf: „Die Einrichtung besonderer Adnexe an großen Gefängnissen erscheint als eine zweckmäßige Lösung des Problems der Unterbringung wenigstens für die geisteskranken Verbrecher, solange sie im Strafvollzug sind.“ Auf der Versammlung des Vereins für Psychiatrie und Neurologie in Wien im Jahre 1901 machte v. Wagner den Vorschlag, der Staat solle eine oder mehrere Anstalten für kriminelle Geisteskranke, entweder selbständig oder als Adnexe an Straf- oder Irrenanstalten errichten, in die aufgenommen werden sollten:

a) irre Verbrecher,
b) verbrecherische Irre,
c) jene Geisteskranken, die in einer Irrenanstalt ein schweres Verbrechen gegen die Person begangen hätten.

Die Entscheidung über die Überführung in diese Anstalten und die Entlassung aus denselben solle der Richter treffen. Näcke empfahl in seiner im Jahre 1902 erschienenen Monographie: „Die Unterbringung geisteskranker Verbrecher“ größere Adnexe an größeren Strafanstalten.

Aschaffenburg hat die Maßnahmen zur Unterbringung der gemeingefährlichen Geisteskranken in seiner Abhandlung: „Die Behandlung gemeingefährlicher Geisteskranker und verbrecherischer Gewohnheitstrinker“ in der „Vergleichenden Darstellung des deutschen und ausländischen Strafrechts“, Allgemeiner Teil, Bd. I, 1908 und noch ausführlicher in seinem im Jahre 1912 erschienenen, bereits mehrfach erwähnten Werke: „Die Sicherung der Gesellschaft gegen gemeingefährliche Geisteskranke“ geschildert. Das Ergebnis seiner eingehenden Untersuchungen faßt er in folgende Sätze zusammen: „Untersuchungsrichter, Staatsanwälte, Strafrichter und Zivilrichter müßten weit bessere Kenntnisse auch von den leichten Formen geistiger Erkrankungen haben, als sie bisher besitzen. Nur so kann vermieden werden, daß Kranke widerrechtlich verurteilt werden. Weiter müssen die Gefängnisbeamten mit den Erscheinungen geistiger Störungen vertraut sein. Eine regelmäßige Kontrolle aller Strafgefängnisse durch Irrenärzte, die von der Gefängnisverwaltung völlig unabhängig sein müssen, ist das wirksamste Unterstützungsmittel der Gefängnisärzte in dem Bestreben, für die rechtzeitige Ausscheidung aller Kranken aus dem Strafvollzuge zu sorgen. Für diejenigen Fälle, in denen die Krankheit nicht in ihrer vollen Bedeutung klar ist, müssen Beobachtungsabteilungen an Strafgefängnissen unter Leitung unabhängiger Psychiater eingerichtet werden. Nur zum Zweck der Beobachtung ist der Zusammenhang einer Krankenabteilung mit dem Strafvollzug erträglich. Sobald die Entscheidung getroffen ist, müssen die Kranken aus diesen Abteilungen entfernt werden und gehören dann ganz unter die Obhut der Irrenärzte. Die großen Kriminalirrenanstalten haben sich nicht so bewährt und besitzen keine solchen Vorzüge, daß sie zur Nachahmung empfohlen werden könnten. Auch Adnexe an Strafanstalten sind für die Behandlung und Verwahrung von Kranken ungeeignet. Im allgemeinen empfiehlt sich die Verteilung aller gefährlichen und schwierigen Kranken auf alle zur Verfügung stehenden Anstalten. Genügen die bestehenden Einrichtungen nicht, so müssen besondere gesicherte Häuser geschaffen werden, in denen alle Patienten mit ernsthaft bedenklichen Neigungen bis zum Schwinden des diesen zugrunde liegenden Zustandes Aufnahme finden können. Bei den Kranken, die wegen Unzurechnungsfähigkeit freigesprochen oder außer Verfolgung gesetzt worden sind, muß die Notwendigkeit der Einweisung und ebenso der Zeitpunkt der stets nur versuchsweise zu erlaubenden Entlassung von einem besonderen gerichtlichen Verfahren abhängig gemacht werden."

Zu einem ähnlichen Ergebnis kommt Weber in seinem Referate: „Die Unterbringung geisteskranker Verbrecher und gemeingefährlicher Geisteskranker." Ergebnisse der Neurologie und Psychiatrie, Bd. I, 1912. „Nur ein kleiner Teil der sogenannten verbrecherischen Geisteskranken und der in der Strafhaft geistig erkrankten Rechtsbrecher verdienen wirklich den Namen „gefährliche Geisteskranke", d. h. sie bilden für längere Zeit oder dauernd eine Gefahr oder Störung für ihre Umgebung und bedürfen anderer Maßnahmen als der durch ihren Geisteszustand allein bedingten. Unter ihnen kann man unterscheiden:

a) Eine kleinere Gruppe, bei der eine wirkliche Geistesstörung und Gefährlichkeit gleichzeitig miteinander bestehen. Für die Unterbringung und Verwahrung dieser Individuen haben sich besondere Abteilungen bei den Strafvollzugsanstalten und besondere gesicherte Adnexe der Irrenanstalten als geeignet und ausreichend erwiesen; in Größe und Organisation können diese Einrichtungen verschiedenartig gestaltet sein.

b) Eine größere Gruppe, bei der eine eigentliche Geistesstörung gar nicht oder höchstens episodisch auftritt. Dauernd aber bestehen bei den Angehörigen dieser Gruppe meist auf dem Boden angeborener Anlage verschiedene psychopathische Zustände, die man als geistige Minderwertigkeit zusammenfassen kann, und gleichzeitig, als ein weiterer Ausdruck dieser geistigen Minderwertigkeit, unsoziale Neigungen oder Gemeingefährlichkeit. Hier ist die episodisch auftretende Geistesstörung also nicht die Ursache der Gefährlichkeit.

Die Unterbringung und Unschädlichmachung dieser besonders gefährlichen Gruppe bereitet bis jetzt größere Schwierigkeiten, weil die vorhandenen Bestimmungen und Einrichtungen meist nur für vollentwickelte Geistesstörungen gedacht und geeignet sind. Hier ist eine Erweiterung der Gesetzgebung notwendig, wie sie in den Strafgesetzentwürfen der meisten Länder vorgesehen ist; zu ihrer Ausführung müssen aber auch entsprechende neuartige Einrichtungen, besonders sog. Zwischenanstalten verschiedener Art beschafft werden.

Die bisherige Praxis hat gezeigt, daß alle zur Krankenbehandlung, Erziehung und Verwahrung dienenden Anstalten sich nicht für den Strafvollzug auf längere Dauer eignen; das wird man auch bei den neuen Bestimmungen und Einrichtungen berücksichtigen müssen.

Je mehr bei den Organen der Rechtsprechung und des Strafvollzuges und bei ihren Gehilfen, den gerichtlichen Sachverständigen und Strafanstaltsärzten, die Kenntnis von den psychopathischen Zuständen vertieft wird, desto mehr ist mit Hilfe der vorhandenen und der neu zu schaffenden Einrichtungen eine Sicherung der Gesellschaft gegen die Gefährlichkeit geisteskranker oder geistig minderwertiger Individuen möglich. Prophylaktisch wird hier auch der Ausbau der Jugendfürsorge und des allgemeinen rechtlichen und sozialen Schutzes der geistig Gebrechlichen wirken.

Die Gefährlichkeit der geisteskranken oder geistig minderwertigen Individuen kann also durch die hier besprochenen Maßregeln ausreichend bekämpft werden."

In der Jahresversammlung des Vereins Deutscher Irrenärzte in Hamburg im Jahre 1905 gelangte nach den Referaten von Siemens-Lauenburg und Zinn sen. Eberswalde: „Zur Frage der Reform des Irrenwesens in Deutschland, insbesondere in Preußen" u. a. folgende These zur einstimmigen Annahme:

„5. Die Anwesenheit geisteskrank gewordener Verbrecher namentlich in größerer Zahl in einer Irrenanstalt verletzt und schädigt die übrigen Kranken empfindlich, erschwert die „freie Behandlung" und gefährdet, da die Irrenanstalt gegen Entweichungen solcher Kranken die nötige Sicherheit ohne Verzicht auf den Charakter als Krankenanstalt nicht bieten kann, die öffentliche Sicherheit in hohem Grade. Endliche Abhilfe ist hier dringendes Bedürfnis."

Für Ostpreußen empfahl Hallevorden (Allg. Zeitschr. f. Psych. 1905, Bd. 52, S. 214) „die Herstellung einer entsprechend eingerichteten, namentlich auch auf Detention berechneten Irrenabteilung im Anschluß an die Provinzial-Korrigenden-Anstalt Tapiau, in welcher die Geisteskranken von habitueller Verkommenheit, d. h. solche Irre, welche früher Verbrecher, Korrigenden, Vagabunden und Prostituierte gewesen sind, zu detinieren wären." Dieser Plan ist bald nachher zur Ausführung gelangt.

Die Unterbringung der geisteskranken Verbrecher in den schlesischen Anstalten machte Klinke zum Gegenstande eines bemerkenswerten Vortrages, der am 30. November 1895 auf der 69. Versammlung des Vereins ostdeutscher Irrenärzte in Breslau gehalten wurde. (Allg. Zeitschr. f. Psych. Bd. 52, S. 1050ff.) Zunächst stellte Klinke fest, daß unter den 4000 Geisteskranken, die sich in den 9 schlesischen Irrenanstalten befanden, 216 geisteskranke Verbrecher waren. Von diesen wurden aber nur 66 als störende Elemente bezeichnet. Die Frage, ob Klagen der unbescholtenen Geisteskranken über die gemeinsame Unterbringung mit vorbestraften berechtigt seien, verneint Klinke. Ebenso verneint er die Frage, ob Störungen im Anstaltsbetriebe durch sie häufiger verursacht würden als durch andere Geisteskranke. „Die Neigung der Verbrecher zu Entweichungen und Entweichungsversuchen, zum Komplottieren, Hetzen, Schikanieren des Wartepersonals, zu Gewalttätigkeiten, bei Weibern zu Obszönitäten wird wohl von allen Seiten anerkannt und hervorgehoben, daneben aber auch, und zwar von sehr erfahrener Seite, betont, daß derartige Eigenschaften auch unseren anderen Geisteskranken in demselben, wenn nicht zum Teil in höherem Maße, innewohnen, daß die bestraften Individuen, wenn erst in die Anstaltsordnung gewöhnt, fleißige Arbeiter sind, die man unter den anderen Kranken in offener Behandlung so lange beläßt, wie es nach ihrem jeweiligen Zustande für angezeigt erscheint." Mit großem Nachdruck weist Klinke dann darauf hin, „daß die Irrenärzte jahrlang dafür gestritten haben, daß die Geisteskrankheiten unter den Sträflingen besser beobachtet und die für krank erkannten auch als solche behandelt würden“ — „und nun“ — so fährt er fort — „wollen einzelne von uns immer wieder dieselben Elemente los werden, blos, weil sie unbequem sind und angeblich in unsere nach modernen Anschauungen eingerichteten und verwalteten Anstalten nicht mehr passen?“ „Ich kann“, erklärte Klinke weiter, „hierin keinen Fortschritt der Irrenpflege erkennen. Wohl der Heilanstalt, die solche Elemente in gehäufter Weise nicht beherbergen muß, aber jeder wird mir Recht geben: schlimmer wie die oben genannten häufigen Insassen der Pflegeanstalt, Epileptiker usw. sind die schlimmsten unter den Verbrechern auch nicht. Komplottieren sie, so müssen sie auseinander, wollen sie entweichen, so müssen sie in festen, geschlossenen Abteilungen mit vermehrter Wärterzahl oder festen Isolierabteilungen untergebracht werden. Sind sie ruhig, so liegt kein Grund vor, sie nicht unter den anderen Kranken zu belassen. Wird ihre Zahl zu groß, dann errichte man einen festen Adnex an der Anstalt.“ Die Ursache der durch die geisteskranken Verbrecher hervorgerufenen Störungen erblickt Klinke zum Teil in der großen Anhäufung in einzelnen Anstalten, zum Teil aber in der Überfüllung der Anstalten selbst. Er schloß mit den Worten: „Unsere Anstalten müssen so hergerichtet sein, daß sie für Kranke aller Art genügend sichere Unterkunft und die Möglichkeit, die störenden und unbequemen Elemente zu trennen, in vollem Umfange darbieten.“ In der Diskussion widersprach Petersen den Ausführungen Klinkes. Durch eine besondere Unterbringung der geisteskrank gewordenen Verbrecher sei es in eigenen Anstalten, sei es in den Charakter der Irrenanstalten tragenden Adnexen, etwa von Arbeitshäusern, werde nicht nur den übrigen Geisteskranken genützt, sondern auch für die geisteskranken Verbrecher ein Gewinn geschaffen, schon deswegen, weil ihnen dort infolge der besonderen Einrichtungen eine Freiheit der Bewegung gewährt werden könne, die ihnen in anderen Anstalten im Interesse der Gesamtheit öfters versagt werden müsse. Wernicke trat dafür ein, daß die Behandlung der geisteskranken Verbrecher als Spezialität aus der allgemeinen Irrenpflege ausscheiden solle. „Unzweifelhaft haben diese Individuen ihre Besonderheiten, die ein besonderes Studium und eine besondere Erfahrung erheischen. Die weitere Entwicklung einer solchen Spezialität kann wissenschaftlich gewiß nur erwünscht sein, und die praktischen Gesichtspunkte drängen gleichfalls dahin. Wir Irrenärzte haben alle Veranlassung, die Forderung aufzustellen, daß für die Verbrecher in besonderer Weise gesorgt werde.“

Werner schilderte im Jahre 1906 in seinem Buche „Die Versorgung der geisteskranken Verbrecher in Dalldorf“, die Verwaltungsstreitigkeiten zwischen Staat und Armenverbänden hinsichtlich der Fürsorge für die geisteskranken Verbrecher und die Einrichtungen des festen Hauses der Irrenanstalt Dalldorf. v. Kunowski vertrat 1907 die Anschauung, daß in Schlesien recht gut 250 geisteskranke Verbrecher in einer Zentralanstalt vereinigt werden könnten. „Vorläufig steht ja die Staatsregierung dem Ansinnen, die im Strafvollzug geisteskrank gewordenen Rechtsbrecher in eigene Verpflegung zu übernehmen, völlig abweisend gegenüber. Wenn aber die bisherige Zunahme der als solcher erkannten geisteskranken Rechtsbrecher anhält, dann könnte doch die Entlastung des Justizfiskus, die Belastung der Landarmenverbände solche Dimensionen annehmen, daß ein anderes Arrangement, vielleicht eine Abtrennung der ganzen Fürsorge für die geisteskranken Rechtsbrecher von der allgemeinen Irrenfürsorge ernstlich erwogen werden muß. Die Unterbringung der geisteskranken Verbrecher in völlig gesonderten Anstalten würde sich dann als eine zweckmäßige Vorbereitung hierauf erweisen.“ Heilbronner kam auf Grund seiner Erfahrungen an der Breslauer Irrenabteilung 1904 zu dem Ergebnis, daß der Prozentsatz der Gefährlichen unter den Kranken, die der Irrenanstalt aus den Gefängnissen zufließen, viel geringer ist als vielfach behauptet und angenommen wird. „Die Absonderung und gemeinsame Unterbringung dieser Gefährlichen in — gleichviel wie organisierten — besonderen Abteilungen gibt zu den schwersten Bedenken Anlaß und ist deshalb zu verwerfen. Bei entsprechender Verteilung können die Irrenanstalten ihrer Aufgabe zur Aufnahme und Behandlung aller Geisteskranken inklusive der gefährlichen Verbrecher — gerecht werden, ohne dadurch in ihrer Entwicklung und ihrer Aufgabe gehemmt zu werden.“ Bemerkenswert ist, was Heilbronner über die Stellung der Ärzte an den preußischen Irrenabteilungen sagt: „Das Verlangen nach Schaffung je einer hauptamtlichen Arztstelle an jeder der sechs bestehenden größeren Abteilungen erscheint wohl berechtigt. Ich glaube, daß Preußen, wie es dies bezüglich der Kreisarztstellen getan hat, dem Beispiele anderer Bundesstaaten — z. B. Bayern — auch bezüglich der Schaffung vollbesoldeter und pensionsberechtigter Gefängnisärzte wird nachfolgen müssen, zum mindesten bezüglich der hier in Betracht kommenden Anstalten. Die Schaffung solcher Stellen würde einmal die Gewinnung ärztlicher Kräfte erleichtern, sie würde aber insbesondere, weil die Stellen dann weniger als Durchgangsstation betrachtet würden, einem wenig erwünschten häufigen Wechsel in der Besetzung vorbeugen.“

Kroemer hielt (1908) die Adnexe an Irrenanstalten für geeignet zur Unterbringung geisteskranker Verbrecher, wenn folgende fünf Grundbedingungen erfüllt sind:

1. Wirklich feste Bauart.
2. Zahlreiche Zellen und kleine Schlafräume.
3. Gutes Personal.
4. Richtige Verteilung der einzelnen Individuen auf kleine Abteilungen.
5. Sachgemäße, verständige Leitung und Behandlung.

Nolte kam hingegen 1907 nach einer Besprechung der Einrichtungen zur Unterbringung geisteskranker Verbrecher und wegen Geisteskrankheit freigesprochener in den außerdeutschen Staaten zu dem Resultat: „Die Adnexe an Irrenanstalten haben sich nicht bewährt, sowohl in den deutschen wie in den anderen Anstalten.“ Nitsche trat 1911 für die Errichtung einer Zentralanstalt für gefährliche Geisteskranke in Sachsen ein, weil die Schaffung der festen Häuser an Irrenanstalten einen Rückschritt in der modernen Irrenbehandlung darstelle.

So stehen die Anschauungen darüber, welche Art der Unterbringung der gefährlichen Geisteskranken als die zweckmäßigste anzusehen ist, einander diametral gegenüber. Da es mir zunächst darauf ankam, ein historisches Referat über das Problem zu geben, habe ich mich einer Kritik der bisherigen Versuche der Unterbringung der kriminellen Geisteskranken in Deutschland und der diesbezüglichen Vorschläge enthalten.

In den letzten Jahren sind die Bestrebungen, die Unterbringung der gefährlichen Geisteskranken in Anstalten gesetzlich zu regeln, sowohl in Deutschland als in einer Reihe auswärtiger Staaten durch Vorschläge Einzelner und amtliche Entwürfe immer deutlicher zutage getreten. Unser geltendes Strafrecht trifft bekanntlich keinerlei Bestimmungen darüber, was mit den verbrecherischen Geisteskranken — criminal lunatics — und den geisteskranken Verbrechern — insane convicts — zu geschehen habe. Mit der Entscheidung über die Zurechnungsfähigkeit oder Unzurechnungsfähigkeit des Angeklagten ist die richterliche Tätigkeit erschöpft. Die weiteren Anordnungen werden von den Verwaltungsbehörden getroffen. In einzelnen Staaten bestanden vor Einführung des Reichsstrafgesetzbuches Bestimmungen über die Anrechnung des Irrenanstaltsaufenthaltes auf die Strafzeit. So ordnete der § 64 des Badischen Strafrechts an, daß die Zeit, welche geisteskranke Sträflinge in einer Heilanstalt behufs Wiederherstellung ihrer Gesundheit verbracht haben, in ihre Strafzeit mit eingerechnet werden solle. Ähnlich lautete der Artikel 38 des Württembergischen Strafgesetzbuches vom 1. März 1839. Im Königreich Sachsen bestimmte § 88 der Verordnung vom 31. Juli 1856 zur Ausführung der Strafprozeßordnung vom 11. August 1855: „Wenn ein Angeschuldigter wegen Seelenkrankheit freigesprochen oder aus diesem Grunde die Untersuchung eingestellt worden ist, so hat das Untersuchungsgericht der betreffenden Verwaltungsbehörde hiervon Kenntnis zu geben und derselben die Entschließung darüber, ob derselbe in einer Heil- oder Versorgungsanstalt unterzubringen ist, zu überlassen." Die Frage nach der Anrechnung des Irrenanstaltsaufenthaltes gemäß § 493 StPO. habe ich in meiner im Jahre 1914 erschienenen Monographie (Juristisch-psychiatrische Grenzfragen, Bd. VI, H. 7/8) eingehend erörtert. Die preußischen Verwaltungsbestimmungen über die Entlassung gefährlicher Geisteskranker aus den Irrenanstalten sind bereits oben angeführt worden. Das Recht der Polizei, aus sicherheitspolizeilichen Gründen die Aufnahme gefährlicher Geisteskranker in Irrenanstalten herbeizuführen, beruht in Preußen auf § 10 Tit. 17 Teil II des Allgemeinen Landrechts und dem § 6 des Gesetzes über die Polizeiverwaltung vom 11. März 1850. Bayern hat durch Art. 80, 2 des PStGB. vom 23. Dezember 1871 und die Verordnung vom 1. Januar 1895 zur Regelung der Aufnahme und Verwahrung gemeingefährlicher Geisteskranker in Anstalten, Sachsen durch das am 1. Oktober 1913 in Kraft getretene Irrengesetz, Württemberg durch das Statut der Staats-Irrenanstalten vom 20. März 1899, Baden durch das Irrenfürsorgegesetz vom 25. Juni 1910, Sachsen-Weimar durch das Gesetz vom 29. Mai 1847, Braunschweig durch das Medizinalgesetz vom 9. März 1903, Hamburg durch das Gesetz vom 1. Juni 1900 und Bremen durch § 47 der Medizinalordnung die Aufnahme und Verwahrung gemeingefährlicher Geisteskranker in den Irrenanstalten geregelt. Den Wortlaut der einzelnen Vorschriften führt Moeli in seinem Werke: „Die Fürsorge für Geisteskranke, Halle 1917, S. 47ff. an." Daselbst sind auch (S. 55ff.) die Vorschriften über das Verfahren bei der Entlassung Geisteskranker aus Gefängnissen mitgeteilt. In Preußen bestimmt der Erlaß des Justiz-Ministers vom 25. Oktober 1882, daß, „wenn ein Gefangener wegen Geisteskrankheit aus dem Gefängnis zu entlassen ist, dieser Entlassungsgrund in der betreffenden Verfügung des Gerichts bzw. der Strafvollstreckungsbehörde ausdrücklich anzugeben ist, und daß alsdann der Gefängnisvorsteher den Gefangenen der Polizeibehörde des Entlassungsortes zu überweisen hat. Hiervon wird nur dann abgesehen werden dürfen, wenn der Geisteskranke bei der Entlassung seinen Angehörigen oder seinem Vormunde übergeben wird, und hierdurch nach dem pflichtmäßigen Ermessen des Gefängnisvorstehers eine Gefahr für den Entlassenen selbst wie für dritte

Personen ausgeschlossen erscheint.“ Ein gemeinsamer Erlaß des Justizministers und des Ministers des Innern vom 2. August 1899 weist die Polizeibehörde darauf hin, daß sie zu prüfen hat, ob Personen, die nach Feststellung ihrer Unzurechnungsfähigkeit bei Verbrechen oder Vergehen außer Verfolgung gesetzt und ihr überwiesen sind, sei es in ihrem eigenen Interesse, sei es — im Falle der Gemeingefährlichkeit — im Interesse der Gesamtheit der Unterbringung in einer Irrenanstalt bedürfen.

In der Verfügung des Bayrischen Justizministers vom April 1894 wird angeordnet: „Die Staatsanwälte und Amtsanwälte werden angewiesen, in Fällen des Artikels 80 Abs. 2 des PStGB., sobald die Einstellung des Strafverfahrens oder die Nichteröffnung des Hauptverfahrens oder die Freisprechung des Angeklagten in Frage kommt, mit der Distriktspolizeibehörde des Aufenthaltsorts ins Benehmen zu treten, damit dieselbe in der Lage sei, in jedem Falle die erforderlichen Maßnahmen rechtzeitig zu treffen und erforderlichenfalls die Verwahrung der betreffenden Person anzuordnen.“

Die Württembergische Verfügung vom 21. April 1913 bestimmt: „Aus der Untersuchung entlassene Geisteskranke, bezüglich deren sicherheitspolizeiliche Maßnahmen in Betracht kommen, sind von den Justizbehörden den Ortspolizeibehörden zuzuführen, womöglich die Strafakten, insbesondere die Gutachten über den Geisteszustand schon vor Aufhebung des Haftbefehls mitzuteilen.“ Während das geltende Strafgesetz richterliche Maßnahmen gegen gemeingefährliche Geisteskranke, die wegen Unzurechnungsfähigkeit freigesprochen werden, nicht kennt, sieht der Vorentwurf zu einem Deutschen Strafgesetzbuch vom Jahre 1909 die richterliche Anordnung der Verwahrung gemeingefährlicher Geisteskranker in Anstalten vor.

§ 65 des Vorentwurfs zu einem Deutschen Strafgesetzbuch hat folgenden Wortlaut:

„Wird jemand auf Grund des § 63 Abs. 1 freigesprochen, oder außer Verfolgung gesetzt, so hat das Gericht, wenn es die öffentliche Sicherheit erfordert, seine Verwahrung in einer öffentlichen Heil- und Pflegeanstalt anzuordnen. War der Grund der Bewußtlosigkeit selbstverschuldete Trunkenheit, so finden auf den Freigesprochenen oder außer Verfolgung gesetzten außerdem die Vorschriften des § 43 über die Unterbringung in eine Trinkerheilanstalt entsprechende Anwendung.“

Im Falle des § 63 Abs. 2 erfolgt die Verwahrung nach verbüßter Freiheitsstrafe.

Auf Grund der gerichtlichen Entscheidung hat die Landespolizeibehörde für die Unterbringung zu sorgen. Sie bestimmt auch über die Dauer der Verwahrung und über die Entlassung. Gegen ihre Bestimmung ist gerichtliche Entscheidung zulässig.

Die erforderlichen Ausführungsbestimmungen werden vom Bundesrat erlassen.“

Der Begründung entnehme ich folgende Stellen (S. 236ff.):

„Den sichernden Maßnahmen der Einweisung in ein Arbeitshaus oder eine Trinkerheilstätte reiht sich hier als die Dritte die Verwahrung des Unzurechnungsfähigen, der auf Grund des § 63 Abs. 1 freigesprochen oder außer Verfolgung gesetzt ist, und des vermindert Zurechnungsfähigen, der auf Grund des § 63 Abs. 2 zu einer milderen Strafe verurteilt ist, in einer öffentlichen Heil- oder

Pflegeanstalt an. Das Gericht hat diese Verwahrung anzuordnen, sofern die öffentliche Sicherheit sie erfordert. Die Anordnung hat entweder in dem freisprechenden oder verurteilenden Erkenntnis oder in dem Beschluß zu erfolgen, der die Außerverfolgung ausspricht. Durch eine solche Bestimmung wird eine Lücke des geltenden Gesetzes ausgefüllt. Wie von beachtenswerter Seite mit Recht ausgeführt ist, hat die menschliche Gesellschaft einen Anspruch auf Schutz vor den Angriffen gefährlicher Menschen, welche dadurch nicht erlischt, daß die Angreifer infolge ihrer Krankheit davor bewahrt sind, strafrechtlich verfolgt zu werden. — Diesen Erfordernissen entspricht das bisherige Recht nicht. Gerichtliche Maßnahmen auf diesem Gebiet kennt es überhaupt nicht. Wegen Geisteskrankheit Freigesprochene können allerdings nach den landesgesetzlichen Vorschriften zwangsweise in ein Irrenhaus gebracht werden, jedoch nur, wenn sie von der Verwaltungsbehörde als gemeingefährlich anerkannt sind, und an sich ohne Rücksicht auf den kriminellen Vorgang. — Endlich erfolgt die Unterbringung in ein Irrenhaus auch da, wo sie zulässig und geboten ist, aus Mangel an Platz und anderen Gründen oft überhaupt nicht oder sehr spät oder nur auf kurze Zeit, so daß die irren Verbrecher und verbrecherischen Irren, die sich auf freiem Fuße bewegen, an manchen Orten eine ernste Gefahr für die Gesellschaft und insbesondere die öffentliche Sicherheit geworden sind. Von diesen Erwägungen ausgehend, legt der Entwurf die Entscheidung, ob die Verwahrung in einer öffentlichen Heil- oder Pflegeanstalt stattzufinden hat, in die Hände des Richters und bricht damit grundsätzlich mit dem eben dargelegten bisherigen Rechtszustande. Und zwar ist der zuständige Richter der Strafrichter und seine Entscheidung geht nicht bloß auf Zulässigkeit der Verwahrung, sondern auf diese selbst.“ Darauf werden die Gründe dargelegt, weshalb dem Strafrichter die Entscheidung über die Anstaltsverwahrung übertragen wird. Eine erheblich größere Inanspruchnahme der Irrenanstalten und eine große Steigerung der Kosten wird nicht erwartet. „Es handelt sich hier nur um einen Teil der kriminellen Geisteskranken, nämlich um die sogenannten verbrecherischen Irren, während bezüglich der zahlreichen sogenannten irren Verbrecher d. h. derjenigen, die erst nach dem rechtskräftigen Urteil, insbesondere während des Strafvollzugs, geisteskrank werden, und mit denen sich das Strafgesetzbuch nicht zu befassen hat, nichts geändert wird.“ In der Begründung wird dann weiter angeführt, daß die Zahl der wegen Geisteskrankheit Freigesprochenen keine sehr große ist, namentlich, wenn man sie mit der Zahl der Insassen der Irrenanstalten überhaupt in Vergleich setzt. „Folgt schon hieraus, daß die finanzielle Tragweite der Änderung nicht überschätzt werden darf, so ist ferner zu betonen, daß noch nicht feststeht, ob die Gerichte wirklich eine bedeutend größere Zahl dieser kranken Personen der Anstaltspflege überweisen würden, als jetzt die Verwaltungsbehörden. Sollte dies aber auch infolge der größeren Freiheit der Gerichte in Hinsicht auf Verwaltungsrücksichten und Zweckmäßigkeitserwägungen anderer Art der Fall sein, so wäre damit einem dringenden Bedürfnisse genügt, vor dem solche Erwägungen zurücktreten müssen. Denn, wie oben schon hervorgehoben, beginnt das Treiben für geisteskrank erklärter und dennoch auf freiem Fuße befindlicher verbrecherischer Irren, wie insbesondere die Erfahrungen der Großstädte zeigen, nicht selten schon als ein schwerer Übelstand empfunden zu werden, dem unter allen Umständen entgegengetreten werden muß. Dies wird sich aber mit Erfolg nur auf dem hier vorgeschlagenen Wege erreichen lassen. — Die Entscheidung über die Verwahrung soll im Zusammenhange mit dem zu erledigenden Strafverfahren vom Gerichte getroffen werden. Allein die Vollzugsmaßnahmen für diese Anordnung, die Auswahl der Anstalt, die Dauer der Verwahrung, die einstweilige oder definitive Entlassung, falls Besserung oder Heilung eingetreten, oder die Voraussetzung für die Verwahrung, die Gefährdung der öffentlichen Sicherheit, in Wegfall gekommen ist, können nicht in die Hand des Gerichts gelegt, sondern müssen der Verwaltungsbehörde überlassen werden." Dagegen sieht der Vorentwurf eine gerichtliche Entscheidung über die Anordnung der Verwaltungsbehörde hinsichtlich der Dauer der Verwahrung und hinsichtlich der Entlassung vor.

Die vom Reichs-Justizamte einberufene große Strafrechtskommission nahm nach dem Bericht von Ebermayer (Der Entwurf eines Deutschen Strafgesetzbuches, Berlin, 1914, S. 17) den § 65 des Vorentwurfs in der 1. Lesung im wesentlichen unverändert an. „In 2. Lesung wurde er dahin ergänzt, daß, wenn die Verwahrung oder Unterbringung unterbleibt, auf Schutzaufsicht erkannt werden kann. Erfolgt die Verwahrung, so bestimmt die Landespolizeibehörde über die Entlassung. Während aber in 1. Lesung beschlossen war, daß gegen ihre Entscheidung das Gericht angerufen werden kann, wurde nunmehr bestimmt, daß, wenn die Verwahrung über 2 Jahre ausgedehnt werden soll, die Entscheidung des Gerichts von Amtswegen herbeizuführen ist, und daß das Gericht bei Anordnung der Fortdauer der Verwahrung zugleich zu bestimmen hat, in welcher Frist die Entscheidung von neuem einzuholen ist."

Die Notwendigkeit der gesetzlichen Anordnung der Verwahrung verbrecherischer Geisteskranker in Anstalten wird allgemein anerkannt. Dagegen gehen die Anschauungen darüber, welches Verfahren am zweckmäßigsten zur Herbeiführung der Internierung eingeschlagen werden soll, auseinander. v. Liszt hat schon im Jahre 1904 vorgeschlagen, die vorläufige Anordnung der Überführung verbrecherischer Geisteskranker in eine Irrenanstalt solle durch den Strafrichter, die endgültige in einem Verfahren erweiterter Entmündigung erfolgen. (Mitteil. der Internat. Krim. Vereinigung, Bd. 11, S. 627 und Monatsschr. f. Kriminalpsychol. und Strafrechtsreform 1905 S. 8 und 242). Ähnlich lautet der von Oetker vorgelegte Entwurf für ein Verfahren bei strafrechtlich nicht Verantwortlichen. Vorläufige Anordnung der Verwahrung durch den Strafrichter, endgültige durch ein Internierungsverfahren nach Art des Entmündigungsverfahrens (Mitt. d. Internat. Krim. Vereinigung 1905, Bd. 12, S. 58). Gegen die Entmündigung als richterliche Maßnahme zur Anordnung der Verwahrung wandte sich Schultze (Bemerkungen zum Vorentwurf des Strafgesetzbuches, 1910, S. 71ff. und Irrenrecht in Handb. d. Psych. Allg. Teil, Abt. 5, indem er nachdrücklich betonte, daß Entmündigung und Verwahrung grundsätzlich nichts miteinander zu tun haben. Er empfiehlt ein neues Verfahren, das er Sicherungsverfahren nennt und sich an das Entmündigungsverfahren anlehnt. Für dieses Sicherungsverfahren gibt er einem ordentlichen Gericht mit den Instanzen des Amtsgerichts, Landgerichts und Oberlandesgerichts den Vorzug vor dem Verwaltungsgericht und dem Zivilrichter vor dem Strafrichter den Vorzug. In dem Sicherungsverfahren soll die Staatsanwaltschaft eine ähnliche Aufgabe haben wie im Entmündigungsverfahren. Dem zur Verwahrung Verurteilten soll als gesetzlicher Vertreter ein „Fürsorger" gestellt werden. Eine bestimmte Höchstdauer der Verwahrung soll von dem diese anordnenden Gericht nicht ausgesprochen werden; über die Dauer der Verwahrung soll der Zustand des Täters entscheiden. Aschaffenburg tritt dafür ein, „daß der Strafrichter in jedem Falle, in dem er einen Kranken wegen mangelnder Zurechnungsfähigkeit außer Verfolgung setzt oder freispricht, für die vorläufige Unterbringung Sorge zu tragen hat. Dann aber sollte alles weitere im Sinne eines systematischen Verfahrens geregelt werden. Und zwar muß das gleiche Verfahren in allen den Fällen auch eingeleitet werden, wo eine geistige Erkrankung zur Unterbrechung des Strafvollzuges führt, oder wo gewichtige Gründe auch dann, wenn es überhaupt nicht zu einer Straftat gekommen ist, den Angehörigen, dem Arzte, unter Umständen auch dem Kranken selbst den Wunsch nahelegen, amtlich festgestellt zu wissen, was weiter geschehen soll." (Vergleichende Darstellung des deutschen und ausländischen Strafrechts, Bd. I und Sicherung der Gesellschaft gegen gemeingefährliche Geisteskranke, S. 277.) Aschaffenburg empfiehlt dieses „Feststellungsverfahren" dem Entmündigungsrichter zu übertragen, da die Form des Entmündigungsverfahrens im allgemeinen vorbildlich für das Feststellungsverfahren sein soll. Für besonders wichtig hält er die gesetzliche Regelung der vorläufigen Entlassung der Verwahrten durch einen Gerichtsbeschluß und in einem ordentlichen Verfahren und die Nachprüfung der Verwahrungsbedürftigkeit in regelmäßigen Zwischenräumen auch ohne Auftrag von irgendeiner Seite. So verfolgen alle diese Vorschläge den Zweck, einen möglichst weitgehenden Schutz der Rechtssicherheit durch Verwahrung der gemeingefährlichen Geisteskranken herbeizuführen, ohne dabei die Rechte des Einzelnen mehr als notwendig zu beschränken.

Ich gehe nunmehr dazu über, an der Hand der vorliegenden Literatur (Baer, Naecke, Nolte und vor allem Aschaffenburg) eine kurze Schilderung der Einrichtungen und Maßnahmen der ausländischen Staaten bei gemeingefährlichen Geisteskranken zu geben.

Belgien.

In Belgien werden die wegen Unzurechnungsfähigkeit freigesprochenen Geisteskranken, die „als gefährlich für die öffentliche Sicherheit anzusehen sind", von der Verwaltungsbehörde den Irrenanstalten in Mons und Tournai überwiesen. In der Anstalt für weibliche Geisteskranke in Mons sind besondere Einrichtungen für die gefährlichen Kranken nicht getroffen. Nach dem Berichte von Aschaffenburg befanden sich im Jahre 1912 in der Irrenanstalt in Tournai 300 kriminelle Geisteskranke, 160 verurteilte und 140 außer Verfolgung gesetzte oder freigesprochene. An besonderen Einrichtungen waren vorhanden eine Sicherungsabteilung für 30, eine Beobachtungsabteilung für neu Eingelieferte für 30 und eine Abteilung für Gebesserte für 90 Kranke. Außerdem befand sich ein Haus für 50 gefährliche geisteskranke Verbrecher im Bau.

Die geisteskranken Verbrecher wurden nach den Gesetzen von 1850 und 1851 nach der Staatsirrenanstalt Hospice St. Dominique in Brügge gebracht. Später nach Einführung des Irrengesetzes vom Jahre 1874 würden die in den Gefängnissen Erkrankten entweder in den Gefängnislazaretten behandelt oder nach Mons oder Tournai übergeführt. Im Jahre 1893 wurde nach den Verhandlungen des Kongresses der Irrenärzte zu Antwerpen die Errichtung von Spezialasylen für irre Verbrecher und verbrecherische Irre beschlossen. (De Boeck, M. Paul Otlet, M. Artur Gaddyn, Les prisons asiles et les réformes pénales, qu'elles entraient. Actes du 3. congrès int d'anthropol. criminelle, Bruxelles 1893.) Der Gesetzentwurf des Justizministers Le Jeune vom 29. Januar 1897 über die Errichtung von Sonderanstalten für die Unterbringung und Behandlung der sogenannten verbrecherischen und gefährlichen Geisteskranken, der Trunksüchtigen und der schwerkranken Strafgefangenen wurde aber vom Senat abgelehnt.

Eine besondere Einrichtung besitzt Belgien in der regelmäßigen Kontrolle der Gefangenen durch einen Irrenarzt. Die diesbezüglichen Bestimmungen teilt Aschaffenburg (Die Sicherung der Gesellschaft usw. S. 106—110) ausführlich mit. Das Land ist in 3 Distrikte eingeteilt. Die Gefängnisse jedes Distriktes werden vierteljährlich von einem Irrenarzte besucht, der vom Justizminister dazu ernannt wird. Der Irrenarzt trifft Anordnungen über die der Geisteskrankheit verdächtigen oder geisteskrank gewordenen Gefangenen und berichtet an den Justizminister. Diese Einrichtung hat sich nach Angabe von Morel vorzüglich bewährt.

Bulgarien.

Bei Freisprechung eines Angeklagten wegen Unzurechnungsfähigkeit trifft das bulgarische Strafgesetzbuch vom 2. Februar 1896 in § 41 folgende Anordnung: „In solchen Fällen stellt das Gericht, wenn es dies für unumgänglich hält, eine solche Person, entweder unter verantwortliche Aufsicht ihrer Verwandten oder derer, die für sie zu sorgen wünschen sollten, oder versorgt sie in einer Anstalt bis zur Genesung.“

Besondere Einrichtungen zur Unterbringung gefährlicher Geisteskranker sind in Bulgarien nicht vorhanden.

Dänemark.

Das dänische Strafgesetz vom Jahre 1863 bestimmt in § 38 bei den wegen Unzurechnungsfähigkeit Freigesprochenen:

„In solchen Fällen kann im Urteil bestimmt werden, daß gegen die Täter Sicherheitsmaßregeln ergriffen werden müssen, die jedoch von der Obrigkeit wieder aufgehoben werden können, wenn sie nach eingeholtem ärztlichen Ausspruch nicht mehr notwendig sind.“

Als eigentümliche Einrichtung besitzt Dänemark auf der im Limfjord gelegenen Insel Livö eine zur Anstalt Brejning gehörige Abteilung für 40 geistesschwache antisoziale Männer, in die nicht besonders gefährliche, aber wegen ihres Hanges zu Verbrechen und zum Vagabundieren für die übrigen Irrenanstalten ungeeignete Kranke aufgenommen werden. (Keller, Was bezweckt eine Inselanstalt für antisoziale geistesschwache Männer? Monatsschr. f. Kriminalpsychologie und Strafrechtsreform, Bd. IX, S. 1.)

Frankreich.

In Frankreich wurden zunächst auf Anregung von Georget, Aubanel, Brièrre de Boismont und Legrand du Saulle an einzelnen Irrenanstalten Abteilungen für geisteskranke Verbrecher errichtet. Das Irrengesetz vom 30. Juni 1838, welches zur Zeit noch Rechtskraft hat, enthält keine Bestimmungen über die kriminellen Geisteskranken. Die Adnexe an einigen Irrenanstalten, so insbesondere die „Sûreté“ an der Bicêtre, führten zu schweren Mißständen, so daß schon bald Stimmen laut wurden, die andere Maßnahmen gegenüber den kriminellen Geisteskranken verlangten. 1846 erschien ein Bericht von Brièrre de Boismont: „Über die Notwendigkeit der Errichtung eines Spezialasyls für geisteskranke Landstreicher und Verbrecher", in der er für Frankreich eine Zentralanstalt für geisteskranke Verbrecher nach dem Muster von Broadmoor forderte. 1863 machte Legrand du Saulle in der medizinisch-psychologischen Gesellschaft den Vorschlag, eine Zentralanstalt oder mehrere Abteilungen an den vier größten Irrenanstalten des Landes zu errichten. Alle diese Pläne scheiterten jedoch, weil keine Geldmittel vorhanden waren, nur die Sûreté an der Bicêtre wurde ausgebaut. Im Jahre 1869 wurde die Errichtung einer Irrenabteilung an der Strafanstalt in Gaillon beschlossen. Diese Anstalt, die am 17. Mai 1876 eröffnet wurde, verfügt über 200 Plätze. In diese werden aufgenommen männliche Strafgefangene, deren Strafe länger als 1 Jahr dauert, die an Geisteskrankheit oder Epilepsie erkranken. Die weiblichen Gefangenen werden in Adnexen der Strafanstalten in Montpellier und Doullens untergebracht. Nähere Angaben über diese Anstalten fehlen in der Literatur fast völlig. Die Zeit des Aufenthaltes in den Irrenabteilungen wird auf die Strafzeit angerechnet. Die Kranken verbleiben in denselben bis zum Strafende und werden dann in die öffentlichen Irrenanstalten, in denen sich auch die verbrecherischen Geisteskranken befinden, gebracht.

In neuerer Zeit hat in Frankreich eine Bewegung für die Errichtung von Spezialasylen für gefährliche Geisteskranke eingesetzt, die in einer Reihe von Reformvorschlägen ihren Ausdruck gefunden hat. Eine Übersicht über diese Bestrebungen gab Alombert-Gôget 1902 in seiner Dissertation „La question de l'internement des aliénés criminels", Lyon 1902, S. 48—64. Kéraval teilt mit, daß von 32 Irrenanstaltsleitern 13 besondere Maßnahmen bei den geisteskranken Verbrechern verlangten, während 18 sich dahin aussprachen, daß ein Unterschied in der Behandlung der geisteskranken Verbrecher und der verbrecherischen Geisteskranken nicht gemacht werden könne. (Kéraval, Des mésures á prendre à l'égard des aliénés criminels, Paris 1904.) Sérieux hingegen macht den Vorschlag, eine Zentralanstalt oder noch besser vier Adnexe an Strafanstalten in der Nähe einer Universitätsstadt zur Aufnahme der geisteskrank gewordenen Strafgefangenen, und drei Bewahrungshäuser für gefährliche Geisteskranke zu errichten. In letztere sollten auch die geisteskranken Verbrecher nach Ablauf ihrer Strafzeit bei Fortdauer der Gemeingefährlichkeit gebracht werden. (Sérieux, L'assistance des aliénés en France, en Allemagne, en Italie et en Suisse, Paris 1903.) Den wichtigen Entwurf eines Gesetzes über die gefährlichen Geisteskranken von Dubief vom 17. November 1896 (Alombert-Gôget, S. 57—61) gibt Aschaffenburg (Die Sicherung usw. S. 117—118) in deutscher Übersetzung teilweise wieder. Am 24. Dezember 1901 faßte die Kammer, nachdem Cruppi und Dubief die Notwendigkeit der Errichtung von Spezialasylen für gefährliche Geisteskranke betont hatten, folgenden Beschluß: „Die Kammer ersucht die Regierung, die Zentralanstalt in Gaillon zu einer Anstalt umzubauen, die den Namen Zentralanstalt für kriminelle Geisteskranke erhält. Der Minister des Innern wird mit der Einrichtung des ärztlichen und Überwachungsdienstes in Ausführung dieser Neuordnung beauftragt." Weitere Beschlüsse sind, soweit mir bekannt, über die Behandlung der kriminellen Geisteskranken nicht gefaßt worden.

Das Asyl in Gaillon führt mit dem Jahre 1902 den Namen: „Spezialasyl für geisteskranke und epileptische Verurteilte“ und ist dem Direktor des Gefängnisses unterstellt.

An den Irrenanstalten Bicètre und Villejuif bestehen Bewahrungshäuser für gefährliche Kranke. In Villejuif sind Plätze für 150—200 Männer und 50 Frauen mit antisozialen Neigungen (aliénés difficiles) vorhanden. Eine Schilderung dieser Einrichtungen hat Wittermann (Pariser Reiseeindrücke, Psych. Neurol. Wochenschr. 1912/13, H. 37, S. 433 u. 434) gegeben.

Großbritannien und Irland.

England.

England ist das Land, das als erstes gesetzliche Vorschriften zum Schutze der allgemeinen Rechtssicherheit gegenüber gefährlichen Geisteskranken getroffen hat, und zwar geschah dies, wie schon erwähnt, in der insane offenders bill vom 28. Juli 1800. Der Ausführungen dieser Bestimmungen stellten sich aber Schwierigkeiten entgegen. Erst im Jahre 1816 wurde an der Irrenanstalt Bethlem ein Adnex für 60 Kranke, die auf Staatskosten verpflegt werden sollten, errichtet. Zahlreiche kriminelle Geisteskranke wurden der Irrenanstalt Fisherton-House überwiesen, an der im Jahre 1849 eine Abteilung für gefährliche Geisteskranke eingerichtet wurde. Da die Zahl der verbrecherischen Irren, die auf Grund der insane offenders bill interniert werden mußten, weiter erheblich zunahm, wurde im Jahre 1857 die Gründung einer Anstalt für 600 criminal lunatics beschlossen. Aber erst im Jahre 1863 erfolgte die Eröffnung des Broadmoor criminal lunatic asylum in Crowthorne (Berkshire) in der Nähe des Truppenübungsplatzes Aldershot. Für die Aufnahme maßgebend ist das Gesetz — criminal lunatic act — vom Jahre 1884. In diesem wird bestimmt, daß das Gericht die wegen Geisteskrankheit Freigesprochenen und für unzurechnungsfähig erklärten Verbrecher einer geeigneten Anstalt „during his majestys pleasure“ zu überweisen hat. Die während der Strafzeit geistig erkrankten Verbrecher sollen auf Veranlassung des Staatssekretärs einer Irrenanstalt zugeführt werden. Die geisteskranken Gefangenen (insane convicts) werden entweder in die Irrenabteilung an der Strafanstalt in Millbank oder in die Adnexe an den Strafanstalten in Parkhurst oder Woking gebracht. Aus den kleinen Gefängnissen werden die Geisteskranken in der Regel direkt den Irrenanstalten zugeführt. Die geheilten Verbrecher werden aus der Irrenabteilung der Strafanstalt in Millbank wieder in die Strafanstalt zurückgebracht. Besteht die Geisteskrankheit nach Ablauf der Strafe noch fort, so werden sie nach Broadmoor übergeführt. Die geisteskranken Verbrecher gelangen demnach in das Adnex einer Strafanstalt oder ein Invalidengefängnis, aber nur für die Dauer der Strafzeit. Die verbrecherischen Geisteskranken kommen nach Broadmoor, ebenso kommen dorthin die geisteskranken Verbrecher nach Ablauf ihrer Strafzeit. Über die Einrichtungen für geisteskranke Strafgefangene in Millbank, Parkhurst und Woking waren mir Schilderungen nicht zugänglich. Über Broadmoor liegen eine Reihe von Anstaltsberichten und Berichten von Besuchern aus älterer und neuerer Zeit vor Letztere lauten direkt widersprechend Bleuler, Meyer, Pelman und Lenz fällen ein durchaus absprechendes Urteil, während

Naecke 1902 erklärte, „Braodmoor und Matteawan-Hospital könnten wohl im ganzen jetzt wenigstens in ihrer Art als Musteranstalten hingestellt werden.“ Auf Aschaffenburg machte Broadmoor den Gesamteindruck eines düsteren Zuchthauses. „Überall“, so schreibt er, „saßen zahlreiche Kranke unbeschäftigt umher und mir schien der Geist tödlicher Langeweile über dem Hause zu lagern.“ Weygandt hingegen erklärt: (Eindrücke von den Kongressen in London und Gent und von Anstaltsbesichtigungen von Großbritannien und Belgien. Psychiatrisch Neurologische Wochenschrift 1913/14, Nr. 39, S. 479). „Zweifellos macht die Anstalt trotz ihres relativen Alters einen ausgezeichneten Eindruck.“ Aus den Berichten geht hervor, daß außerordentlich strenge Sicherheitsmaßnahmen gegen Entweichungen der gefährlichen Geisteskranken vorhanden sind. In der Zeit von der Eröffnung der Anstalt im Jahre 1863 bis zum 31. Dezember 1905 sind 2042 Männer und 637 Frauen aufgenommen worden, darunter 121 Kranke wiederholt. 171 Männer und 151 Frauen wurden nach Besserung entlassen, 104 Männer, 23 Frauen nach ihrer Genesung in das Gefängnis zurückgebracht, 724 Männer und 162 Frauen anderen Irrenanstalten oder der Privatpflege überwiesen, und 545 sind in der Anstalt gestorben. In der Zeit vom 27. Mai 1863 bis zum 31. Dezember 1899 sind nach Angabe von Naecke insgesamt nur 7 Kranke entwichen. Die letzte Entweichung kam im Jahre 1888 vor. Am 1. Januar 1913 waren nach dem Berichte von Weygandt in Broadmoor, das jetzt in einem Hauptgebäude und mehreren Pavillons Platz für mehr als 800 Kranke hat, 610 Männer und 231 Frauen untergebracht. Die Insassen von Broadmoor sind zum allergrößten Teile Mörder und Totschläger. Nach Naecke lag bei den am Ende des Jahres 1899 in Broadmoor untergebrachten Kranken mehr als in 58% Mord vor, und zwar in 50,7% bei den Männern und 80,6% bei den Weibern. Nach Aschaffenburg waren unter den am 31. Dezember 1905 in Broadmoor untergebrachten 759 Kranken 642 = 83% wegen Mordes und Totschlages eingeliefert. Von den 197 Frauen waren nur 12 wegen anderer Verbrecher interniert. Zwei Punkte müssen bei dieser außerordentlich hohen Zahl von Mördern und Totschlägern aber hervorgehoben werden. Unter den Internierten befanden sich 20 Kranke, die wegen versuchten Selbstmordes festgehalten wurden, da nach englischem Recht der versuchte Selbstmord eine strafbare Handlung darstellt. Unter den Frauen waren gegen 90% Kindesmörderinnen. Der an der Spitze der Anstalt stehende ärztliche Direktor erhält außer freier Dienstwohnung ein Anfangsgehalt von 20000 Mk., das in 5 Jahren auf 24000 Mk. ansteigt. Ebenso sind die Gehälter für die übrigen Ärzte in Vergleich zu denen der deutschen Irrenanstaltsärzte außerordentlich hoch. Auch die Besoldung des Pflegepersonals ist eine wesentlich bessere als bei uns; 84% der Wärter sind länger als 5, 64% länger als 10 Jahre an der Anstalt tätig. Auf 5 Kranke kommt 1 Pfleger. Die Krankenabteilungen haben große Gärten und Höfe, auch stehen Tennisplätze zur Verfügung. Für Kranke aus besseren Kreisen ist eine besondere Abteilung vorhanden. Ein wesentlicher Unterschied besteht zwischen den verbrecherischen Irren und den geisteskranken Verbrechern hinsichtlich der Entlassung. Während die verbrecherischen Irren so lange in Broadmoor interniert gehalten werden, „so lange es dem Könige gefällt“, werden die geisteskranken Verbrecher, die sich in geringerer Anzahl in der Anstalt befinden, und denen die in dieser zugebrachten Zeit auf die Strafzeit voll angerechnet wird, nach Ablauf ihrer Strafzeit den gewöhnlichen Irrenanstalten überwiesen.

Die Entlassung der wegen Geisteskrankheit Freigesprochenen ist also mit viel größeren Schwierigkeiten verknüpft, als die der im Strafvollzuge geistig Erkrankten. Seit Bestehen der Anstalt bis Ende 1905 sind insgesamt 886 Kranke aus der Anstalt gebessert entlassen worden und unter diesen nur eine geringe Anzahl in Privatpflege. Bemerkenswert ist auch der hohe Prozentsatz der Todesfälle an Tuberkulose.

Schottland.

Schottland besitzt ein Kriminalasyl in Perth, das räumlich mit dem Gefängnis verbunden ist, aber unter völlig selbständiger Leitung des Arztes steht. In diese Irrenabteilung werden sowohl während der Voruntersuchung als geisteskrank erkannte Rechtsbrecher, als auch im Strafvollzuge erkrankte Gefangene eingeliefert. Letztere werden, wenn die Geisteskrankheit nach Strafende fortbesteht, noch weiter in dem Kriminalasyl festgehalten. Aschaffenburg berichtet, daß sich im September 1906 in demselben 44 Kranke befanden. Auf ihn machte das Asyl vor allen Dingen infolge seiner prächtigen Lage keinen ungünstigen Eindruck.

Irland.

Irland hat die älteste Zentralanstalt für kriminelle Geisteskranke in Dundrum, eine Stunde von Dublin entfernt, die seit dem Jahre 1850 besteht und Platz für 150 Männer und 20 Frauen hat. Aschaffenburg schildert die hygienischen Einrichtungen dieser Anstalt als überaus mangelhaft. Unter den Insassen überwiegen bei weitem die wegen Geisteskrankheit Freigesprochenen. Im Jahre 1904 waren unter den 192 Männern nur 23 = 17,4%, die im Gefängnis erkrankt waren. An der Anstalt sind 2 Ärzte tätig, die einen Gehalt von 12 000 Mk. und 6000 Mk. beziehen. Der Oberarzt hat daneben freie Wohnung mit Garten, der Assistenzarzt freie Station. Die Zahl der Pfleger beträgt 27, auch sie erhalten hohe Gehälter. Aschaffenburg berichtet, daß ihm bei Besichtigung der Anstalt zwei Punkte aufgefallen seien. Einmal, daß in einem Hofe fast hinter jedem Kranken ein Wärter ging, als ob jeden Augenblick eine Gewalttätigkeit bevorstünde, und ferner, daß die Kranken Kleider trugen, die rechts und links verschieden gefärbt waren.

Griechenland.

Das griechische Strafgesetzbuch enthält keine Vorschriften über die Behandlung der wegen Unzurechnungsfähigkeit Freigesprochenen, überläßt die Versorgung der gemeingefährlichen Geisteskranken vielmehr der Polizeibehörde. Besondere Einrichtungen sind für diese kriminellen Kranken nicht vorhanden, sie werden den Landesirrenanstalten in Korfu und Dromocaitis überwiesen.

Holland.

Das holländische Strafgesetzbuch vom 1. September 1886 sagt im Artikel 37: „Nichtstrafbar ist derjenige, der eine Handlung begeht, die ihm wegen mangelhafter Entwicklung oder krankhafter Störung seiner Geistestätigkeit nicht zugerechnet werden kann. Wird ihm eine Straftat wegen mangelhafter Entwicklung oder krankhafter Störung seiner Geistestätigkeit nicht zugerechnet, so kann der Richter bestimmen, daß er in einer Irrenanstalt untergebracht wird, während einer Beobachtungszeit, die die Zeitdauer eines Jahres nicht überschreiten darf."

Im Jahre 1902 ernannte die niederländische Regierung eine Kommission zur Prüfung der Frage der Behandlung der geisteskranken Verbrecher. Der darauf von der Regierung veröffentlichte Bericht (Rapport van de Staatskommissie, ingesteld by Koniklyk Besluit van 31. Juli 1902. Nr. 30, Graevenhage 1903) enthält eine Reihe von Beiträgen hervorragender holländischer Psychiater und Juristen über dieses Problem. Schermers, der in dem Bericht die Frage der Fürsorge für geisteskranke Verbrecher und verbrecherische Geisteskranke behandelt, kommt zu folgenden Ergebnissen:

1. „Verbrecherische Geisteskranke zeigen kein spezifisches Krankheitsbild und können deshalb in einer gewöhnlichen Irrenanstalt untergebracht werden.
2. Verbrecher, die in der Strafanstalt erkranken, müssen in einer besonderen Abteilung derselben für die Dauer der Strafzeit untergebracht werden und der Aufsicht eines psychiatrisch gebildeten Arztes unterstehen.
3. Verbrecher, die an einem geringen Grade von Schwachsinn mit moralischen Defekten leiden, müssen in einem Adnex des Gefängnisses unter psychiatrischer Aufsicht und Behandlung untergebracht werden.“ Bemerkenswert ist auch folgende Stelle aus dem Kommissionsbericht:

„Gegenüber der Ansicht vieler Juristen, daß die Simulation sehr oft vorkommt, ist nach Ansicht der Irrenärzte Simulation sehr selten.“ Die Kommission kam zu folgenden Schlußfolgerungen:

„In den Gefängnissen soll die Behandlung der Internierten nur psychiatrisch vorgebildeten Ärzten anvertraut werden. Den staatlichen Irreninspektoren, deren z. Z. 2 vorhanden sind, soll das Recht eingeräumt werden, alle Strafgefangenen jederzeit zu untersuchen. Für Untersuchungsgefangene soll an der Universität Utrecht eine Beobachtungsabteilung mit 30 Betten eingerichtet werden. Bei den während der Strafzeit geistig Erkrankten soll die Beobachtung in den Strafgefängnissen erfolgen.

Es sollen deshalb an 2 oder 3 Gefängnissen Beobachtungsstationen für je 30 Kranke errichtet werden. Chronisch Kranke sollen auf Anordnung des Gerichts den Irrenanstalten überwiesen werden. Für die in den Irrenanstalten untergebrachten gefährlichen geisteskranken Verbrecher sollen besondere Adnexe erbaut werden. Die Errichtung einer Zentralanstalt für gefährliche Geisteskranke wird für Holland nicht als empfehlenswert erachtet. Zur Zeit werden in Holland alle Kranken, die wegen Geisteskrankheit freigesprochen worden, oder im Gefängnis erkrankt sind, der Irrenanstalt in Medemblik zugeführt. Am 1. Januar 1903 waren dort 39 Kranke, die wegen Geisteskrankheit freigesprochen waren, und 146 in den Strafanstalten Erkrankte untergebracht.“ Im Jahre 1903 wurden 23 Kranke der 1. und 45 der 2. Gruppe dort aufgenommen. Nach Angabe Aschaffenburgs sind Mißstände hinsichtlich der Unterbringung in Medemblik, obwohl besondere Einrichtungen nicht vorhanden sind, nicht hervorgetreten. Nach einem Ministerialerlaß aus dem Jahre 1885 wird die in der Irrenanstalt zugebrachte Zeit auf die Strafzeit angerechnet.

Italien.

Das italienische Strafgesetzbuch bestimmt, daß der Richter den wegen Unzurechnungsfähigkeit freigesprochenen Geisteskranken, wenn er dessen Freilassung für gefährlich erachtet, der zuständigen Behörde zur Anordnung weiterer Maßnahmen zu überweisen hat. In den Ausführungsbestimmungen zu dem Strafgesetzbuch wird dann weiter bestimmt, daß die Sicherheitsbehörde den freigesprochenen Angeklagten so lange vorläufig in einer Irrenanstalt unterzubringen hat, bis der Präsident des Zivilgerichts die endgültige Aufnahme in einer Anstalt oder die Entlassung aus derselben angeordnet hat. Weitere eingehende Vorschriften, die sich teils auf die wegen Geisteskrankheit Freigesprochenen, teils auf die während der Strafhaft Erkrankten beziehen, finden sich in den Bestimmungen über die Kriminalabteilungen vom 1. Januar und 1. Juni 1891. Darin wird angeordnet, daß besondere Gebäude errichtet werden sollen, die zu gleicher Zeit zur Verbüßung der Strafe und zur Heilung dienen. Die einzelnen Anordnungen über die Aufnahme und Behandlung in den Kriminalasylen teilt Aschaffenburg im Wortlaut mit:

Es bestehen in Italien 4 derartige Anstalten: in Aversa bei Neapel, Montelupo bei Florenz, Reggio Emilia und Barcelona Pozzo di Gotto in der Nähe von Messina. Die 3 ersteren schildert auf Grund eigener Besichtigung Aschaffenburg eingehend. Sein Urteil über die italienischen Kriminalasyle lautet in Übereinstimmung mit den Berichten von Saporito, Tamburini und Sérieux außerordentlich ungünstig. Von mehreren Seiten wird erklärt, daß die italienischen Kriminalasyle von der Irrenanstalt nur den Namen haben, und der Gefängnischarakter derselben überall hervortrete.

Norwegen.

Das allgemeine bürgerliche Strafgesetzbuch für das Königreich Norwegen vom 22. Mai 1902 trifft in § 39 folgende Bestimmung:

„Wenn das Gericht annimmt, daß ein Angeklagter, der freigesprochen wird, wegen Unzurechnungsfähigkeit für die Rechtssicherheit gefährlich ist, so kann es beschließen, daß ihm nach näherer Bestimmung der Obrigkeit ein bestimmter Aufenthalt anzuweisen oder zu verbieten ist, oder daß er, soweit dazu nach den vom Könige oder einer von ihm ermächtigten Person erlassenen allgemeinen Vorschriften Anlaß vorliegt, in ein Irrenasyl, eine Heil- oder Pflegeanstalt zu verbringen ist. Die getroffene Maßregel ist von dem zuständigen Ministerium wieder aufzuheben, wenn sie nach eingeholtem ärztlichen Gutachten nicht länger notwendig erscheint. In Schwurgerichtssachen hat das Gericht, bevor es einen solchen Beschluß faßt, den Geschworenen die Frage vorzulegen, ob der Angeklagte wegen Unzurechnungsfähigkeit für die Rechtssicherheit gefährlich ist. Nur eine dem Angeklagten günstige Antwort ist für das Gericht bindend.“

Aus diesen Vorschriften geht hervor, daß das Gericht nicht gebunden ist, die erwähnten Maßnahmen bei Unzurechnungsfähigkeit des Freigesprochenen zu treffen. Die Ausführung der vom Gerichte angeordneten Maßregeln zum Schutze der allgemeinen Rechtssicherheit liegt in den Händen der Behörden.

Seit dem Jahre 1905 besteht in Trondhjem als selbständige Anstalt ein Kriminalasyl für 36 männliche Kranke, für das schon unter dem 13. April 1898 ein besonderes Gesetz erlassen wurde. Nach Mitteilung des leitenden Arztes des Kriminalasyls Hans Evensen werden in diese aufgenommen:

a) männliche Sträflinge, die für geisteskrank erklärt sind,
b) andere männliche Geisteskranke, die verbrecherische Handlungen verübt haben und derart moralisch entartet oder so gemeingefährlich sind, daß sie für die Behandlung in einer gewöhnlichen Irrenanstalt als nicht geeignet angesehen werden.

Über die Aufnahme und Entlassung entscheidet das zuständige Ministerium. Die Kranken bleiben in der Anstalt, solange die Umstände, die zur Aufnahme führten, noch vorhanden sind. Die meisten Sträflinge, die geisteskrank geworden sind, können ohne besondere Schwierigkeiten in den gewöhnlichen Irrenanstalten untergebracht werden. In dem Falle, daß ein in das Kriminalasyl in Trondhjem aufgenommener Sträfling sich für die Behandlung in einer allgemeinen Irrenanstalt eignet, wird er in eine solche übergeführt, spätestens nach Ablauf der Strafzeit. Die Zeit des Aufenthaltes im Kriminalasyl wird auf die Strafzeit angerechnet. Muß der irre Sträfling nach Ablauf der Strafzeit weiter in Verwahrung gehalten werden, und eignet er sich wegen moralischer Entartung oder Gemeingefährlichkeit nicht zur Unterbringung in einer gewöhnlichen Irrenanstalt, so wird die Zustimmung des Justizministers zu einem weiteren Verbleiben im Kriminalasyle eingeholt. Untersuchungsgefangene werden in dasselbe nicht aufgenommen. Aschaffenburg fand bei einem Besuche am 5. August 1907 das Kriminalasyl mit 29 Kranken belegt. Er gibt auch eine Schilderung der Anstalt.

Österreich.

Die Entwicklung der gesetzlichen und administrativen Maßnahmen gegenüber den kriminellen Geisteskranken in Österreich in der Zeit von 1850—1904 hat Siegfried Türkel in einer Monographie: „Die kriminellen Geisteskranken", Wien 1905, eingehend geschildert. Wie in Deutschland, so fand auch in Österreich jedes System der Unterbringung der kriminellen Geisteskranken Verteidiger und Gegner. Das kam insbesondere in den Antworten der Landesausschüsse und Landessanitätsräte auf eine Umfrage des Ministeriums des Innern im Jahre 1885 zum Ausdruck. Es sprachen sich nämlich aus:

Niederösterreich gegen die Aufnahme irrsinniger Verbrecher in Irrenanstalten und für die Errichtung von Adnexen an den größeren Strafanstalten,
Oberösterreich für die Errichtung von eigenen Irrenanstalten für Verbrecher,
Steiermark für die gesetzliche Regelung des Irrenwesens und die Errichtung von Irrensiechenanstalten,
Böhmen für die Unterbringung der irren Verbrecher in besonderen Zentralanstalten oder in Abteilungen der Strafanstalten,
Mähren gegen die ausnahmslose Abgabe irrer Verbrecher an Irrenanstalten, „wenn die Gemeingefährlichkeit konstatiert ist",
Galizien gegen die Aufnahme geisteskranker Verbrecher in Irrenanstalten und für die Errichtung eigener Anstalten oder eigener Abteilungen in Strafhäusern,
Tirol und Voralberg für die Vorschläge des Justizministeriums, daß die bestehenden Verordnungen genügend seien und eine Abänderung nicht notwendig sei.

In einem Vortrage auf dem österreichischen Irrenärztetage in Linz am 6. Oktober 1911 „Zur Frage der Unterbringung geisteskranker Verbrecher in

Österreich" (Psychiatrisch Neurologische Wochenschr. 1911/12, Nr. 34 u. 35) kam Deiaco zu folgenden Ergebnissen:

1. „Wir verlangen, daß ein ganz bestimmter Teil der verbrecherischen Geisteskranken und der geisteskranken Verbrecher aus den gewöhnlichen Irrenanstalten ausgeschieden werde.
2. Wenn nicht eigene Anstalten für gefährliche Geisteskranke in Bälde errichtet werden können, so mögen wenigstens Adnexe an Strafanstalten geschaffen werden, denn diese haben sich als die einfachste, am leichtesten ausführbare, billigste und auf Grund einer Rundfrage von den österreichischen Psychiatern am meisten vorgeschlagene Art der Versorgung der kriminellen Geisteskranken gezeigt."

Die Versammlung faßte folgenden Beschluß:

„Der psychiatrische Verband spricht sich dafür aus, daß ein bestimmter Teil der kriminellen Geisteskranken aus den Landesirrenanstalten ausgeschieden werde, und gibt dem Wunsche Ausdruck, daß der praktische Weg ehestens betreten werden möge, und zwar durch Schaffung eigener, entsprechend ausgestalteter, staatlicher Irrenanstalten." Das österreichische Strafgesetz enthält keine Bestimmungen über Maßnahmen bei den wegen Geisteskrankheit Freigesprochenen. Eine Justizministerialverfügung vom 6. August 1902 ordnet an, daß, „in Fällen, in denen ein Strafverfahren gegen einen Geisteskranken durch Einstellung oder Freispruch beendet worden ist, die Anordnung der Abgabe in eine Irrenanstalt infolge Gemeingefährlichkeit oder aus anderen Gründen nicht den Strafgerichten, sondern den Verwaltungsbehörden obliegt. Es ist daher in solchen Fällen mit der zuständigen Verwaltungsbehörde (Gemeinde, Magistrat usw.) unter Anschluß einer Abschrift des Gutachtens das Einvernehmen zu pflegen und die Unterstellung des Geisteskranken an diese Behörde zu veranlassen. Gleichzeitig ist jedoch auch die zuständige Kuratelbehörde unter An schluß der Akten oder im Falle diese nicht entbehrt werden können, einer Abschriftdes Gutachtens zu verständigen." Nur Niederösterreich hat besondere Einrichtungen für kriminelle Geisteskranke. An den niederösterreichischen Landesirrenanstalten in Ybs und Kierling-Gugging bestehen kleine Sonderabteilungen. Die Anstalt am Steinhof bei Wien hat ein Verwahrungshaus für gewalttätige Kranke mit 40 Plätzen. Dasselbe dient zur Aufnahme von Verbrechern, welche während der Straf- oder Untersuchungshaft geisteskrank geworden sind und die gemeingefährlich oder demoralisierend erscheinen. Ferner sollen in demselben auch jene verbrecherischen Geisteskranken interniert werden, welche während der Verpflegungsdauer Taten begehen, die einen Gesunden straffällig machen würden oder welche ihrer moralischen Minderwertigkeit halber unter den anderen Kranken ohne Schaden nicht gehalten werden können. Das Einweisungsrecht in diese Abteilung steht einzig und allein dem Direktor zu Anrechnung der Internierung in die Strafzeit findet nicht statt. Eine Beschreibung des Verwahrungshauses der Irrenanstalt „Am Steinhof" gibt Aschaffenburg. Im übrigen sind in den österreichischen Staaten keine Sondermaßnahmen gegenüber den gefährlichen Geisteskranken getroffen.

Dagegen sind in dem Vorentwurf zu einem österreichischen Strafgesetzbuch vom September 1909 „Sicherungsmittel" vorgesehen. Es heißt dort in den § 36 und 37:

§ 36.

„Ein Geisteskranker oder Trunksüchtiger, der eine strenger als mit sechs Monaten Freiheitsstrafe bedrohte Tat begangen hat und wegen Zurechnungsfähigkeit zur Zeit der Tat nicht verfolgt oder nicht verurteilt werden kann, wird an eine staatliche Anstalt für verbrecherische Irre abgegeben, wenn er wegen seines kranken Geisteszustandes und mit Rücksicht auf seinen Lebenswandel und die Eigenart seiner Tat als besonders gefährlich für die Sittlichkeit oder für die Sicherheit der Person oder des Vermögens (gemeingefährlich) anzusehen ist.

Der Kranke bleibt in der Anstalt, solange seine Gemeingefährlichkeit dauert. Die Entlassung kann endgültig oder auf Widerruf erfolgen."

§ 37.

„Der zu Freiheitsstrafe verurteilte Täter eines Verbrechens oder eines mit einer sechs Monate übersteigenden Freiheitsstrafe bedrohten Vergehens, dessen Fähigkeit, das Unrecht seiner Tat einzusehen, oder seinen Willen dieser Einsicht gemäß zu bestimmen, zur Zeit der Tat infolge eines andauernden krankhaften Zustandes wesentlich vermindert war, kann nach dem Vollzuge der Strafe weiterhin verwahrt werden, wenn er wegen seines Zustandes und mit Rücksicht auf seinen Lebenswandel und die Eigenart seiner Tat als gemeingefährlich anzusehen ist.

Das Gericht spricht die Zulässigkeit der Verwahrung im Urteil aus und ordnet sodann auf Grund der Ergebnisse des Strafvollzugs an, daß der Sträfling in einer besonderen staatlichen Anstalt oder in einer besonderen Abteilung der in § 36 bezeichneten Anstalt zu verwahren sei, wenn seine Gemeingefährlichkeit nicht behoben ist.

Die Entlassung kann endgültig oder auf Widerruf erfolgen.

In der „Zusammenstellung der Änderungen, welche die Regierungsvorlagen zur Reform des Strafrechts gegenüber den im Jahre 1909 veröffentlichten Entwürfen aufweisen", aus dem Jahre 1912 ist an Stelle des Wortes „Sträfling" in § 37 das Wort „Verurteilte" getreten.

Der österreichische Vorentwurf bricht also mit dem bisherigen Verfahren und überträgt die Entscheidung über die Unterbringung des gefährlichen Geisteskranken grundsätzlich dem Gericht, das in einem besonderen Verfahren über die Internierung verhandeln soll.

Bemerkenswert sind auch folgende Bestimmungen aus „dem Entwurf eines Gesetzes, womit die Strafprozeßordnung abgeändert werden soll":

§ 583.

Die Anstalten für verbrecherische Irre dienen dazu, die ihnen vom Gerichte überwiesenen Personen für die Dauer ihrer Gemeingefährlichkeit zu verwahren.

Die Verwahrten sind einer Behandlung zu unterziehen, um ihren krankhaften Zustand zu beheben oder zu bessern.

§ 584.

Der Vollzug der Verwahrung wird vom Vorsteher der Anstalt geleitet.

Zum Vorsteher ist ein psychiatrisch gebildeter und klinisch erfahrener Arzt zu bestellen.

Der Vollzug wird vom Oberstaatsanwalte, in dessen Sprengel die Anstalt liegt, und in dessen Vertretung vom Staatsanwalte überwacht. Die oberste Leitung steht dem Justizminister zu.

§ 585.

Für jede Anstalt besteht eine ständige Aufsichtskommission. Sie setzt sich zusammen aus dem Vorsteher des Gerichtshofes, in dessen Sprengel die Anstalt liegt, als Vorsitzendem, zwei Vertrauensmännern und zwei Ersatzmännern, die auf die Dauer von drei Jahren vom Justizminister ernannt werden und dem Staatsanwalte. Der Kommission ist ein Schriftführer beizugeben.

Zu Vertrauensmännern können, abgesehen von Angehörigen des Lehrstandes, nur Personen berufen werden, die nicht im Staatsdienst stehen. Die Vertrauensmänner sind vom Vorsteher des Gerichtshofes auf die gewissenhafte Erfüllung ihrer Obliegenheiten zu verpflichten. Die Gebühren, auf die sie Anspruch haben, werden durch Verordnung bestimmt.

§ 586.

Die Aufsichtskommission hat mindestens viermal im Jahre die Anstalt in Gegenwart des Vorstehers zu besichtigen. Der Amtsarzt der politischen Behörde erster Instanz ist mindestens zweimal im Jahre beizuziehen.

Die Kommission hat das Ergebnis ihrer Besuche, insbesondere wahrgenommene Gebrechen dem Oberstaatsanwalte mitzuteilen und hierbei ein Gutachten über die Abstellung der Gebrechen abzugeben, sofern diese nicht unmittelbar im Einvernehmen mit dem Staatsanwalte behoben werden können.

§ 587.

Die Einrichtung der Anstalten und die Behandlung der Kranken wird durch den Zweck der Anstalt bestimmt; es sind die Maßregeln zulässig, die zur sicheren Verwahrung und zur voraussichtlichen Heilung des Kranken geboten sind.

§ 588.

Kranken, die eine ihnen zugewiesene Arbeit regelmäßig verrichten, kann eine angemessene Vergütung gutgeschrieben werden. Die Bestimmung des dritten Absatzes des § 570 ist entsprechend anzuwenden.

Als Zuchtmittel sind nur der Verweis und die Entziehung einer Begünstigung zulässig; doch können Kranke, die sich gewaltätig benehmen, andere aufreizen, zu flüchten versuchen oder die Flucht vorbereiten, den zur Sicherung erforderlichen Beschränkungen ihrer Freiheit unterworfen und insbesondere einzeln gehalten werden; die Maßregeln dürfen jedoch weder der Art noch der Dauer nach über ihren Zweck hinausgehen.

§ 589.

Gemeingefährliche Trunksüchtige, die wegen Begehung einer strafbaren Handlung im Zustande der Trunkenheit verurteilt wurden, sind in einer besonderen Abteilung der Anstalt anzuhalten.

Sie werden bei Tag in Gemeinschaft, bei Nacht abgesondert voneinander verwahrt.

Sie können zu einer ihrem Gesundheitszustande und ihren Fähigkeiten entsprechenden und ihrem Fortkommen in der Freiheit dienlichen Arbeit angehalten werden; eine Vergütung für geleistete Arbeit wird nicht gewährt.

Als Zuchtmittel dienen die beim Vollzuge von Kerkerstrafen und Gefängnisstrafen zulässigen.

Ungarn.

Im § 246 der ungarischen Strafprozeßordnung ist vorgeschrieben, daß, falls Zweifel an der Zurechnungsfähigkeit eines Täters bestehen, eine Untersuchung durch zwei Ärzte erfolgt, die sich in ihrem Gutachten auch darüber zu äußern haben, ob Gemeingefährlichkeit besteht. Das ungarische Strafgesetzbuch enthält keine Bestimmung über die Internierung verbrecherischer Geisteskranker. Diese erfolgt gemäß den Verfügungen des Justizministers vom Jahre 1877 und 1894 im Verwaltungswege. Der Minister des Innern hat durch Verordnungen vom Jahre 1894 und 1902 angeordnet, daß diese Kranken auch dann nicht entlassen werden dürfen, wenn die Vormundschaftsbehörde ihre Zustimmung gibt. Eine besondere Kommission entscheidet darüber, ob die Gemeingefährlichkeit bei verbrecherischen und nicht verbrecherischen Geisteskranken fortbesteht. Kranke, die als nicht geheilt entlassen werden, werden unter polizeiliche Aufsicht gestellt. Für Ungarn besteht in Verbindung mit dem Sammelgefängnis in Budapest eine Landes-Beobachtungs- und Irrenheilanstalt für Internierte und Verurteilte. In dieser gelangen zwei Gruppen von Gefangenen zu Beobachtung: erstens Untersuchungsgefangene, deren psychiatrische Beobachtung und Begutachtung notwendig erscheint. Nach Abschluß der Beobachtung, die in der Regel nicht länger als 2 Monate dauert, werden sie entweder als zurechnungsfähig dem weiteren gerichtlichen Strafverfahren unterworfen oder als verbrecherische Geisteskranke in eine Landesirrenanstalt gebracht. Ferner werden in diese Irrenabteilung zu Freiheitsstrafen rechtskräftig verurteilte Männer und Weiber und Zöglinge aus Besserungsanstalten gebracht; sie bleiben hier so lange, bis sie zur weiteren Strafverbüßung wieder in die Anstalten zurückgebracht werden können, falls die Heilung innerhalb der Strafzeit eintritt, oder falls dies nicht der Fall ist oder die Krankheit unheilbar ist, bis zum Strafende; sodann werden die letzteren in eine Landesirrenanstalt übergeführt. Diese beiden Kategorien, die Untersuchungsgefangenen und die Verurteilten sind völlig voneinander getrennt. Die Irrenabteilung besteht aus einem einstöckigen Bau der einen Flächenraum von 4163 qm umfaßt und in dem 140 Personen, 100 Männer und 40 Frauen, untergebracht werden können. An der Spitze der Anstalt steht ein Psychiater von Fach, der dem Direktor des Gefängnisses koordiniert ist. Die Landes-Beobachtungs- und Heilanstalt für Internierte und Verurteilte wird vom Staate unterhalten und untersteht dem Justizminister. Die Zahl der Verurteilten, die in dieselbe aufgenommen werden, ist gering, es überwiegen bei weitem die Untersuchungsgefangenen. Die Anstalt ist nicht voll belegt; in der Regel sind in derselben etwa 100 Kranke untergebracht.

An den übrigen ungarischen Irrenanstalten bestehen keine besonderen Einrichtungen. Nach einem von v. Barbacz vorbereiteten Entwurf zum Irrengesetz sollen die geisteskranken Verbrecher, die aus der Strafhaft den Irrenanstalten überwiesen werden, in besonderen Pavillons der Staatsirrenanstalten detiniert werden. (Messér, Josef, Einiges über die Organisation und Verhältnisse des ungarischen Gefängniswesens. Blätter für Gefängniskunde. 38. Bd. 1904. S. 462—477. Langer, Georg, Der progressive Strafvollzug in Ungarn, Kroatien und Bosnien. Berlin 1904. Stein, Irrengesetzgebung in Ungarn. Psychiatr.-Neurol. Wochenschr. 1900.)

Portugal.

Portugal hat keine gesetzlichen Vorschriften über die Unterbringung der geisteskranken Verbrecher und verbrecherischen Geisteskranken. Ein Gesetzentwurf aus dem Jahre 1889, nach dem in Lissabon 2 Abteilungen zur Aufnahme verbrecherischer geisteskranker Männer und Frauen sowie Krankenabteilungen an den Zentralgefängnissen mit Einrichtungen zur Behandlung Geisteskranker errichtet werden sollten, gelangte nicht zur Verabschiedung. Das Gesetz vom 3. April 1896 schreibt die Schaffung von Spezialasylen für geisteskranke Verbrecher vor. Ein solches wurde bisher aber nicht errichtet. Die geisteskranken Verbrecher wie die verbrecherischen Geisteskranken werden wie die anderen Geisteskranken in gewöhnlichen Irrenanstalten untergebracht, die meisten in den Staatsirrenanstalten in Lissabon und Ralhafolles.

Rumänien.

In Rumänien gibt es weder besondere Vorschriften noch besondere Einrichtungen zur Behandlung krimineller Geisteskranker. Die geisteskranken Verbrecher werden nicht in Irrenanstalten gebracht, sondern in den Gefängnissen interniert gehalten.

Rußland.

Recht umständliche Bestimmungen über die Behandlung der Unzurechnungsfähigen enthält das russische Strafgesetzbuch in den § 92 bis 97.

Art. 92. Die Gründe, aus welchen das Verübte nicht zugerechnet werden darf, sind: Blödsinn, Wahnsinn und Krankheitsanfälle, welche einen Zustand von Raserei oder gänzlicher Besinnungslosigkeit herbeiführen.

Art. 95. Verbrechen oder Vergehen, welche durch einen von Geburt an Blödsinnigen oder einem Wahnsinnigen verübt worden, werden diesem nicht zugerechnet, sobald es zweifellos ist, daß der Blödsinnige oder der Wahnsinnige vermöge seines damaligen Zustandes keine Einsicht von der Gesetzwidrigkeit und selbst von der Natur seiner Handlung haben konnte. Indessen werden Blödsinnige oder Wahnsinnige, welche eine Tötung verübt oder aber auf das Leben eines anderen oder das eigene einen Angriff gemacht oder eine Brandstiftung versucht haben, ins Irrenhaus gesperrt, selbst in dem Falle, wenn ihre Eltern oder Verwandten wünschen sollten, die Verpflichtung, sie zu beaufsichtigen und bei sich ärztlich behandeln zu lassen, auf sich zu nehmen. Die Art ihrer Einsperrung im Irrenhause und die Fristen für ihre Bewährung daselbst und ihre Entlassung sind durch besondere Bestimmungen geregelt.

Art. 96. In Grundlage derselben Bestimmungen werden nicht zugerechnet auch diejenigen Verbrechen und Vergehen, welche von einem Kranken in einem völlig erwiesenen Anfalle von Raserei oder gänzlicher Besinnungslosigkeit begangen werden. Derjenige, welcher in einem solchen Krankheitsanfalle eine Tötung verübt, oder auf das Leben eines anderen, oder das eigene einen Angriff gemacht oder eine Brandstiftung verursacht hat, wird — statt ins Irrenhaus —

der Sorge von Eltern, Verwandten oder Kuratoren oder, mit deren Einwilligung, auch von Fremden übergeben, mit Verpflichtung derselben, sorgfältige, unausgesetzte Aufsicht über ihn in der Zeit seiner Krankheit und ärztlichen Behandlung zu führen und zugleich alle für andere oder für ihn selbst schlimmen oder gefährlichen Folgen seiner Anfälle von Raserei abzuwenden. Sobald jedoch die Eltern des Kranken oder seine Verwandten, Kuratoren oder die Fremden, welche gewünscht, ihn in ihre Obhut zu nehmen, sich nicht als genugsam zuverlässig erweisen, und man nicht von denselben eine vollkommene Erfüllung der ihnen auferlegten Pflichten erwarten kann, so wird der an Anfällen von Raserei Leidende zu seiner ärztlichen Behandlung und seiner Beaufsichtigung in ein Hospital gegeben, wo er auch bis zur völligen Herstellung gelassen wird.

Art. 97. Die Bestimmungen des vorhergehenden Artikels 96 über Nichtzurechnung der Verbrechen und Vergehen, welche in einem von Raserei oder gänzlicher Besinnungslosigkeit begleiteten Krankheitsanfalle verübt werden, erstrecken sich auch auf diejenigen, welche Verstandeskräfte und Vernunftsgebrauch durch hohes Alter oder Hinfälligkeit verloren haben, und Mondsüchtige (Nachtwandler), welche in den Anfällen ihrer Nervenzerrüttung ohne das erforderliche Bewußtsein handeln. Sie werden der Sorge ihrer nächsten Verwandten oder, mit deren Einwilligung auch Fremden übergeben, oder auch in einer der Anstalten des Kollegiums allgemeiner Fürsorge zu sorgfältiger Aufsicht über sie untergebracht."

Besondere Einrichtungen für gemeingefährliche Geisteskranke sind nicht vorhanden. Die geisteskranken Verbrecher werden den Gefängnislazaretten überwiesen. Die verbrecherischen Geisteskranken werden in St. Petersburg meistens den Irrenanstalten St. Panteleimon und St. Nicolas, in Moskau der Irrenanstalt Preobraschenski zugeführt.

Schweden.

Eine Darstellung der Fürsorge für die kriminellen Geisteskranken in Schweden hat Petrén in der Abhandlung: Geschichte der Kriminalirrenpflege in Schweden, Monatsschrift für Kriminalpsychologie und Strafrechtsreform, Bd. VI, S. 245, gegeben. Aus derselben geht hervor, daß nach einem königlichen Erlasse vom Jahre 1826 „das Gericht, falls eine wegen Verbrechens angeklagte oder desselben überführte Person deshalb, weil sie als wahnsinnig befunden wird, nicht zu einer Strafe verurteilt wird, bezüglich ihrer künftigen Unterbringung keine weitere Vorschrift geben soll, als sie der zuständigen Behörde zu übersenden, damit diese sich des Kranken annehme, so daß er nicht der öffentlichen Sicherheit gefährlich würde". Trotz dieser Verordnung verfuhr man aber nach einem Berichte der Staatsrevisoren vom Jahre 1889 in den verschiedenen Provinzen verschieden: Ein Teil der Kranken wurde in den Gefängnissen zurückbehalten, bis Plätze in den Irrenanstalten frei wurden, ein Teil wurde ohne Rücksicht auf ihre Gemeingefährlichkeit in die Freiheit entlassen. Das schwedische Irrengesetz vom 4. Juli 1901 enthält keine besonderen Bestimmungen über gefährliche Geisteskranke. Der Richter überweist den wegen Geisteskrankheit Freigesprochenen der Verwaltungsbehörde, die dann bei der Direktion der zuständigen Irrenanstalt um Aufnahme ersucht. Falls kein Platz vorhanden ist, bestimmt das Zentral-Medizinalamt die Anstalt. Im Februar 1906 wurde in Verbindung mit der Irrenanstalt in Wäxjö eine Kriminalirrenabteilung mit 100 Plätzen eröffnet, in die fast ausschließlich wegen Geisteskrankheit Freigesprochene aufgenommen werden. Die Entlassung dieser Kranken kann nicht durch die Anstaltsleitung, sondern nur nach Zustimmung der Zentral-Medizinalverwaltung erfolgen; andere Behörden haben aber keinen Einfluß auf die Entlassung. Aschaffenburg hat die Kriminalirrenabteilung in Wäxjö im Jahre 1907 besichtigt und schildert die Einrichtungen derselben (S. 186, 187).

Die geisteskranken Verbrecher werden entweder in den Gefängnissen oder in den gewöhnlichen Irrenanstalten untergebracht. Die Zeit des Aufenthaltes in der Irrenanstalt wird auf die Strafzeit nicht angerechnet.

Im Jahre 1908 hielt der leitende Arzt der Kriminalirrenabteilung in Wäxjö, Oberarzt E. Lauritzen, in der Versammlung des psychiatrischen Vereins Schwedens einen Vortrag über Kriminalirrenpflege, in dem er folgende Leitsätze aufstellte, die die Genehmigung der Versammlung erhielten:

1. „Für die Unterbringung sog. Kriminalpatienten (d. h. geisteskranker Untersuchungs- oder Strafgefangener sowie wegen Verbrechens unter Anklage gestellter Personen, die wegen Geisteskrankheit nicht haben zu einer Strafe verurteilt werden können) hat außer in den Fällen, wo Pflege in der Irrenabteilung einer Strafanstalt stattfindet, die öffentliche Irrenpflege zu sorgen. Für diese Patienten als solche sind besondere Anstalten oder Abteilungen nicht einzurichten. Für die Pflege besonders gefährlicher Geisteskranker, ob sie wegen Verbrechens gerichtlich belangt worden sind oder nicht, ist die Errichtung kleinerer, sog. fester Abteilungen an größeren Irrenanstalten wünschenswert.
2. Die Zeit, während welcher ein geisteskranker Sträfling in einer öffentlichen Anstalt außerhalb des Gefängnisses gepflegt wird, ist von der Strafzeit abzurechnen.
3. Die jetzt geltende Bestimmung, daß zur Aufnahme einer für unzurechnungsfähig erklärten Person in eine Irrenanstalt ein ärztliches Zeugnis erforderlich ist, ist aufzuheben.
4. Im übrigen ist eine allgemeine Revision der Bestimmungen bezüglich der Behandlung von Kriminalpatienten, besonders mit Rücksicht auf die Sicherheit des Gemeinwesens, erwünscht."

Die Medizinalverwaltung stellte darauf den Antrag bei der Regierung, an der neuen großen Irrenanstalt in Säter einen festen, mit Zellen und Isolierräumen eingerichteten Pavillon mit 30 Plätzen zu errichten, „in welchem besonders gefährlichen Geisteskranken zweckentsprechende Pflege und sichere Verwahrung zuteil werden könnte". Der Bau dieses Hauses wurde im Jahre 1909 dem Vorschlage der Medizinalverwaltung entsprechend vom Reichstage beschlossen. An den Gefangenenanstalten sind besondere Einrichtungen für die geisteskranken Gefangenen nicht vorhanden.

Schweiz.

Die Maßnahmen, die die Schweiz gegenüber den gefährlichen Geisteskranken getroffen hat, sind in den verschiedenen Kantonen stark voneinander abweichende und mannigfaltige, so daß Aschaffenburg mit Recht sagen konnte, daß sie an Buntheit nichts zu wünschen übrig lassen. Ein einheitliches Strafgesetzbuch ist bisher in der Schweiz nicht vorhanden; die Strafgesetzgebung ist kantonal außerordentlich verschieden. Nach dem geltenden Rechte kann man nach **Wüst** 3 Gruppen von sichernden Maßnahmen gegenüber den gemeingefährlichen Geisteskranken unterscheiden.

Der ersten Gruppe gehören die Kantone an, in denen von seiten des Richters Anordnungen erlassen werden. So bestimmt § 32 des schwyzerischen Strafgesetzbuches, daß der Richter die notwendigen Maßnahmen treffen kann, in den Fällen, in denen „Leben und Eigentum der Mitbürger gefährdet ist".

Basel-Stadt gestattet (§ 50 StGB) nur die Unterbringung wegen Unzurechnungsfähigkeit Freigesprochener auf Anordnung des Richters. Im Kanton Tessin kann das Gericht gemäß § 46 des Codice pénale die Verwaltungsbehörde zur Unterbringung der gefährlichen Geisteskranken in einer Irrenanstalt anhalten. Der Code pénal des Kanton Neuenburg ordnet im § 47 an, daß das freisprechende Gericht vom Staatsrate die Unterbringung des Unzurechnungsfähigen in einer Irrenanstalt verlangen kann.

Die zweite Gruppe umfaßt die Kantone, in denen die Verwaltungsbehörden ohne Mitwirkung der Gerichte Maßnahmen über die Kranken ergreifen. In Bern hat nach Art. 47 StGB. der Regierungsrat das Recht „geeignete Sicherheitsmaßregeln zu treffen, die nötigenfalls in der Verwahrung in einer angemessenen Irrenanstalt bestehen kann". In Genf überweist das Gericht nach Art. 330 StPO. den Kranken der Verwaltungsbehörde, kann ihn aber bis zur Entscheidung derselben zurückbehalten. In Waadt wird der Kranke nach Art. 54 StGB. dem Staatsrat zur weiteren Verfügung überwiesen.

Eine dritte Gruppe von Kantonen hat sowohl richterliche wie administrative Maßnahmen. In Luzern werden die Kranken entweder ihrer Familie zur angemessenen Besorgung und Verwahrung übergeben oder durch obrigkeitliche Verfügung unschädlich gemacht (§ 51 StGB.). In Obwalden treffen nach § 19 PStGB. richterliche oder administrative Behörden geeignete Anordnungen. Der Code pénal des Kanton Freiburg trifft im § 61 folgende Bestimmung: „Wenn es die öffentliche Sicherheit verlangt, kann die mit der Angelegenheit beschäftigte Behörde anordnen, daß der Unzurechnungsfähige zurückgehalten wird während eines Zeitraumes, den das Urteil zu bestimmen hat. Die Polizeibehörde bestimmt die Anstalt."

Der Vorentwurf eines schweizerischen Strafgesetzbuches vom Jahre 1909 enthält in § 17 Abs. 1 folgende Vorschrift.

„Gefährdet ein Unzurechnungsfähiger oder vermindert Zurechnungsfähiger die öffentliche Sicherheit oder das gemeine Wohl, und ist es notwendig, ihn in einer Heil- oder Pflege-Anstalt zu verwahren, so ordnet das Gericht die Verwahrung an und stellt den Strafvollzug gegen den Verurteilten ein.

Die kantonale Verwaltungsbehörde vollzieht den Beschluß des Gerichts.

Das Gericht hebt die Verwahrung auf, sobald der Grund der Verwahrung weggefallen ist.

Das Gericht zieht Sachverständige bei.'

Demnach ordnet das Gericht sowohl die Überführung in eine Anstalt wie die Entlassung aus derselben an.

Besondere Einrichtungen zur Aufnahme von gefährlichen Geisteskranken gibt es in der Schweiz weder an den Irrenanstalten noch an den Gefängnissen. Wertvolles Material über die Häufigkeit der kriminellen Geisteskranken in der Schweiz und die Anschauungen der schweizerischen Irrenärzte über die Art ihrer Unterbringung und Verwahrung enthält die Dissertation von Edward Borel: „Du placement des aliénes criminels en Suisse. Thèse de Genève 1904." Borel richtete an 25 schweizerische Irrenanstalten diesbezügliche Anfragen, von denen 23 Antworten eingingen. In 20 Irrenanstalten befanden sich kriminelle Geisteskranke. Unter 7697 Geisteskranken, die Ende 1903 in den schweizerischen Irrenanstalten untergebracht waren, zählte man 631 = 8% kriminelle. Von 15 Leitern von Irrenanstalten sprachen 10 sich für die Beibehaltung der bisherigen Art der Unterbringung der kriminellen Kranken in den öffentlichen Irrenanstalten aus, mehrere hoben hervor, daß diese Kranken keine Schwierigkeiten verursachten, fleißig arbeiteten, und ein Unterschied zwischen den kriminellen und nichtkriminellen Kranken nicht zutage trete. 6 Direktoren von Irrenanstalten mit einem Bestande von 2227 Kranken bezeichneten von diesen 21 geisteskranke Verbrecher (16 Männer und 5 Frauen) als geeignet für ein Kriminalasyl. Bemerkenswert ist die Mitteilung der schweizerischen Irrenanstaltsdirektoren, daß sich unter den nichtkriminellen Geisteskranken häufig in jeder Hinsicht gefährlichere Persönlichkeiten befänden als unter den vorbestraften. Die Zahl der gefährlichen Geisteskranken in der Schweiz, die für die Unterbringung in einem Kriminalasyl in Betracht kommen, schätzt Aschaffenburg, abgesehen von der geringen Zahl derartiger in den Irrenanstalten in Genf und Neuchâtel untergebrachten Kranken, auf 60 bis 65. Er hält eine Sonderabteilung nicht für notwendig, während Borel für eine solche warm eintritt. Wie Hafter (Bibliographische und kritische Materialien zum Vorentwurf eines schweizerischen Strafgesetzbuchs, Schweizer Zeitschrift für Strafrecht, Bd. 21, S. 340) mitteilt, hat der Verein Schweizer Irrenärzte es für höchst unwahrscheinlich erklärt, daß ein Kanton je in die Lage kommen werde, eine Anstalt für kriminelle Kranke zu errichten, dagegen vorgeschlagen, dem Artikel 46 des Strafgesetzbuches folgende Fassung zu geben.

„Der Bund kann allein oder gemeinsam mit den Kantonen die Errichtung und den Betrieb einer oder mehrerer Anstalten zur Verwahrung von Geisteskranken oder vermindert Zurechnungsfähigen oder unheilbaren Trinkern, welche eine mit Strafe bedrohte Tat begangen haben, in die Hand nehmen. In diese Anstalt können auch vermindert Zurechnungsfähige oder unheilbare Trinker, welche die öffentliche Sicherheit dauernd gefährden, dauernd aufgenommen werden."

Serbien.

Das serbische Strafgesetzbuch enthält keine Bestimmung über die Unterbringung der wegen Geisteskrankheit Freigesprochenen. In dem Vorentwurf zu einem Strafgesetzbuche für das Königreich Serbien vom Jahre 1910 findet sich folgende Vorschrift:

§ 41.

„Wenn das Gericht es im Interesse der öffentlichen Sicherheit für erforderlich erachtet, einen Unzurechnungsfähigen in einer Heil- oder Aufsichtsanstalt unterzubringen, so soll das Gericht dies anordnen.

Die Unterbringung in einer Heil- oder Aufsichtsanstalt soll das Gericht auch dann anordnen, wenn es dies im Interesse der Gesundheit des Unzurechnungsfähigen für nötig erachtet.

Gleichfalls bestimmt das Gericht die Entlassung aus der Anstalt, wenn es nach ärztlicher Untersuchung eine weitere Behandlung oder Beaufsichti gung für nicht erforderlich erachtet."

Während der Strafverbüßung geisteskrank gewordene Gefangene werden der Irrenanstalt in Belgrad überwiesen. Die in dieser zugebrachte Zeit wird auf die Strafzeit angerechnet.

Spanien.

In Spanien ist bereits in dem § 8 des Strafgesetzbuches vom 17. Juli 1870 die Internierung der Unzurechnungsfähigen in einer besonderen Anstalt vorgesehen, denn dort heißt es:

Art. 8.

„Kein Verbrechen begeht und folglich der strafrechtlichen Verantwortlichkeit enthoben ist:

1. Der Schwachsinnige oder Geisteskranke, vorausgesetzt, daß er eine Straftat nicht in einem freien Zwischenraum von Vernunft beging.

   Wenn der Schwachsinnige oder Geisteskranke eine strafbare Handlung beging, die das Gesetz als eine schwere bezeichnet, so beschließt das Gericht die Einschließung in ein für Kranke dieser Art bestimmtes Krankenhaus, aus dem er nicht entlassen werden kann ohne vorherige Autorisation desselben Gerichts.

   Bei weniger schweren Fällen überweist das Gericht je nach den Umständen der Tat den Schwachsinnigen oder Geisteskranken einem Hause der erwähnten Art oder gibt ihn seiner Familie zurück, wenn diese hinreichende Sicherheit für die Überwachung bietet."

Die Verordnung vom 13. Dezember 1886 verfügte die Errichtung einer Ge fängnisirrenabteilung (manicomio penal). Die Verordnung vom 1. September 1897 traf nähere Bestimmungen über die Unterbringung der verbrecherischen Geisteskranken und geisteskranken Verbrecher, bisher sind aber weder an den Irrenanstalten noch an den Gefängnissen besondere Einrichtungen getroffen.

Türkei.

Das türkische Strafgesetzbuch enthält keine Vorschriften über die Behandlung der nach § 41 wegen Geisteskrankheit Freigesprochenen. Auch sind darüber keine Verwaltungsvorschriften erlassen. Sondereinrichtungen sind nicht vorhanden.

Von den außereuropäischen Ländern sind in erster Linie die Einrichtungen der Vereinigten Staaten von Nordamerika zu erwähnen. Die Strafgesetzgebung dieser Länder ist keine einheitliche. Jeder Einzelstaat hat auf strafrechtlichem und irrenärztlichem Gebiete besondere Maßnahmen und Bestimmungen. Aus den Darstellungen von Hoppe, Aschaffenburg, Nolte und Alombert-Gôget ergibt sich für die wichtigsten Staaten folgendes:

New York.

Auf Veranlassung von Fritz Hoppe hat der ärztliche Direktor der Staatsanstalt für kriminelle Geisteskranke in Matteawan der medizinischen Gesellschaft in New York einen Vortrag über die Behandlung der kriminellen Geisteskranken in diesem Staate gehalten, dem ich nachstehende Angaben entnehme (Hoppe, Fritz, Die Behandlung der kriminellen Geisteskranken im Staat Neuyork. Monatsschrift für Kriminalpsychologie und Strafrechtsform. Jahrg. V. S. 346.)

„Die gesetzlichen Bestimmungen, die sich mit der Zurechnungsfähigkeit und ihrem Ausschluß durch Geisteskrankheit beschäftigen, lassen, wie in den meisten anderen Unionstaaten, auch im Staate New York recht viel zu wünschen übrig. Die gesetzliche Definition der Zurechnungsfähigkeit und der Unzurechnungsfähigkeit stammt aus alter Zeit. Wer imstande ist, Wesen und Art der Handlung zu verstehen, und zwischen Recht und Unrecht zu unterscheiden, ist geistig gesund und zurechnungsfähig; wer diese beiden Fähigkeiten nicht besitzt, ist geisteskrank und unzurechnungsfähig. Eine verminderte Zurechnungsfähigkeit kennt das New Yorker Gesetz nicht. Bezüglich des Alkoholismus wird akute und chronische Vergiftung unterschieden. Der akute Rausch wird nicht als Strafmilderungs- oder Strafausschließungsgrund anerkannt; dagegen wird bei chronischem Alkoholismus eine gewisse Rücksicht auf den Täter, wie beim Vorliegen einer geistigen Abnormität, angenommen.

Während andere Unionstaaten zur Unterbringung krimineller Geisteskranker die allgemeinen Irrenanstalten, aber auch besondere Abteilungen an Strafanstalten benutzen, hat sich New York zum Bau von Zentralanstalten für Kriminelle entschlossen. Man ging dabei von der Überlegung aus, daß in den allgemeinen Staatsirrenanstalten wegen der Art ihres Betriebes eine genügend sorgsame Verwahrung gefährlicher Elemente recht schwierig ist, und andererseits der Ton der Strafanstalt nicht für Geisteskranke paßt. Die geschaffenen Anstalten, welche die Mitte zwischen Gefängnis und Irrenhaus halten, gewährleisten eine strenge Überwachung der Insassen, und doch fehlt in ihnen jene eiserne Strafanstaltsdisziplin, die so ungünstig auf den Zustand psychisch Erkrankter einwirkt. Bis zum Jahre 1900 waren die kriminellen Geisteskranken in einer einzigen solchen Anstalt (anfangs Auburn, später Matteawan) untergebracht. Dabei wurde eine strenge Scheidung der verbrecherischen Geisteskranken von den geisteskranken Verbrechern beobachtet. Jede dieser Grnppen nahm einen Flügel des Anstaltsgebäudes ein. Selbst wenn die eine dieser Abteilungen zu stark überfüllt war, wurde die Trennung aufrecht erhalten. Jetzt sind zwei staatliche Verbrecherirrenanstalten vorhanden; Matteawan und Dannemora. Nach Matteawan kommen die verbrecherischen Geisteskranken, die gar nicht bis zur Verurteilung verfolgt wurden, und diejenigen geisteskranken Strafgefangenen, die nur wegen eines geringfügigen Rechtsbruches verurteilt worden sind. Nach Dannemora gelangen die im Strafvollzuge erkrankten schweren Verbrecher.

Matteawan bezieht sein Krankenmaterial

1. von den zuständigen Gerichtsbehörden direkt,
2. aus den Strafanstalten, wenn die Kranken nur eine leichte Straftat begangen haben,
3. aus den allgemeinen Staatsirrenanstalten.

Die von den Gerichten nach Matteawan überwiesenen Kranken zerfallen wiederum in drei Gruppen:

1. diejenigen Rechtsbrecher, die so früh als geisteskrank erkannt sind, daß überhaupt keine Strafverfolgung eingeleitet wurde, und diejenigen,

deren Geisteskrankheit schon in der Voruntersuchung klar wurde, so daß es gar nicht zu einem Hauptverfahren kam;
2. diejenigen, welche trotz festgestellter Täterschaft wegen Geisteskrankheit freigesprochen, aber gleichzeitig durch Gerichtsurteil als gemeingefährlich erklärt wurden;
3. die von dem Staatsgouverneur direkt überwiesenen zum Tode verurteilten Verbrecher.

Der Gouverneur hat nämlich das Recht, nach Fällung des Todesurteils die Verurteilten in Matteawan auf ihren Geisteszustand beobachten zu lassen, um je nach Ausfall des Gutachtens eventuell eine Revision des Urteils herbeiführen zu können. Aus den Strafanstalten kommen nach Matteawan, wie bereits erklärt, solche erkrankte Strafgefangene, die nur wegen einer Übertretung oder eines Vergehens zu einer Strafzeit von höchstens 1 Jahr Gefängnis verurteilt sind. Aus den Irrenanstalten kann die Überführung von Kranken nach Matteawan durch die Zentralbehörde für das Irrenwesen (state in commission in lunacy) angeordnet werden, einerseits, wenn sie wegen eines schweren Verbrechens vorbestraft sind, andererseits, wenn bei an sich nicht kriminellen Kranken in dem Verlaufe der Geisteskrankheit kriminelle Neigungen auftreten. Für die Einlieferung nach Matteawan ist dasselbe Verfahren vorgeschrieben, wie für die Einlieferung in die Irrenanstalten: ein Attest von zwei Ärzten, die die psychiatrische Prüfung bestanden haben, und ein darauf folgender Gerichtsbeschluß. Die Einweisung nach der Staatsanstalt Dannemora kann einfacher geschehen. Hierzu ist nur ein Attest des Strafanstaltsarztes, welches die Geisteskrankheit bescheinigt, notwendig, worauf der Leiter der Strafanstalt die Überführung anordnen kann. Dannemora nimmt nur Strafgefangene auf, die wegen einer schweren Straftat zu mehr als 1 Jahr Gefängnis verurteilt sind. Die Zeit ihres Verweilens in Matteawan oder Dannemora wird den Gefangenen genau so angerechnet, als wenn sie diese Zeit in der Strafanstalt abgebüßt hätten. In Matteawan hat der Direktor das Recht, Gefangene, deren Strafzeit abgelaufen ist, solange in der Anstalt festzuhalten, bis sie gesund oder nicht mehr gemeingefährlich sind. Kranke, die von den Gerichtsbehörden eingeliefert sind, können wiederum nur durch Gerichtsbeschluß entlassen werden. Für diesen Beschluß ist die Länge der verhängten oder drohenden Strafe in keiner Weise maßgebend, sondern nur der Geisteszustand des Internierten. Die Entlassung wird erst verfügt, wenn das Gericht die Überzeugung hat, daß ein unsoziales Verhalten in Zukunft nicht mehr zu befürchten ist. Wenn eine völlige Heilung eingetreten ist, so teilt der Direktor dieses dem Gerichte mit; das Gericht und der Staatsanwalt kann nun den Geheilten wieder unter die Strafverfolgung stellen, oder ihn in den Strafvollzug zurückführen; jedoch können auch beliebig andere Maßnahmen getroffen werden, je nachdem die Sachlage es zweckmäßig erscheinen läßt. Läuft in Dannemora die Strafzeit eines Gefangenen ab, dessen Geisteskrankheit noch fortdauert, so berichtet der Direktor an die zuständige Gerichtsbehörde. Diese ernennt dann zwei Sachverständige zur Feststellung, ob Gemeingefährlichkeit vorliegt. Auf ihr Gutachten hin entscheidet der Richter, ob der Kranke weiter in der Anstalt verbleibt oder nicht.

Die Stadt New York selbst kann geistig erkrankte Gefangene außerdem in einer kleinen Abteilung des allgemeinen Krankenhauses Bellevue Hospital unterbringen. Diese Irrenabteilung untersteht in rechtlicher Beziehung nicht dem Vorstande des Krankenhauses, sondern der Strafanstaltsverwaltung; sie ist als ein Gefängnislazarett aufzufassen. Die dort untergebrachten Kranken befinden sich somit noch im Strafvollzuge.

Zunächst wurden im Staate New York alle verbrecherischen Geisteskranken und geisteskranken Verbrecher der Irrenanstalt in Utika überwiesen. 1859 wurde an der Strafanstalt in Auburn ein Adnex für geisteskranke Verbrecher errichtet. Im Jahre 1869 erhielten die Gerichte das Recht, gemeingefährliche Geisteskranke in Auburn oder in einer Irrenanstalt unterzubringen. Nach einem Gesetz vom Jahre 1884 sollten alle Gruppen von gemeingefährlichen Geisteskranken der Anstalt in Auburn zugeführt werden. 1892 erfolgte die Eröffnung des Matteawan State Hospitals zu Fiskill am Hudson mit 550 Plätzen. Aber schon nach einigen Jahren war diese Anstalt so überfüllt, daß im Jahre 1900 eine zweite, das Dannemora Hospital for insane convicts in Dannemora eröffnet werden mußte. Am 1. Oktober 1904 waren im Matteawan Hospital 609 Kranke, 526 Männer und 83 Frauen untergebracht.

Im Staate Connecticut besteht an dem Hauptgefängnis eine Beobachtungsabteilung für geisteskranke Gefangene.

Massachusetts hat eine State farm for criminal insane in Bridgewater. Das Gesetz vom 22. April 1873 schreibt vor, daß Mörder und Totschläger, die wegen Geisteskrankheit freigesprochen sind, auf Lebenszeit in eine Irrenanstalt gebracht werden sollen. Gefangene, die geisteskrank geworden sind, sollen nach Art. 320 des Gesetzes vom 11. Juni 1855 in eine Irrenanstalt gebracht werden, in der der Aufenthalt auf die Strafzeit angerechnet wird.

Michigan hat folgende Bestimmungen über gefährliche Geisteskranke:

„Personen, die angeklagt sind, ein Verbrechen begangen oder einen Versuch zur Begehung gemacht haben, gegen die aber wegen ihrer Geisteskrankheit nicht verhandelt werden kann, und die nicht verurteilt werden können, ebenso Angeklagte, die wegen geistiger Störung freigesprochen sind, im Falle der Fortdauer der geistigen Störung, und ferner die Verurteilten, die während der Verbüßung der Strafe geisteskrank werden, sind in das Gefängnis für gefährliche und verbrecherische Geisteskranke zu überführen, wo sie wegen ihrer Erkrankung in gleicher Weise behandelt werden, wie in anderen Irrenanstalten.

Wenn Verurteilte vor Ablauf ihrer Strafzeit genesen, sind sie in das Gefängnis zurückzuliefern, aus dem sie gekommen sind."

Das Asylum for criminal insane des Staates Michigan befindet sich in Jowa.

Jona und Ohio haben Abteilungen für geisteskranke Verbrecher an den Staatsgefängnissen.

In dem Staate Maine werden die geisteskranken Gefangenen zunächst in eine Irrenstation am Landesgefängnis eingeliefert. Wenn ihr Zustand es erlaubt, werden sie aus dieser nach einer öffentlichen Irrenanstalt übergeführt. In Nord-Karolina wurde im Jahre 1898 eine Abteilung für geisteskranke Strafgefangene an dem Staatsgefängnis errichtet, die aber völlig unabhängig von der Strafanstalt ist.

Kanada.

In Kanada werden die wegen Unzurechnungsfähigkeit Freigesprochenen durch den Richter einer Irrenanstalt bis zu ihrer Genesung überwiesen. Das

Gericht entscheidet nach Anhörung von Sachverständigen auch über die Entlassung aus der Irrenanstalt. An einigen Irrenanstalten bestehen feste Häuser für geisteskranke Verbrecher. Die Provinz Ontario hat ein Sonderasyl mit 150 Plätzen für diese Art von Geisteskranken in Kingston. Die verbrecherischen Geisteskranken werden in den Irrenanstalten wie die übrigen Geisteskranken behandelt.

Brasilien.

Nicht strafvollzugsfähige geisteskranke Gefangene werden in Brasilien einer Abteilung an der Irrenanstalt de la Mercedes überwiesen.

Australien.

Für Westaustralien besteht seit dem Jahre 1870 eine Anstalt für kriminelle Geisteskranke in Fremantle.

Japan.

In Japan werden die geisteskranken oder epileptischen Gefangenen einer dem Gefängnis angegliederten Sonderanstalt zugeführt, in der sie ihre Strafe weiter verbüßen.

Im Anschluß an diese Übersicht der Einrichtungen zum Schutze der Gesellschaft gegen gefährliche Geisteskranke sei noch folgende Zusammenstellung der Maßnahmen gegen verbrecherische Irre und irre Verbrecher gegeben:

1. Vorentwurf zu einem deutschen Strafgesetzbuch vom Jahre 1909:

§ 63.

Nicht strafbar ist, wer zur Zeit der Handlung geisteskrank, blödsinnig oder bewußtlos war, so daß seine freie Willensbestimmung ausgeschlossen wurde.

War die freie Willensbestimmung durch einen der vorbezeichneten Zustände zwar nicht ausgeschlossen, jedoch in hohem Maße vermindert, so finden hinsichtlich der Betrafung die Vorschriften über den Versuch (§ 76) Anwendung. Zustände selbst verschuldeter Trunkenheit sind hiervon ausgenommen.

Freiheitsstrafen sind an den nach Absatz 2 Verurteilten unter Berücksichtigung ihres Geisteszustandes und soweit dieser es erfordert, in besonderen, für sie ausschließlich bestimmten Anstalten oder Abteilungen zu vollstrecken.

§ 64.

War der Grund der Bewußtlosigkeit selbstverschuldete Trunkenheit und hat der Täter in diesem Zustande eine Handlung, die auch bei fahrlässiger Begehung strafbar ist, so tritt die für die fahrlässige Begehung angedrohte Strafe ein.

§ 65.

Wird jemand auf Grund des § 63 Abs. 1 freigesprochen oder außer Verfolgung gesetzt, oder auf Grund des § 63 Abs. 2 zu einer milderen Strafe verurteilt, so hat das Gericht, wenn es die öffentliche Sicherheit erfordert, seine Verwahrung in einer öffentlichen Heil- und Pflegeanstalt anzuordnen. War der Grund der Bewußtlosigkeit selbstverschuldete Trunkenheit, so finden auf den Freigesprochenen oder außer Verfolgung gesetzten außerdem die Vorschriften des § 43 über die Unterbringung in eine Trinkerheilanstalt entsprechende Anwendung.

Im Falle des § 63 Abs. 2 erfolgt die Verwahrung nach verbüßter Freiheitsstrafe.

Auf Grund der gerichtlichen Entscheidung hat die Landespolizeibehörde für die Unterbringung zu sorgen. Sie bestimmt auch über die Dauer der Verwahrung und über die Entlassung. Gegen ihre Bestimmung ist gerichtliche Entscheidung zulässig.

Die erforderlichen Ausführungsvorschriften werden vom Bundesrat erlassen.

2. Norwegisches Strafgesetzbuch vom 22. Mai 1902.

§ 39.

Wenn das Gericht annimmt, daß ein Angeklagter, der entweder freigesprochen oder gemäß § 45 oder 56 zu einer herabgesetzten Strafe verurteilt wird, wegen Unzurechnungsfähigkeit oder verminderter Zurechnungsfähigkeit für die Rechtssicherheit gefährlich ist, so kann es beschließen, daß ihm nach näherer Bestimmung der Obrigkeit ein bestimmter Aufenthaltsort anzuweisen oder zu verbieten ist, oder daß er, soweit dazu nach den vom Könige oder einer von ihm ermächtigten Person erlassenen allgemeinen Vorschriften Anlaß vorliegt, in ein Irrenasyl, eine Heil- oder Pflegeanstalt oder in ein Arbeitshaus zu verbringen ist. Die getroffene Maßregel ist von dem zuständigen Ministerium (Regierungsdepartement) wieder aufzuheben, wenn sie nach eingeholtem ärztlichen Gutachten nicht länger notwendig erscheint.

3. Vorentwurf zu einem schweizerischen Strafgesetzbuche vom Jahre 1909.

§ 16.

(17, Absatz 1.)

Verwahrung eines gefährlichen Unzurechnungsfähigen oder vermindert Zurechnungsfähigen.

Gefährdet ein Unzurechnungsfähiger oder vermindert Zurechnungsfähiger die öffentliche Sicherheit oder das gemeine Wohl und ist es notwendig, ihn in einer Heil- oder Pflegeanstalt zu verwahren, so ordnet das Gericht die Verwahrung an und stellt den Strafvollzug gegen den Verurteilten ein.

Die kantonale Verwaltungsbehörde vollzieht den Beschluß des Gerichts.

Das Gericht hebt die Verwahrung auf, sobald der Grund der Verwahrung weggefallen ist.

Das Gericht zieht Sachverständige bei.

4. Vorentwurf zu einem österreichischen Strafgesetzbuche vom Jahre 1909:

§ 36.

Ein Geisteskranker oder Trunksüchtiger, der eine strenger als mit sechs Monaten Freiheitsstrafe bedrohte Tat begangen hat und wegen Zurechnungsfähigkeit zur Zeit der Tat nicht verfolgt oder nicht verurteilt werden kann, wird an eine staatliche Anstalt für verbrecherische Irre abgegeben, wenn er wegen seines kranken Geisteszustandes und mit Rücksicht auf seinen Lebenswandel und die Eigenart seiner Tat als besonders gefährlich für die Sittlichkeit oder für die Sicherheit der Person oder des Vermögens (gemeingefährlich) anzusehen ist.

Der Kranke bleibt in der Anstalt, solange seine Gemeingefährlichkeit dauert. Die Entlassung kann endgültig oder auf Widerruf erfolgen.

§ 37.

Der zu Freiheitsstrafe verurteilte Täter eines Verbrechens oder eines mit einer sechs Monate übersteigenden Freiheitsstrafe bedrohten Vergehens, dessen Fähigkeit, das Unrecht seiner Tat einzusehen oder seinen Willen dieser Einsicht gemäß zu bestimmen, zur Zeit der Tat infolge eines andauernden krankhaften Zustandes wesentlich vermindert war, kann nach dem Vollzuge der Strafe weiterhin verwahrt werden, wenn er wegen seines Zustandes und mit Rücksicht auf seinen Lebenswandel und die Eigenart seiner Tat als gemeingefährlich anzusehen ist.

Das Gericht spricht die Zulässigkeit der Verwahrung im Urteil aus und ordnet sodann auf Grund der Ergebnisse des Strafvollzuges an, daß der Sträfling einer besonderen staatlichen Anstalt oder in einer besonderen Abteilung der im § 36 bezeichneten Anstalt zu verwahren sei, wenn seine Gemeingefährlichkeit nicht behoben ist.

Die Entlassung kann endgültig oder auf Widerruf erfolgen.

II. Abschnitt.

Der Begriff der Gemeingefährlichkeit.

Cramer hat im Jahre 1905 in einem Vortrage: „Über Gemeingefährlichkeit vom ärztlichen Standpunkte aus" (Juristisch psychiatrische Grenzfragen III. Bd. H. 4) betont, „daß die ganze Frage der Gemeingefährlichkeit keine rein ärztliche, sondern eine verwaltungstechnische ist." „Gemeingefährlichkeit", so erklärte er, „ist kein juristischer Begriff. Sie steht zur Medizin nur in entfernter Beziehung. Gemeingefährlichkeit ist ein Begriff, der rein auf dem Verwaltungs-Verkehrs-Wege entstanden ist." Weiter hob er hervor, daß er eine exakte, kurze Abgrenzung dieses Begriffes für unmöglich halte. „Das könnte nur der, der imstande ist, Kautschuk in hartem Stahl zu verwandeln." Ähnlich lautet die erste These, die die XV. Versammlung des Nordostdeutschen Vereins für Psychiatrie und Neurologie in Danzig 1908 nach einem Vortrage Puppes über Einweisung, Festhaltung und Entlassung von gemeingefährlichen bzw. nach § 51 StGB. freigesprochenen Geisteskranken in Anstalten annahm:

„Gemeingefährlichkeit kann nur unter Berücksichtigung aller Einzelheiten des Falles als vorliegend anerkannt werden. Eine für alle Fälle passende Definition zu liefern ist unmöglich."

Der Begriff der Gemeingefährlichkeit im strafrechtlichen und polizeirechtlichen Sinne ist nirgends in der Gesetzgebung festgelegt und genau umschrieben. In Preußen ist das Recht der Polizei zum Eingreifen bei Handlungen gemeingefährlicher Personen durch folgende Bestimmungen, die auch jetzt noch Rechtskraft besitzen, gegeben:

1. Das Allgemeine Landrecht vom Jahre 1794 sagt in Teil II, Titel 17, § 30: „Die nötigen Anstalten zur Erhaltung der öffentlichen Ruhe, Sicherheit und Ordnung und zur Abwendung der dem Publiko oder einzelnen Mitgliedern desselben drohenden Gefahr zu treffen, ist das Amt der Polizei."
2. Das Gesetz zum Schutze der persönlichen Freiheit vom 12. Februar 1850 (G. S. S. 45) erklärt die Polizeibehörden für berechtigt, Personen in polizeiliche Obhut zu nehmen, wenn entweder der eigene Schutz dieser

Personen oder die Aufrechterhaltung der öffentlichen Sittlichkeit, Sicherheit und Ruhe diese Maßnahmen dringend erfordert.

3. In dem Gesetz über die Polizeiverwaltung vom 11. März 1850 heißt es im § 6: „Zu den Gegenständen der ortspolizeilichen Vorschriften gehören:
a) der Schutz der Person und des Eigentums.
f) Sorge für Leben und Gesundheit und alles andere, was im besonderen Interesse der Genesenden und ihrer Angehörigen polizeilich geordnet werden muß."

In Bayern wird durch Art 80, 2 des Polizeistrafgesetzbuches vom 23. Dezember 1871 angeordnet: „Hat eine solche Person (Geisteskranker) einen Angriff gegen fremdes Eigentum versucht oder die öffentliche Sicherheit verletzt, und ist wegen Unzurechnungsfähigkeit ein Strafverfahren gar nicht eingeleitet worden oder ein den Strafvollzug einstellendes Erkenntnis erfolgt oder ist die Gemeingefährlichkeit einer solchen Person in sonstiger Weise festgestellt, so ist die Polizeibehörde berechtigt, auf Grund bezirksärztlichen Gutachtens Unterbringung in einer Irrenanstalt oder sonstige genügende Verwahrung anzuordnen."

Das hessische Regulativ bezeichnet als gemeingefährlich, „was geeignet ist, einen Menschen an Leben, Gesundheit, Eigentum, Ehre und Ansehen zu schädigen".

In dem 27. Abschnitt des geltenden deutschen Strafgesetzbuches und in dem 17. Abschnitt des Vorentwurfs zu einem neuen deutschen Strafgesetzbuch sind einige Delikte, die Brandstiftung, die Herbeiführung einer Überschwemmung, die Eisenbahn- und Postgefährdung, die Gefährdung der Schiffahrt, die Vergiftung von Brunnen und Verbrauchsmitteln, die Verletzung von Seuchenvorschriften, der Verzug bei behördlichen Lieferungsverträgen und die Verletzung der Baukunstregeln als „gemeingefährliche Verbrechen und Vergehen" zusammengefaßt. Nach der Begründung des Vorentwurfs liegt der innere Grund dieser schon aus dem preußischen Strafgesetzbuch übernommenen Zusammenfassung darin, „daß diesen Handlungen allen eine besondere Gefährlichkeit innewohnt, welche namentlich darin hervortritt, daß sie häufig einen größeren Kreis von Rechtsgütern, und nicht nur die eines einzelnen gefährden können." Die bezeichneten Delikte umfassen aber durchaus nicht alle gemeingefährlichen Handlungen. Dies betont auch Oppenhoff in seinem Kommentar zum Strafgesetzbuch, indem er erklärt: „Abschnitt 27 des StrGB. will die gemeingefährlichen Handlungen nicht erschöpfen. Demgemäß ist der Landesgesetzgebung der Ausbau dieses Gebietes nicht verwehrt."

Der Ausdruck „Gemeingefährlichkeit" findet sich weiter in zwei Reichsgesetzen, dem Gesetz gegen den verbrecherischen und „gemeingefährlichen" Gebrauch von Sprengstoffen vom 9. Juni 1884 und in dem Gesetz betreffend die Bekämpfung „gemeingefährlicher" Krankheiten vom 30. Juni 1900. Das preußische Polizeikostengesetz vom 3. Juni 1908 handelt im § 2 von dem Transport „gemeingefährlicher" Irrer. Horstmann hebt aber mit Recht hervor, daß in der deutschen Gesetzgebung der Begriff der Gemeingefährlichkeit nirgends genauer umgrenzt und festgelegt ist.

Der österreichische Vorentwurf bezeichnet als Gemeingefährlichkeit im strafrechtlichen Sinne „besondere Gefährlichkeit für die Sittlichkeit oder für die Sicherheit der Person oder des Vermögens".

Im Art. 26 des französischen Entwurfs Dubief werden als besonderen Schutzes bedürftig genannt: „la sécurité, la décence et la tranquillité publique.“

Zahlreich sind die Versuche, die von juristischer und psychiatrischer Seite unternommen wurden, eine klare Begriffsbestimmung der Gemeingefährlichkeit zu geben. Sehr eingehende Untersuchungen über den Begriff der Gefährlichkeit und Gemeingefährlichkeit hat Karl von Birkmeyer in seiner Abhandlung: „Schuld und Gefährlichkeit in ihrer Bedeutung für die Strafbemessung (Kritische Beiträge zur Strafrechtsform herausgegeben von v. Birkmeyer und Nagler, Heft 16, Leipzig 1914) an der Hand einer Kritik des österreichischen Strafgesetzentwurfs von 1912 angestellt (S. 51 bis 91). v. Birkmeyer definiert den Begriff der Gefährlichkeit überhaupt als die „Eigenschaft des Täters eines Verbrechens, wonach von ihm weitere Verbrechen zu befürchten sind“ und weist auf die Erklärung Storchs hin, der schreibt: „Darnach bedeutet die Gefährlichkeit des Täters einfach diejenige Eigenschaft desselben, welche die Annahme begründet, er werden künftighin neue strafbare Handlungen begehen.“ Nach v. Birkmeyer ist nun jede solche Gefährlichkeit aber in Wahrheit eine Gemeingefährlichkeit. „Denn die Gefahr, die von dem Gefährlichen für die Zukunft droht, ist eine Gefahr für die Gesellschaft und ihre Rechtsordnung, also eine Gemeingefahr, es handelt sich bei „gefährlichen“ wie bei „gemeingefährlichen“ Verbrechern um die nämliche „soziale Gefahr“, um gleich antisoziale Personen.“ In überzeugender Weise weist v. Birkmeyer die Richtigkeit dieser Behauptung nach. Gefährlichkeit und Gemeingefährlichkeit fallen im strafrechtlichen und polizeilichen Sinne zusammen, sind identisch. Jeder gefährliche Verbrecher, jeder gefährliche Geisteskranke ist gleichzeitig gemeingefährlich. Eine Trennung dieser Begriffe ist unmöglich. Auch der Geisteskranke, der durch Neigung zum Selbstmord sein eigenes Leben gefährdet, ist gemeingefährlich. „Wer Hand an sich selbst legt, verstößt nicht bloß gegen religiöse und sittliche Gesetze, deren Beobachtung grundsätzlich die Polizei nichts angeht, sondern er sucht sich auch seinen Pflichten gegen die Mitmenschen, Familie, Staat, Gemeinde zu entziehen.“ (Deutsche Juristen-Zeitung 1904. S. 80.) In scharfsinniger Weise nimmt v. Birkmeyer gegen das Bestreben im § 36 des österreichischen Entwurfs Stellung, die Gemeingefährlichkeit als „besondere Gefährlichkeit“ einen höheren Grad der gewöhnlichen Gefährlichkeit zu definieren. Eine solche Unterscheidung ist undurchführbar.

Aschaffenburg gibt folgende Begriffsbestimmung: „Alle für die Gemeingefährlichkeit der Rechtsbürger gefährlichen Handlungen stempeln den Täter als einen gemeingefährlichen Menschen, seine Bedenklichkeit ist abhängig von der besonderen Richtung seiner verbrecherischen Tätigkeit“ und als gemeingefährlichen Geisteskranken bezeichnet er einen Menschen, „der infolge oder während einer geistigen Störung die allgemeine Rechtssicherheit erheblich gefährdet hat oder sie zu gefährden droht“.

Moeli definiert den Begriff der Gemeingefährlichkeit als einen Zustand, „in dem der Betreffende für sich oder andere gefährlich oder für die öffentliche Sicherheit störend wird“.

Nach Puppe müssen diejenigen Geisteskranken als gemeingefährlich angesehen werden, „welche in erheblicher Weise antisozial handeln oder von denen man sich dessen versehen kann“.

Leppmann äußert sich im Jahrbuche der Heil-, Pflege- und Kuranstalten 1911 folgendermaßen über den Begriff der Gemeingefährlichkeit (S. 133):

Eine erschöpfende Aufzählung der Äußerungen geistiger Störungen, welche den Begriff der Gemeingefährlichkeit bedingen, läßt sich nicht geben. Als gemeingefährlich zu betrachten ist zunächst derjenige Kranke, welcher die Ruhe, Sicherheit und Ordnung der staatlichen Gemeinschaft, in welcher er lebt, und der einzelnen Glieder dieser Gemeinschaft gefährdet, sodann aber auch derjenige, welcher in unzurechnungsfähigem Zustande seiner eigenen Person Gefahr bringt, denn der Staat hat die Pflicht, für die persönliche Sicherheit seiner Bürger zu sorgen, wenn dieselben aus irgendeinem Grunde dazu selbst unfähig sind. In letzterem Punkte deckt sich das öffentliche mit dem oben ausgeführten privaten Interesse.

Recht lehrreich betreffs der einzelnen Möglichkeiten gemeingefährlicher Handlungen war der betreffende Teil des früheren Reglements der Provinz Schlesien vom 2. Dezember 1876, welcher lautete: Der Nachweis der Gemeingefährlichkeit muß durch spezielle Tatsachen geführt und zu diesem Behufe dargetan werden entweder:

A. daß der Kranke tobsüchtige Anfälle hat, in denen er bei der ihm gelassenen Freiheit der persönlichen Sicherheit seiner Umgebung gefährlich werden kann, oder

B. daß der Kranke so unreinlich ist, daß dessen Pflege lästig und störend für die Umgebung wird, oder

C. daß der Kranke sich selbst nach dem Leben trachtet, und dessen fortwährende Beaufsichtigung zur Abwendung eines Selbstmordes notwendig wird, oder endlich

D. daß der Kranke die öffentliche Ordnung, Ruhe und Sicherheit in einem solchen Grade stört, daß derselbe aus dringenden polizeilichen Rücksichten in einem besonderen Gewahrsam und unter fortwährender Aufsicht gehalten werden muß.

Es wäre dem noch hinzuzufügen, daß der Sachverständige das Recht und die Pflicht hat, Gemeingefährlichkeit zu bescheinigen, wenn nach Erfahrungen in analogen Fällen Störung der öffentlichen Ordnung und Sicherheit dringend zu erwarten ist, und daß eine Störung der öffentlichen Ordnung schon dann vorliegt, wenn, wie es in einem älteren preußischen Gesetze heißt, die Ruhe, Ordnung und Sicherheit „einer einzelnen Person aus dem Publikum gefährdet wird".

In ähnlicher Weise äußerte **Leppmann** sich in seinem Vortrage „Der Schutz gegen Geisteskranke" in der IX. Hauptversammlung des deutschen Medizinalbeamten-Vereins zu Breslau 1913.

Hübner (Lehrbuch der gerichtlichen Psychiatrie, Bonn 1914) spricht sich über den Begriff der Gemeingefährlichkeit also aus (S. 228): „Der Ausdruck gemeingefährlich ist weder ein medizinischer, noch ein juristischer. Eine Definition des Wortes ist von vielen Autoren versucht worden, die Anschauungen darüber, was als „gemeingefährlich" anzusehen ist, gehen aber sehr weit auseinander."

„Gemeint sind damit in erster Linie wohl Personen, die bereits gezeigt haben, daß sie infolge ihrer Krankheit zur Verübung von schweren Verbrechen neigen, andererseits keine Gewähr bieten, daß diese verbrecherischen Neigungen in Zukunft nicht wieder hervortreten. Die ungünstige Prognose für die Zukunft ist wohl das wesentlichste an dem Begriff. Wie schon oben ausgeführt wurde, ist das Wort auf die verschiedensten Verbrecherkategorien und geisteskranke Kriminelle angewandt worden. Der kleine rückfällige Dieb ist ebenso oft als gemeingefährlich bezeichnet worden, wie der epileptische Mädchenstecher."

Reichardt gibt in seinem Lehrbuche der allgemeinen und speziellen Psychiatrie (2. Aufl., Jena 1918) folgende Erklärung der Gemeingefährlichkeit S. 97:

„Gemeingefährlichkeit infolge von Geisteskrankheit besteht dann, wenn auf Grund eingehender ärztlicher Erwägungen und psychiatrischer Erfahrungstatsachen ernsthaft zu befürchten ist, daß Leben, Gesundheit, Eigentum oder Ehre und guter Ruf anderer Personen durch einen Geisteskranken geschädigt werden."

An anderer Stelle seines Lehrbuches (S. 226) sagt derselbe Psychiater: „Gemeingefährlichkeit ist kein medizinischer, sondern noch dazu recht dehnbarer Verwaltungsbegriff. Er beschränkt sich auch nicht nur auf die Psychiatrie und ihre Kranken. Nicht nur Geisteskranke im engeren Sinne können gemeingefährlich sein, sondern zahlreiche Geistesabnorme sind — oft noch in viel höherem Maße — als Geisteskranke gemeingefährlich. Gerade in sozialer Beziehung müssen wir zwischen Geisteskranken und Geistesabnormen, bei denen die angeborenen geistigen Defekte vor allem auf ethischem Gebiete liegen, möglichst trennen. Während die eigentlichen Geisteskranken, wenn sie gemeingefährlich sind, selbstverständlich in den psychiatrischen Krankenhäusern unterzubringen sind, gehören die geistesabnormen ebensowenig wie die geistesgesunden Verbrecher in Krankenhäuser."

Horstmann erklärt solche Handlungen als gemeingefährlich, „welche das Leben, die Gesundheit, das Eigentum und das Ansehen einer unbestimmten Anzahl von Personen gefährden".

Eine erschöpfende Definition will Blumm (Gemeingefährlichkeit, Zeitschr. f. Med. Beamte, 31. Jahrg. Nr. 9, 1918, S. 200) in folgender These geben:

„Gemeingefährlich ist derjenige, von dem man auf Grund seiner Abstammung, seiner Lebensführung, auf Grund von Begleitumständen und Motiven seiner kriminellen Handlungen für die menschliche Gesellschaft wie für das Eigentum, das Leben, die Gesundheit, die Sittlichkeit, das Wohl und die Ehre einzelner oder einer unbeschränkten Anzahl von Personen eine wiederholte oder ständige Gefährdung nicht geringfügiger Art befürchten muß. Die Entscheidung über Gemeingefährlichkeit ist also in der Hauptsache eine Frage der Psychologie."

Der Begriff der Gemeingefährlichkeit ist überhaupt nicht exakt zu definieren, er ist überhaupt dehnbar und schwankt nach der subjektiven Auffassung.

Das hat Schwabe in seinem in der XXII. Hauptversammlung des Preußischen Medizinalbeamten-Vereins in Hannover 1905 gehaltenen Vortrage: „Die Aufgaben der Medizinalbeamten in bezug auf die Fürsorge für Geisteskranke, Epileptiker und Idioten" klar ausgesprochen: „Er (der Begriff der Gemeingefährlichkeit) mußte wohl oder übel von den Irrenärzten übernommen werden, und seine Auslegung schwankt nach der Anschauung des einzelnen in weiten Grenzen. Es empfiehlt sich daher, ihn fallen zu lassen und durch „gefährlich" mit näherer Begründung, weshalb und wie lange etwa gefährlich, zu ersetzen."

Demgemäß stellt Schwabe weiter hinsichtlich der Aufnahme gefährlicher Geisteskranker in Irrenanstalten folgende Forderungen: „Ein Geisteskranker muß als gefährlich einer Anstalt zugeführt werden, d. h. es liegt eine „absolute“ Indikation vor:

A. In bezug auf andere Personen:

1. wenn er Gesundheit und Leben seiner engeren und weiteren Umgebung, die Sittlichkeit der Familie und der Öffentlichkeit gefährdet oder
2. die öffentliche Ruhe, Ordnung und Sicherheit in dem Maße oder doch so häufig erheblich stört, daß er andauernd oder mit geringen Unterbrechungen in Polizeigewahrsam gehalten werden muß;
3. wenn der Geisteskranke auf Grund verbrecherischer Neigungen nachweislich Leben, Gesundheit und materielles Gut seiner Mitmenschen schädigt, die Sittlichkeit gefährdet. Vereinzelte geringfügige Delikte genügen nicht für die Begutachtung der Gefährlichkeit.

B. In bezug auf seine eigene Person:

Wenn der Geisteskranke Selbstschädigungen vornimmt oder offenbar dazu neigt.“

Diesen Darlegungen trete ich durchaus bei. Der Begriff der Gemeingefährlichkeit kann nicht beibehalten werden, weil er zu unbestimmt und dehnbar ist. An seine Stelle sollte die Bezeichnung: „Gefährlichkeit mit Rücksicht auf andere oder sich selbst“ gesetzt werden. Diese Gefährlichkeit braucht keinesfalls eine dauernde zu sein. Es ist nicht zu leugnen, daß die Häufigkeit der Gefährlichkeit Geisteskranker in Laienkreisen vielfach überschätzt und die Vorstellung damit verbunden wird, die Gefährlichkeit sei eine dauernde Eigenschaft Geisteskranker. Das ist ein grundsätzlicher Irrtum. Nur ein geringer Prozentsatz der Geisteskranken muß als gefährlich bezeichnet werden, und die Gefährlichkeit ist bei diesen meist auch keine dauernde, sondern eine vorübergehende. Es ist auch grundsätzlich falsch, daß die Gefährlichkeit eines Geisteskranken der wichtigste Grund seiner Internierung in einer Irrenanstalt sei. Diese durchaus irrige Vorstellung ist in erster Linie schuld, daß den Irrenanstalten zum Schaden ihrer Kranken vom Publikum ein so großes Mißtrauen entgegengebracht wird. Nicht die Gefährlichkeit, sondern die Anstaltspflegebedürftigkeit stellt den Grund der Unterbringung des Geisteskranken in einer Irrenanstalt dar, nicht die Sicherung vor Angriffen auf Rechtsgüter ist der Zweck der Irrenanstalten, sondern vor allem die Behandlung und Pflege der Kranken, und dieser Gesichtspunkt muß für die Aufnahme und Entlassung in diesen Krankenanstalten in erster Linie maßgebend sein. Die Gefährlichkeit eines Geisteskranken schwindet vielfach nach kürzerer oder längerer Zeit mit der Besserung oder Heilung des Kranken. Ebensowenig wie ein körperlich Kranker mit Rücksicht auf die Möglichkeit etwaiger Rezidive in einer Krankenanstalt belassen werden kann, ebensowenig erscheint dies bei psychisch Kranken zulässig. Ein Melancholiker, der wirklich geheilt ist, ist als ungefährlich anzusehen und muß aus der Irrenanstalt entlassen werden. Ihn mit Rücksicht auf die Möglichkeit eines Rückfalles seiner Krankheit in der Irrenanstalt festzuhalten, ist nicht zulässig. Ebenso verhält es sich bei zahlreichen Alkoholikern, Epileptikern, Degenerierten, Schwachsinnigen und mit Jugendirrsinn behafteten Kranken. Mit der Besserung des Befindens, nicht selten auch mit Entwicklung eines Verblödungszustandes schwindet die Gefährlichkeit. Zahlreiche an periodischen Seelenstörungen leidende Kranke in den Irrenanstalten sind zeitweise, wenn sie unter dem Eindrucke von Angstaffekten, Sinnestäuschungen und Wahnideen stehen, in hohem Grade gefährlich, in den Zwischenzeiten, die manchmal Monate und Jahre dauern, aber harmlose ruhige, arbeitsame Menschen. Es soll nicht in Abrede gestellt werden, daß eine Anzahl Geisteskranker dauernd mehr oder minder gefährlich ist, bei der Mehrheit der gefährlichen Geisteskranken ist diese Eigenschaft jedoch eine vorübergehende.

Jeder Einteilung der gefährlichen Geisteskranken in Unterarten haftet etwas Gekünsteltes an. Aschaffenburg unterscheidet harmlose, minder gefährliche und in erheblichem Grade gefährliche Geisteskranke. Sehr verbreitet ist die Einteilung der gefährlichen Geisteskranken nach ihrem Verhalten gegenüber dem Strafgesetz, in Hinsicht auf eine verbrecherische Handlung. Legt man diesen Maßstab an, so kann man drei große Gruppen unterscheiden:

1. Solche Geisteskranke, die als gefährlich bezeichnet werden müssen, die aber keine strafbaren Handlungen begangen haben oder bei denen es nicht zur Anzeige und zur Einleitung eines Strafverfahrens gekommen ist. Man kann sie „nichtkriminelle gefährliche Geisteskranke" nennen.
2. Geisteskranke, die zur Zeit der Tat geisteskrank waren, und bei denen entweder wegen Unzurechnungsfähigkeit ein Strafverfahren nicht eingeleitet wurde oder die aus diesem Grunde freigesprochen worden sind, die „verbrecherischen Geisteskranken".
3. Diejenigen Geisteskranken, die nach der Tat in Geisteskrankheit verfallen sind. Dahin gehören diejenigen Verbrecher, bei denen zur Zeit der Tat keine Geisteskrankheit bestanden hat, die aber vor der Hauptverhandlung, nach derselben, aber vor dem Strafantritt oder während der Strafverbüßung geisteskrank geworden sind. Diese Kategorie von Geisteskranken wird unter der Bezeichnung: „geisteskranke Verbrecher" zusammengefaßt.

Bei genauerem Zusehen wird man indes erkennen, daß eine derartige strenge Unterscheidung der gefährlichen Geisteskranken in Wirklichkeit gar nicht durchführbar ist. Es hängt vielfach von äußeren Zufälligkeiten ab, ob ein gefährlicher Geisteskranker der einen oder anderen der drei Kategorien zugewiesen wird. Insbesondere läßt sich eine scharfe Trennung der verbrecherischen Geisteskranken von den geisteskranken Verbrechern nicht aufrecht erhalten. Daß auch jetzt noch zahlreiche Geisteskranke als solche vor Gericht nicht erkannt und verurteilt werden, ist eine Tatsache, die jedem Psychiater zur Genüge bekannt ist. Forscht man nach den Gründen dieser nicht wegzuleugnenden Tatsache, so findet man den innersten Grund in der Verschiedenartigkeit des psychiatrischen und des juristischen Denkens. Der logisch und formalistisch streng geschulte Jurist stößt sich an dem so vagen undefinierbaren Begriff der Geisteskrankheit. Schuld und Sühne, Rechtsverletzung und deren möglichst gerechte Bestrafung, das sind im Grunde genommen die Angelpunkte, um die das Denken des Strafrichters sich bewegt. Daher kommt auch die schwierige Lage des Richters bei der strafrechtlichen Behandlung der Geisteskranken. Man wird einwenden, daß von einer strafrechtlichen Behandlung der Geisteskranken überhaupt nicht die Rede sein könne, der Geisteskranke gehe den Strafrichter überhaupt nichts an. Nun, so einfach ist die Sache denn doch nicht. Der Begriff der Geisteskrankheit läßt sich nicht absolut scharf umgrenzen und festlegen. Wie zwischen Gesundheit und Krankheit überhaupt, so bestehen insbesondere zwischen geistiger Gesundheit und ausgesprochener Geisteskrankheit fließende

Übergänge, Zwischenformen. Was der eine bereits als Geisteskrankheit bezeichnet, rechnet der andere noch zur geistigen Minderwertigkeit. Das Gesetz erklärt auch den Geisteskranken nicht schlechthin für straffrei, sondern nur dessen strafbare Handlung als nicht vorhanden, „der sich zur Zeit der Tat in einem Zustande von Bewußtlosigkeit oder krankhafter Störung der Geistestätigkeit befunden hat, durch welchen seine freie Willensbestimmung ausgeschlossen war". (§ 51 StGB.) Dieser unglückselige Begriff der freien Willensbestimmung hat eine unglaubliche Verwirrung angerichtet. Weder der Psychiater noch der Strafrichter vermag mit ihm etwas anzufangen. Langreuter schrieb schon im Jahre 1887: „Wie die Annahme einer vollkommenen Willensfreiheit lediglich eine theologische Schwärmerei ist, so muß es auch als psychiatrischer Hochmut angesehen werden, absolute Grenzen zwischen Geistesgesundheit und Geisteskrankheit festsetzen zu wollen — und mit dem Zugeständnis beider Sätze verwischen sich auch die äußersten Grenzen zwischen Zurechnungsfähigkeit und Unzurechnungsfähigkeit im strafrechtlichen Sinne."

Der Richter fordert scharfe Unterscheidungen und Abgrenzungen, der Psychiater kann sie auf Grund seiner naturwissenschaftlichen Erkenntnis nicht geben. Das ist letzten Endes der Grund zahlreicher Meinungsverschiedenheiten, Irrtümer und Mißverständnisse. Zwei verschiedene Grundanschauungen stehen gegenüber, die juristische und die naturwissenschaftliche. So ist es zu erklären, daß der psychiatrische Sachverständige nicht selten sein Gutachten gegen die seltsamsten Einwürfe verteidigen muß. Auch heute trifft gar oft zu, was Sander im Jahre 1886 in dem grundlegenden Werke von Sander und Richter: „Die Beziehungen zwischen Geistesstörung und Verbrecher", S. 175, schrieb: „Nicht abgeben kann er (der Sachverständige) sein Gutachten, sondern muß es meist verteidigen, verteidigen gegen Angriffe, die von einer ganz falschen Anschauung über die Materie, von Vorurteilen, von einer der naturwissenschaftlichen Basis entbehrenden und in psychologischen Spekulationen wurzelnden Theorie ausgehen, denen aber die ganze Wucht selbstbewußter Eloquenz und der forensischen, unkritische Geister überwältigenden Phraseologie zu Gebote steht. Jene sehen in dem Arzt nicht einen Mann, der ihnen seine Kenntnisse zu Gebote stellt, wo die ihrigen nicht ausreichen, der sich bemüht, mit ihnen zusammen die Wahrheit zu finden, sondern sie sehen einen Gegner in ihm. Während der Arzt die Gesamtheit der Erscheinungen zu einem wissenschaftlich begründeten Krankheitsbilde zusammenfaßt und mit dem ähnlichen Bilde in anderen Fällen vergleicht, greift der Staatsanwalt usw. irgendeinen der erwähnten Umstände heraus und stellt Fragen an den Sachverständigen, die man unter Umständen als naiv bezeichnen könnte, die aber eigentümliches Licht auf die Ausbildung unserer Juristen werfen, Fragen, auf die der Sachverständige manchmal ganz anders antworten müßte, wenn er nicht Anstand genug besäße, zu überlegen, daß hinter dem Juristen die staatliche Autorität steht, in deren Namen die Rechtspflege ausgeübt wird, und die nicht erschüttert werden darf."

Noch ein anderer Gesichtspunkt, der sich dem Richter und den Geschworenen aufdrängt, ist nicht selten maßgebend für deren von dem Gutachten des Sachständigen abweichendes Urteil. Es ist die Frage: Was geschieht mit dem geisteskranken Täter, wenn er wegen Unzurechnungsfähigkeit freigesprochen ist? Ich habe wiederholt aus dem Munde von Richtern und Geschworenen gehört, daß sie sich dem Urteil des Sachverständigen, der Angeklagte sei infolge Geisteskrankheit unzurechnungsfähig, leichter angeschlossen hätten, wenn ihnen die Gewähr geboten worden wäre, daß der Angeklagte durch Internierung in einer Irrenanstalt vor der Begehung neuer Verbrechen behütet würde. Das ist in der Tat ein wunder Punkt in unserem Rechtsleben. Der Richter hat nur die Wahl zwischen völliger Freisprechung oder Verurteilung nach den Vorschriften des Strafgesetzbuches. Spricht er den Angeklagten wegen Unzurechnungsfähigkeit frei, so weiß er über das weitere Schicksal desselben nichts. Ob und in welchem Umfange Maßnahmen zur Verhütung weiterer Straftaten ergriffen werden, darüber ist ihm nichts bekannt, und nicht selten erlebt er es, daß Angeklagte, die er wegen Geisteskrankheit freigesprochen hat, wegen neuer Verbrechen unter Anklage kommen. Daher ist es zu verstehen, daß mit Rücksicht auf die allgemeine Rechtssicherheit, die zu schützen er berufen ist, er mehr zu einer Verurteilung neigt; dann hat er bei der Internierung des Verurteilten in einem Gefängnisse oder Zuchthause die Garantie, daß nach Möglichkeit für kürzere oder längere Zeit neue Verbrechen verhindert werden.

Über einen derartigen Fall hat Leppmann in seinem Vortage: „Der Schutz gegen Geisteskranke“ im Jahre 1913 in der Versammlung des Vereins Deutscher Medizinal-Beamten in Breslau berichtet:

„Ich war vor kurzer Zeit Sachverständiger in einem Prozeß, wo ein notorisch Verrückter einen Menschen in einem Möbelspeicher erschossen hat. Wir Sachverständigen waren alle der Meinung, es sei ein Kranker; ehe sich nun die Geschworenen zurückzogen, stand einer von ihnen auf und sagte zu dem Vorsitzenden: „Was wird aus dem Manne, wenn er freigesprochen wird?“ Hätte der Vorsitzende gesagt, „er wird sicher untergebracht“, so hätten sie ihn wohl freigesprochen; der Vorsitzende aber sagte aus übergroßer Objektivität: „Er wird den Behörden zum weiteren Befinden übergeben.“ Da kamen die Herren mit einem Schuldigspruch heraus. Der Gerichtshof hat zwar das Urteil wieder aufgehoben, so daß der Fall nochmals zur Verhandlung kommt; er zeigt aber so recht, welcher Schaden entsteht, wenn nicht derjenige, der kriminell geworden, und gegen den überhaupt ein Verfahren eröffnet worden ist, vom Gericht durch ein Urteil ausdrücklich zur Irrenanstaltsaufnahme bestimmt wird, daß also die Erstunterbringung durch den Strafrichter geschehen muß.“

Schließlich ist ein Grund für die gar nicht so seltene Verurteilung Geisteskranker in dem unbewußten Bestreben des Richters zu erblicken, ja keine Schuld ungesühnt zu lassen. Der Grundgedanke, der unser ganzes Strafgesetzbuch durchzieht, ist der der gerechten Vergeltung. Demgegenüber treten die anderen Strafrechtstheorien in den Hintergrund. Langreuter hat schon vor 30 Jahren die Strafgesetzbücher als „Preiskurante der Verbrechen“ bezeichnet. So fällt es dem Richter nach seiner ganzen Vorbildung und täglichen Praxis überaus schwer, sich von der normalpsychologischen Denkweise loszumachen und von der Unzurechnungsfähigkeit eines Geisteskranken zu überzeugen. Das Prinzip, daß die Tat eines Geisteskranken nicht gesühnt werden kann, steht im Gegensatz zu der sonstigen Tätigkeit des Strafrichters.

Das sind nach meinen Erfahrungen die Gründe, weshalb soviele Geisteskranke vor Gericht verkannt und zu Unrecht verurteilt werden. Daher befindet sich auch unter der Zahl der „geisteskranken Verbrecher“ mindestens ein Drittel von Kranken, die eigentlich der Gruppe der „verbrecherischen Geisteskranken“

zuzuzählen sind. Theoretisch läßt sich wohl eine Unterscheidung der „verbrecherischen Geisteskranken" und „der geisteskranken Verbrecher" annehmen. Praktisch ist diese Trennung aber undurchführbar. Und ebenso ist die Gruppe der gefährlichen Geisteskranken, die wohl strafbare Handlungen begangen haben, bei denen es aber nicht zur Anklage und Verhandlung gekommen ist, wohl äußerlich von den „verbrecherischen Geisteskranken" abzugrenzen, aber ein innerer Unterschied besteht nicht. Das rein äußere Moment, daß diese Delikte nicht zu einer strafrechtlichen Verhandlung geführt haben, ist doch für die Frage der Gefährlichkeit völlig belanglos.

Mit einigen Worten möchte ich an dieser Stelle noch auf die Simulationsfrage eingehen, der von juristischer Seite eine Bedeutung beigemesssen wird, die ihr gar nicht zukommt:

Die reine Simulation einer Geistesstörung ist ein überaus seltenes Vorkommnis. Simulationsversuche Schwachsinniger und psychopathischer Individuen kommen häufiger vor, aber sie gehören zum Krankheitsbilde und sind auf krankhaftem Boden erwachsen und mit der Geisteskrankheit so innig verknüpft, daß es vermessen wäre, zu sagen, hier hört die Krankheit auf und dort fängt die Simulation an. Gar mancher Staatsanwalt glaubt eine hervorragende Leistung vollbracht zu haben, wenn es ihm gelingt, den Angeklagten der Simulation der Geisteskrankheit zu überführen, und dieser gar selbst erklärt, er habe simuliert. Aber der Staatsanwalt soll sich den „Simulanten" einmal nach ein paar Jahren wieder ansehen, da findet er gar nicht selten den „Simulanten" als verblödeten Geisteskranken wieder. Aber das forensische Drama ist erledigt. Richter, Staatsanwalt und Geschworene haben den Gerichtssaal in der Überzeugung verlassen, einen Simulanten entlarvt und der wohlverdienten Strafe überliefert zu haben. Der Schlußakt der Tragödie geht nun im Gefängnis oder in der Irrenanstalt vor sich. Die Geisteskrankheit kommt immer klarer und offensichtlicher zum Durchbruch, so daß sie auch dem Gefängnisbeamten nicht mehr verborgen bleiben kann. So endet der „Simulant" über kurz oder lang in der Irrenanstalt. Es ist erstaunlich, was nicht alles simuliert werden soll, Blödsinn und Epilepsie, Erregungszustände und Wahnvorstellungen, ja sogar Schlaganfälle. Vor einigen Jahren wurde mir ein Mann zur Beobachtung überwiesen, der vom Staatsanwalt und Gefängnisarzt als ein „ganz böser, abgefeimter Simulant" bezeichnet worden war. Der Mann war im Gefängnis plötzlich an einer rechtsseitigen Lähmung erkrankt und deshalb in ein Krankenhaus gebracht worden. Dort bildete die Lähmung sich in wenigen Tagen zurück, und der Mann wurde in das Gefängnis zurückgebracht. Dieser Vorgang wiederholte sich noch dreimal. Im Gefängnis trat die Lähmung nach kurzer Zeit wieder auf, und der Mann wurde wieder dem Krankenhause überwiesen. Die Beobachtung in der Irrenabteilung ergab, daß es sich um einen verblödeten Paralytiker mit apoplektiformen Anfällen handelte. Der Mann ging an der Krankheit nach zwei Monaten zugrunde. Am Tage nach dessen Tode ging eine Mitteilung der Staatsanwaltschaft ein, daß er noch eine vor kurzem über ihn verhängte Zusatzstrafe von sechs Monaten wegen Diebstahls zu verbüßen habe. Das ist ein eklatantes Beispiel dafür, was für ein Unfug immer noch mit der Simulation der Geisteskrankheit getrieben wird. Deshalb kann nicht dringend genug vor der Simulationsschnüffelei gewarnt werden. Manchem Geisteskranken wird dadurch schweres Unrecht angetan. Ich kann diesen Abschnitt nicht besser schließen als mit den Worten Sanders, die heute noch ebenso Gültigkeit haben als vor 30 Jahren:

„Tua res agitur, Leser! Wenn du das Unglück hast, daß dein Gehirn erkrankt und dich zufällig eine strafbare Handlung begehen läßt, so hast du die Chance 3 gegen 1, daß zu dem Unglück der Erkrankung und dem dadurch bedingten körperlichen und materiellen Elend sich noch der Verlust der Ehre für dich und die Deinen gesellt."

III. Abschnitt.

Die Zahl der gefährlichen Geisteskranken.

Für die Frage nach der zweckmäßigsten Art der Unterbringung der gefährlichen Geisteskranken ist und bleibt in erster Linie maßgebend die Zahl dieser Kranken, denn es leuchtet ohne weiteres ein, daß erst bei Häufung dieser Elemente Schwierigkeiten entstehen, die besondere Einrichtungen, sei es im Strafvollzuge, sei es in der Irrenpflege erfordern. Nun ist es aber überaus schwierig, zuverlässige Zahlen über die Häufigkeit der gefährlichen Geisteskranken zu erhalten. Zwei Gruppen, die wegen Geisteskrankheit Freigesprochenen und die in der Strafhaft geistig erkrankten Gefangenen lassen sich zwar genau ermitteln; es würde sich aber ein völlig falsches Bild ergeben, da der größte Teil der diesen beiden Kategorien angehörigen Kranken nicht als gefährlich bezeichnet werden kann. Annähend richtige Zahlen sind nur dadurch zu erhalten, daß man auf Grund psychiatrischer Erfahrung einen bestimmten Teil der verbrecherischen Geisteskranken und der geisteskranken Verbrecher als gefährlich für die allgemeine Rechtssicherheit annimmt. Noch schwieriger ist die Ermittelung der gefährlichen Geisteskranken in den Irrenanstalten und in der Familienpflege, die mit dem Strafgesetz nicht in Konflickt geraten sind oder bei denen es nicht zu einer strafrechtlichen Verfolgung gekommen ist.

Langreuter hat schon darauf hingewiesen, wie zahlreich Gesetzesverletzungen in den Irrenanstalten sind. „Wie unendlich würde die „Verbrecherkategorie" anschwellen, wenn man auch die einbegriffe, die in den Irrenanstalten sich vergehen. Der Körperverletzungen, Entwendungen Real- und Verbalinjurien sind ja in den Irrenanstalten unzählige!"

Ich will nun versuchen, an der Hand der mir vorliegenden Literatur eine Übersicht über die Zahl der gefährlichen Geisteskranken zu geben, wobei ich besonders auf die Angaben Aschaffenburgs in dem diesbezüglichen Abschnitt seines Werkes: „Die Sicherung der Gesellschaft gegen gemeingefährliche Geisteskranke" Bezug nehme.

Gutsch fand unter den in die Strafanstalt in Bruchsal während eines Zeitraumes von 12 Jahren aufgenommenen Sträflingen 3,15%, Geisteskranke. Nach Moritz waren unter dem Bestande der Gefangenen in Graudenz 3,5%, nach Sommer unter den Sträflingen in Allenberg 2,5—5% Geisteskranke. Delbrück kam 1875 auf Grund 30jähriger Erfahrung im Zuchthause und Gefängnis in Halle zu dem Ergebnis, daß von den Zuchthausgefangenen 5% geisteskrank seien. Langreuter berechnete im Jahre 1887 die Zahl der verbrecherischen Geisteskranken in Preußen auf ca. 900, die der geisteskranken Verbrecher auf ca. 1200 Personen. Die Zahl der unheilbaren gefährlichen Geisteskranken schätzte er auf 1000, von denen 600 in Strafanstalten, 400 in Irrenanstalten sich befänden. Von diesen 1000 Kranken bezeichnet er 300, die besondere Maßnahmen erfordern, 100 in Irrenanstalten befindliche und 200 geisteskranke Verbrecher. Nach Baer befinden sich unter den Gefangenen wenigstens 2—3% Geisteskranke. In der Begründung der bereits mehrfach erwähnten Petition des Magistrats der Stadt Berlin wird mitgeteilt, daß sich am 1. Juli 1910 in den Berliner städtischen Irrenanstalten 506 gemeingefährliche Geisteskranke befanden, und diese Zahl der Durchschnitt der letzten Jahre sei. Nach einer Aufstellung des Polizeipräsidenten von Berlin für das Jahr 1910 wird in Berlin durchschnittlich täglich 1 gemeingefährlicher Geisteskranker im Interesse der öffentlichen Sicherheit den Irrenanstalten der Stadt Berlin von den Polizeirevieren zugeführt. Dazu kommen jährlich noch mindestens 50 geisteskranke Strafgefangene aus der Irrenabteilung des Strafgefängnisses Moabit.

Die Zahl der Vorbestraften ist unter den in Irrenanstalten untergebrachten Geisteskranken eine ganz erhebliche. In Dalldorf waren im Jahre 1908 —23,2%, in Herzberge 37,67%, in Buch 16,4%, in der Berliner städtischen Anstalt für Epileptische in Wuhlgarten 67% der Aufgenommenen vorbestraft. In Brieg waren unter den Aufgenommenen 21%, in Eberswalde 33,4%, in Neustadt 33%, in den rheinischen Irrenanstalten 23,5%, in Eichberg 49% vorbestraft. Nach den Angaben von Kundt waren in den bayrischen Irrenanstalten am 1. Januar 1910 979 kriminelle Männer und 197 Frauen untergebracht. In Eglfing waren 23,5%, in Gabersee 13,6%, in Deggendorf 31,4%, in Regensburg 20,5%, in Bayreuth 11,3%, in Kutzenberg 36%, in Erlangen 20,6%, in Ansbach 18,8%. in Werneck 17,2%, in Kaufbeuren 20,0%, in Klingemünster 28,4%, in Homburg 9,7% des Bestandes vorbestraft.

Kullmann (Tatsachenmaterial über die Häufigkeit geistiger Störungen in den hessischen Strafanstalten und ihre Behandlung, Jur. Psych. Grenzfragen 1908, Bd. VI, H. 7) berichtet auf Grund 7jähriger Anstaltstätigkeit in Butzbach und Marienschloß, daß in der Einzelhaft 2,5 bzw. 2,8%, in Gemeinschaftshaft 1,7% der Gefangenen geisteskrank waren. Aschaffenburg stellte fest, daß unter 54 männlichen Kranken, die sich am 18. November 1899 in der Heidelberger psychiatrischen Klinik befanden, 23 = 43% mit dem Strafgesetz in Konflikt geraten waren. 15 von ihnen waren vorbestraft, 8 wegen Geisteskrankheit nicht angeklagt oder auf Grund des § 51 StGB. freigesprochen worden. Dazu kamen noch 16, die leichtere Vergehen begangen hatten. In $8^1/_2$ Jahren fand Aschaffenburg in der genannten Klinik 279 Kranke, die kriminelle Handlungen begangen hatten. Von diesen 279 Kranken erklärte er 252 als völlig harmlos, 14 als erheblich gefährlich, 13 als minder gefährlich. Nach Hegar waren im Jahre 1906 von 327 männlichen Kranken der Heidelberger psychiatrischen Klinik 32 Kriminelle. In der badischen Heil- und Pflegeanstalt Wiesloch befanden sich am 31. Dezember 1910 unter 571 männlichen Kranken 163 = 28,5% Kriminelle; in den 4 badischen Pflegeanstalten waren im Juli 1908 von 1774 männlichen Kranken 348 = 19,45% Vorgestrafte. In Baden wurden im Juli 1908 in den Landesirrenanstalten 122 Kranke gezählt, die aus den Strafanstalten, der Irrenabteilung in Bruchsal und dem Arbeitshaus in Kislau dorthin übergeführt worden waren. Aschaffenburg teilt mit, daß nach Angabe von Westphal sich am 1. August 1908 in der Heil- und Pflegeanstalt in Bonn unter 405 geisteskranken Insassen sich 75 Kriminelle = 18,5% befanden, von denen

28 als in hohem Grade gefährlich bezeichnet wurden. Demselben Autor teilte Oberarzt Dr. Mönkemöller mit, daß unter 310 Kranken der Hauptanstalt der Heil- und Pflegeanstalt in Hildesheim 80 = 25,8% Kriminelle waren, von denen 26 für hochgradig gemeingefährlich erklärt wurden. Nach Oßwald befanden sich am 15. November 1907 in der hessischen Landesirrenanstalt Goddelau unter dem Bestande von 708 kranken Männern 62 Vorbestrafte, 111 verbrecherische Geisteskranke und 33 geisteskranke Verbrecher, insgesamt also 206 = 26,3% Kriminelle. Kriminelle Geisteskranke im engeren Sinne also verbrecherische Geisteskranke und geisteskranke Verbrecher waren 144 = 20,33% vorhanden. Die Zahl der geisteskranken Verbrecher allein betrug 4,6%, die der verbrecherischen Geisteskranken allein 15,67% und die der Bestraften — die Gruppe der Vorbestraften und der geisteskranken Verbrecher umfassend — 12%. Oßwald betont nachdrücklich, daß die überwiegende Mehrheit der Kriminellen harmlose Kranke sind. „Die meisten Kriminellen sind durch ihre Krankheitsäußerungen selbst so in Anspruch genommen, oder es tritt nach nicht langer Zeit eine solche geistige Schwäche oder gar Verblödung auf, daß $^2/_3$ bis $^3/_4$ dieser Kranken dadurch ganz aus dem Rahmen der Kriminalität herausfallen, sich in keiner Weise mehr von unbescholtenen Kranken unterscheiden und der Irrenanstalt keinerlei besondere Schwierigkeiten bereiten." Kullmann wies darauf hin, daß in Hessen außer der psychiatrischen Klinik in Gießen vier große Irrenanstalten mit einer Aufnahmefähigkeit von 2500 Kranken vorhanden seien, und diesen ein jährlicher Bestand von 15 geisteskranken Gefangenen gegenüberstehe. In 7 Jahren sei im Durchschnitt jährlich für 4,9 Gefängnisgefangene und 1,7 Zuchthausgefangene die Aufnahme in einer Irrenanstalt beantragt worden. Heilbronner teilt mit, daß im Jahre 1902 aus den sechs preußischen Irrenabteilungen 203 Geisteskranke in Irrenanstalten übergeführt wurden. Die Zahl der wirklich „gefährlichen Verbrecher" unter diesen 203 geisteskranken Verbrechern berechnet er „auf höchstens 25 bis 30 Überwiesene." „Alle übrigen stellen trotz ihrer kriminellen Vergangenheit bei geeigneter Behandlung harmlose Patienten dar." Heilbronner stellt weiter fest, daß Ende der 90er Jahre bei einer jährlichen Aufnahme von 10 000 männlichen Kranken ein Durchschnittsbestand von 17 000 männlichen Kranken in den preußischen Irrenanstalten vorhanden war, und vertritt die Ansicht, „daß es gelingen wird, in jedem Jahr selbst auf die Dauer 25 bis 30 gefährliche Verbrecher in den Anstalten unterzubringen, immer vorausgesetzt, daß wenigstens alle größeren Anstalten, soweit sie überhaupt chronisch Kranke beherbergen, mit zur Erfüllung dieser lästigen Verpflichtung herangezogen werden".

In den holländischen Irrenanstalten befanden sich nach dem Bericht der Studienkommission im Jahre 1902 etwa 400 bis 500 Kranke, die entweder wegen Geisteskrankheit freigesprochen und vom Gericht den Anstalten zugewiesen oder mit Gefängnis vorbestraft waren. Die Zahl der wirklich gefährlichen Geisteskranken unter diesen wird auf 50 angegeben, also 10% der kriminellen Geisteskranken. Auch Lauritzen bezeichnet unter den in dem schwedischen Kriminalasyl untergebrachten Kranken nur 10% als schwierig.

Aschaffenburg nimmt auf je 1 Million Einwohner 20 gefährliche Geisteskranke an. Bei einer Einwohnerzahl von 70 Millionen würde demnach die Zahl der gefährlichen Geisteskranken im Deutschen Reiche 1400 betragen, wovon auf Preußen (40 Millionen Einwohner) 800, auf Bayern (8 Millionen) 160, Sachsen

(6 Millionen) 120, Württemberg (3 Millionen) 60, Baden (3 Millionen) 60, Hessen (1,5 Millionen) 30 entfallen würden.

Ich bin der Meinung, daß diese Zahlen zu niedrig sind. Für Gegenden mit vorwiegend ländlicher Bevölkerung mag die Zahl von 20 gefährlichen Geisteskranken auf 1 Million Einwohner zutreffen, für Bezirke mit großstädtischer und industrieller Bevölkerung ist diese Zahl aber zu niedrig gegriffen. Ich habe dabei besonders Großstädte wie Berlin, Köln, Breslau und Industriebezirke wie den oberschlesischen und den rheinisch-westfälischen im Auge. Man wird nicht fehl gehen, wenn man für diese die Zahl von 40 gefährlichen Geisteskranken auf 1 Million Einwohner annimmt. Ich will nun noch zwei Fragen beantworten, die immerhin einen gewissen Rückschluß auf die Zahl der gefährlichen Geisteskranken rechtfertigen:

1. Wie hoch ist die Zahl der wegen Geisteskrankheit Freigesprochenen?
2. Wie hoch ist die Zahl der wegen Verfalls in Geisteskrankheit aus der Strafhaft Entlassenen?

Einer Zusammenstellung von C. Moeli (Die Anstaltsaufnahmen zur Vorbereitung eines Gutachtens über den Geisteszustand eines Angeschuldigten (StPO. § 81) und zur Feststellung des Geisteszustandes eines zu Entmündigenden (ZPO. § 656) in Preußen. Psychiatrisch-Neurologische Wochenschrift Nr. 37/38, 1918/19) entnehme ich folgende Angaben:

Das Ergebnis der Begutachtung.

Jahre	Zahl der		Davon eine krankhafte Störung im Sinne des § 51 StGB.			
	Aufnahmen (durchschnittlich)	bestimmten Gutachten	angenommen		nicht angenommen	
				v. H.		v. H.
A. 1901/03	1085 (361)	1055	760	72	295	28
1904/05	915 (457)	886	585	66	301	34
Sa. 1901/05	2000 (400)	1941	1345	69	596	31
B. 1906/08	1727 (575)	1675	996	59	679	41
1909/11	1815 (605)	1776	929	52,3	847	47,7
1912/14	1838 (613)	1791	808	45	983	55
Sa. 1906/14	5380 (598)	5242	2733	52	2509	48
C. 1915	480	466	223	48	243	52
1916	540	523	253	49	270	51
Sa. 1915/16	1020 (510)	989	476	48	513	52

In den 15 Jahren 1901 bis 1916 ist demnach jährlich im Durchschnitt in 303 Fällen in Preußen eine krankhafte Störung im Sinne des § 51 StGB. angenommen worden.

Nach der preußischen Statistik der Strafanstalten und Gefängnisse unter dem Ministerium des Innern für 1911 waren: in den Strafanstalten bei einem Durchschnittsbestande von 10 353 Männern unter 4411 Kranken 330 Geisteskranke, bei 762 Frauen unter 399 Erkrankungen 18 Geisteskranke; in den

Gefängnissen bei einem Bestande von 9191 Gefangenen und einer Erkrankungsziffer von 3662 Kranken 252 Geisteskranke.

Im Jahre 1912 erkrankten in den unter Leitung des Ministeriums des Innern stehenden Strafanstalten von 10 484 männlichen Zuchthausgefangenen insgesamt 4489, von diesen 320 an Geistesstörungen, darunter 27 wiederholt; von 770 weiblichen Zuchthausgefangenen erkrankten insgesamt 387, darunter 5 an Geistesstörungen.

In den Gefängnissen erkrankten von 9655 Gefangenen insgesamt 3522, darunter 283 an Geistesstörungen, und von diesen 17 wiederholt.

In den Gefängnissen, die der preußischen Justizverwaltung unterstellt sind, sind im Jahre 1912 bei einem Durchschnittsbestande von 26 006 Männern 739 Fälle von Geistesstörung vorgekommen.

Im Jahre 1912 wurden in den 6 preußischen Irrenabteilungen 803 Personen beobachtet; von diesen gelangten:

303 als nicht geisteskrank oder gebessert oder geheilt in den Strafvollzug zurück,
41 unmittelbar am Strafende in die Freiheit,
6 starben;
27 kamen am Strafende in öffentliche Irrenanstalten,
174 nach Strafunterbrechung in öffentliche Irrenanstalten.

Demnach kamen von 803 in den Irrenabteilungen beobachteten Gefangenen nach Strafunterbrechung oder Strafende 201 in Irrenanstalten.

Durchschnittlich gelangen aus den preußischen Irrenabteilungen jährlich 200 Kranke nach Unterbrechung der Strafe in die öffentlichen Irrenanstalten. Rechnen wir dazu durchschnittlich jährlich 300 Geisteskranke, die auf Grund des §51 StGB. freigesprochen und in Irrenanstalten übergeführt werden, so beträgt die Gesamtzahl der kriminellen Irren und der geisteskranken Verbrecher in Preußen jährlich 500 Köpfe. Von diesen 500 Geisteskranken sind 10 v. H. als gemeingefährlich anzusehen, so daß von den in den preußischen Irrenanstalten aufgenommenen kriminellen Kranken jährlich 50 als besonders schwierig und gemeingefährlich zu erachten sind.

Die Zahl der nichtkriminellen gemeingefährlichen Geisteskranken in den Irrenanstalten kann auch nicht annähernd angegeben werden. Für eine derartige Statistik ermangelt es jeder Grundlage.

IV. Abschnitt.

Gemeingefährlichkeit und Entmündigung.

Es ist eine alte Streitfrage, ob und inwiefern die Gemeingefährlichkeit eines Geisteskranken einen Grund zur Entmündigung abgeben kann. Ernst Schultze hat sich mit dieser Frage wiederholt, zuletzt in einer Abhandlung: „Über Gemeingefährlichkeit Geisteskranker", Zeitschr. f. Medizinalbeamte, 32. Jahrg. 1919. H. 4, eingehend befaßt und ist zu einem völlig ablehnenden Standpunkt gelangt Dieser Auffassung schließe ich mich in vollem Umfange an. Die Gemeingefährlichkeit hat mit der Entmündigung gar nichts zu tun. Das geht aus der Entstehungsgeschichte und dem klaren Wortlaut des § 6 BGB., der Rechtssprechung und der Literatur mit unzweifelhafter Gewißheit hervor. Da aber trotzdem immer wieder die Gemeingefährlichkeit eines Geisteskranken in Beziehung zu der Frage der Entmündigung gebracht wird, sehe ich mich genötigt, auf diese Frage näher einzugehen. Nach § 6 Abs. 1 BGB. kann entmündigt werden, wer infolge Geisteskrankheit oder Geistesschwäche nicht imstande ist, seine Angelegenheiten zu besorgen.

Der Zweck der Entmündigung wegen Geisteskrankheit oder Geistesschwäche besteht darin, daß der Kranke, seine Angehörigen oder andere durch diese Maßnahme vor Schaden bewahrt werden sollen. Voraussetzung der Entmündigung wegen Geisteskrankheit oder Geistesschwäche ist „die Unfähigkeit des Kranken, seine Angelegenheiten zu besorgen", d. h. die Gesamtheit seiner Lebensverhältnisse, seine Vermögensangelegenheiten, seine Beziehungen zu seiner Familie und der Außenwelt überhaupt vernunft- und sachgemäß zu regeln. Es erhebt sich nun die Frage, ob die Gemeingefährlichkeit als solche allein den Grund zu der Entmündigung eines Geisteskranken abgeben kann. Das Reichsgericht hat sie verneint (Entsch. im Zivils. Bd. 38, S. 191—194), in dem es ausführte:

„So wenig Gemeingefährlichkeit an sich ein Grund zur Entmündigung ist, so wenig kann sie selbst in Verbindung mit einer krankhaften Störung der Geistestätigkeit für sich allein die Entmündigung rechtfertigen. Voraussetzung für letztere bleibt immer, daß die Störung die selbständige zweckentsprechende Besorgung der eigenen Angelegenheiten ausschließt oder doch wesentlich beeinträchtigt. Solange daher trotz Störungen der Geistestätigkeit Handlungsfähigkeit besteht, ist die Entmündigung nicht zulässig, selbst wenn der den Störungen Unterliegende eine Gefahr für die öffentliche Ordnung sein sollte. Hieran ist auch durch die Mitwirkung der Staatsanwaltschaft am Entmündigungsverfahren nichts geändert worden."

In Übereinstimmung mit diesen Ausführungen des Reichsgerichts war bereits in der preußischen Ministerialverfügung vom 28. November 1899 betont worden:

„Aus einem anderen als dem bezeichneten Grunde (d. i. Unvermögen zur Besorgung der Angelegenheiten) darf die Entmündigung nicht erfolgen, insbesondere nicht lediglich aus polizeilichen Rücksichten oder in ausschließlichem Interesse anderer Personen."

Das Bestreben, die Entmündigung eines Geisteskranken oder Geistesschwachen ausschließlich wegen Gemeingefährlichkeit herbeizuführen, hat zwei Gründe. Einmal wird die Entmündigung als geeignetes Mittel angesehen, um bei einem Gemeingefährlichen die Begehung neuer Straftaten zu verhindern. Daß die Entmündigung nach dieser Richtung völlig versagt, lehrt die tägliche Erfahrung an den Gerichten. Ich habe es oft erlebt, daß wegen Geisteskrankheit Entmündigte wegen schwerer Delikte angeklagt und verurteilt wurden. Die Entmündigung bietet demnach nicht die geringste Gewähr für die Verhütung von Straftaten durch die Entmündigten. Daß die Entmündigung weder die strafrechtliche (§ 51 StrGB.) noch die zivilrechtliche Verantwortlichkeit (§ 827 BGB.) zu Folge hat, sei nur nebenbei erwähnt. Der zweite Grund dafür, daß die Entmündigung bei Gemeingefährlichkeit eines Geisteskranken immer wieder gefordert wird, liegt in der weitverbreiteten, aber durchaus irrigen Meinung, daß nur der Entmündigte in einer Anstalt interniert werden könne. Die Entmündigung hat mit der Anstaltunterbringung gar nichts zu tun. Mit Recht sagt Schultze:

„Die Unsinnigkeit der Verknüpfung beider Begriffe ergibt sich schon aus der Tatsache, daß nicht jeder Entmündigte interniert und nicht jeder Internierte entmündigt zu werden braucht.“ Deshalb ist auch die Bestimmung, die sich in vielen Anstaltsreglements findet, daß ein Geisteskranker aus der Irrenanstalt entlassen werden muß, wenn dessen Entmündigung aufgehoben wird, völlig unsinnig. Eine derartige Vorschrift zeugt von einer völligen Verkennung des Wesens und der Bedeutung der Entmündigung. So sagt auch Moeli:

„Das Vermögen zur Besorgung der Angelegenheiten und die Anstaltspflegebedürftigkeit sind ganz verschiedene Fragen. Die letztere ist von dem Vorliegen der Voraussetzung des § 6 Z. 1 BGB. allein keineswegs abhängig.“ (Die Fürsorge für Geisteskranke, S. 58.)

Den grundsätzlichen Unterschied zwischen der Wirkung der Entmündigung und der Anstaltsverwahrung hat Ernst Schultze immer wieder scharf betont. So schreibt er in den Bemerkungen zum Vorentwurf des Strafgesetzbuches, 1910, S. 70:

„Die Entmündigung setzt voraus, daß der zu Entmündigende infolge seiner geistigen Störung seine Angelegenheiten nicht zu besorgen vermag, die Verwahrung, daß der zu Internierende infolge seiner geistigen Störung die öffentliche Sicherheit gefährdet. Die Entmündigung zielt dahin, daß der zu Entmündigende bestimmter ihm zustehender Rechte beraubt wird, die an seiner Stelle der Vormund erhält. Droht der zu Entmündigende, sein Vermögen zu verschwenden, oder vernachlässigt oder mißbraucht er die ihm als Familienoberhaupt zustehenden Rechte, so tritt an seine Stelle der Vormund in einem Maß und Umfange, der bei den beiden Entmündigungsarten verschieden ist. Das Internierungsverfahren dagegen hat damit seinen Zweck erfüllt, daß der Geistesgestörte in einer Anstalt untergebracht wird und erst dann wieder entlassen wird, wenn er unbedenklich in der Freiheit verbleiben kann. Die Entmündigung erfolgt im Interesse des Einzelnen, die Verwahrung im Interesse der Gesellschaft, freilich nicht ausschließlich, aber doch ganz überwiegend. Denn die Entmündigung wird, sofern sie bekannt ist, die Abwicklung von Rechtsgeschäften mit dem Entmündigten verhüten und somit den anderen vor Schaden bewahren können. Die Verwahrung schützt auch das Individuum selbst vor den Nachteilen, die mit der Einleitung eines Strafverfahrens immerhin verbunden sein können; sie kann für ihn von materieller Bedeutung sein im Hinblick auf § 829 BGB.

Also sind Entmündigung und Verwahrung grundsätzlich verschieden: sie haben nicht das geringste miteinander zu tun, so oft ihre Verquickung auch heute noch vorgenommen wird.“

Die Entmündigung hat in erster Linie privatrechtlichen, die Anstaltsverwahrung polizeilichen Charakter. Wenn bei einem Geisteskranken oder Geistesschwachen neben der Behinderung, seine privatrechtlichen Angelegenheiten zu besorgen, Gemeingefährlichkeit besteht, so ist die Voraussetzung zur Entmündigung gegeben, und kann die Gemeingefährlichkeit mit herangezogen werden, um die Unfähigkeit zur Besorgung seiner Angelegenheiten bei dem zu Entmündigenden zu begründen.

In Übereinstimmung mit Ernst Schultze wende ich mich aber entschieden dagegen, daß die Gemeingefährlichkeit eines Geisteskranken allein oder doch vorwiegend zur Grundlage der Entmündigung gemacht wird.

Daß diese Ansicht nicht allgemein geteilt wird und insbesondere von seiten vieler Staatsanwälte Widerspruch erfahren hat, ist bekannt, doch halte ich die Einwendungen nicht für berechtigt. Die Gegner meiner Auffassung stützen sich darauf, daß es eine wichtige Angelegenheit sei, sich von Gesetzwidrigkeiten fernzuhalten.

„Wird ihre Besorgung durch Geistesstörung behindert, so ist es nicht abzuweisen, daß unter Umständen durch die Bestellung eines Vormundes nach Entmündigung der Kranke vor nachteiligen Folgen geschützt werden könne, sofern dadurch seine Lebensführung erleichtert und durch Aufsicht dem Vermögen begegnet wird, gesetzwidrige Handlungen zu verüben.“ (Moeli, Die Fürsorge für Geisteskranke, S. 58, 59; Dittrichs Handbuch „Der Sachverständigentätigkeit“. 1908, Bd. 8, S. 245.) Jakoby ist der Ansicht, daß auch solche Personen, welche ohne in der Verwaltung ihres Vermögens zu einem gerechten Vorwurfe Anlaß zu geben, infolge heftiger Gefühlsaufwallungen, zeitweiser Wutausbrüche, oder oft wiederkehrender lärmender Aufregungen die Sicherheit ihrer Angehörigen und der sonstigen Umgebung gefährden, des vormundschaftlichen Schutzes bedürfen, und Endemann erklärt, die Entmündigung sei objektiv notwendig durch die Rücksicht auf das Wohl und die Sicherheit der Angehörigen, zumal der Ehegatten und der Kinder, die physisch und psychisch unter dem Kranken zu leiden haben, und die Allgemeingefährlichkeit des Kranken (Mordlust, Brandstiftung usw.) gebe einen absoluten Grund zur Entmündigung ab. (Zitiert nach Schultze in Hoches Handbuch der gerichtlichen Psychiatrie, 2. A. S. 239—240.)

Dem steht aber die oben erwähnte Reichsgerichtsentscheidung vom 17. November 1896 entgegen. Ferner muß demgegenüber hervorgehoben werden, daß es im § 6 BGB. ausdrücklich heißt:

1. Wer infolge von Geisteskrankheit oder von Geistesschwäche seine Angelegenheiten nicht zu besorgen vermag;
2. wer infolge von Trunksucht seine Angelegenheiten nicht zu besorgen vermag, oder sich oder seine Familie der Gefahr des Notstandes aussetzt oder die Sicherheit Anderer gefährdet.“

Ob es zweckmäßig war, die Gefährdung der Sicherheit Anderer als Grund zur Entmündigung wegen Trunksucht besonders hervorzuheben, mag dahingestellt bleiben. (Siehe auch „Schultze in den Bemerkungen“, S. 72, 73). Jedenfalls geht aus dem Fehlen dieser Bestimmung in Abs. 1 des § 6 BGB. klar hervor, daß es nicht in der Absicht des Gesetzgebers gelegen hat, die Gefährdung der Sicherheit Anderer zum alleinigen oder auch nur vorwiegenden Grunde der Entmündigung wegen Geisteskrankehit oder Geistesschwäche zu machen, vielmehr von einer derartigen Vorschrift Abstand genommen worden ist.

In neuerer Zeit mehren sich die Stimmen, die die Entmündigung eines Geisteskranken bei Bestehen von Gemeingefährlichkeit verlangen: „V. Liszt empfahl, dem § 6 BGB. als Ziffer 4 beizufügen: „Wer infolge von Geisteskrankheit oder verminderter Zurechnungsfähigkeit als gemeingefährlich erscheint.“ Homburger, Heß und Craasemann traten für die Entmündigung jugendlicher Psychopathen ein. Nach Art. 369 des Schweizerischen Zivil-Gesetzbuches vom 10. Dezember 1907 soll die Entmündigung auch dann erfolgen, „wenn eine Person die Sicherheit anderer gefährdet“. Eine ähnliche Bestimmung enthält der österreichische Entwurf. Staatsanwalt Dr. Schläger in Hamburg hat in der Deutschen Strafrechts-Zeitung (5. Jahrg. H. 9/10, S. 295, 296 unter dem Titel: „Sicherungsmaßnahmen gegen gemeingefährliche Verbrecher" eine Schilderung der Entmündigung bei Gemeingefährlichkeit Geisteskranker und Geistesschwacher gegeben, wie sie in Hamburg durchgeführt wird. Schläger sagt in diesem Artikel: Rechtliche Bedenken gegen die Anwendung der Entmündigung gegen geisteskranke und geistesschwache Verbrecher werden nicht bestehen. Allgemein ist anerkannt, daß die Unfähigkeit zur Besorgung der eigenen Angelegenheiten sich nicht beschränkt auf Vermögensrechte, sondern die Vornahme von Rechtshandlungen aller Art, die Sorge für die eigene Person des Entmündigten und die seiner Obhut unterstellten Angehörigen sowie die Wahrnehmung öffentlicher Pflichten mit umfaßt. Wer unter dem Drucke seiner geistigen Veranlagung dauernd strafbare Handlungen begeht und von Gefängnis zu Gefängnis wandert, gefährdet sich und andere und ist unfähig, seine Angelegenheiten zu besorgen. — Von diesem Gesichtspunkt geleitet, hat man in Hamburg Maßnahmen getroffen, um die Entmündigung und die Internierung im Rahmen der bestehenden Gesetze zur Bekämpfung des gewerbsmäßigen Verbrechertums heranzuziehen. — Antrag auf Entmündigung wird gestellt, wenn der geisteskranke oder geistesschwache Verbrecher gemeingefährlich ist."

Diesen Weg halte ich für durchaus falsch und rechtlich nicht begründet. Die Entmündigung eines Geisteskranken oder Geistesschwachen wegen Gemeingefährlichkeit widerspricht der Vorschrift in Ziffer 1 des § 6 BGB. und wird in der bekannten Reichsgerichtsentscheidung vom 17. November 1896 als unzulässig abgelehnt. Das Hamburger Verfahren läuft darauf hinaus, den gemeingefährlichen Geisteskranken oder Geistesschwachen zu entmündigen und dadurch die Grundlage für die Internierung in einer Anstalt zu schaffen. Es ist aber bereits oben wiederholt darauf hingewiesen worden, daß Entmündigung und Anstaltsinternierung nicht das geringste miteinander zu tun haben. Die Entmündigung bildet nicht die Grundlage der Anstaltsinternierung. Die Entmündigung soll in erster Linie einen Schutz des Kranken und seiner Angehörigen in privatrechtlicher Beziehung herbeiführen, aber nicht ausschließlich oder vorwiegend polizeilichen Charakter tragen. Ich darf wohl die Frage aufwerfen, was denn mit dem wegen Gemeingefährlichkeit Entmündigten und in einer Irrenanstalt Untergebrachten geschehen soll, wenn die geistige Erkrankung geheilt oder doch wesentlich gebessert ist. Dann muß er trotz seiner Gemeingefährlichkeit und der Entmündigung aus der Irrenanstalt entlassen werden, denn der Grund der Anstaltsbehandlung, die geistige Erkrankung, ist in Wegfall gekommen, dann ist die Entmündigung hinsichtlich der Gemeingefährlichkeit des Entmündigten völlig bedeutungslos. Ebensowenig wie sie zu der strafrechtlichen Verantwortlichkeit in Beziehung steht, ebensowenig hat sie irgendwelchen Zusammenhang mit der Anstaltsinternierung.

Daß die Gemeingefährlichen, mögen sie nun geistig gesund oder geisteskrank sein, unschädlich gemacht werden müssen, darüber besteht keine Meinungsverschiedenheit. Ich bin der Ansicht, daß dies am zweckmäßigsten durch ein besonderes Internierungsverfahren geschieht, wie es von verschiedenen Seiten vorgeschlagen ist. Die Entmündigung ist nach dieser Richtung ein ganz ungeeignetes Mittel.

Nun wird von mehreren Autoren (Moeli, Hübner) darauf hingewiesen, daß bei der überwiegenden Mehrzahl der gemeingefährlichen Geisteskranken und Geistesschwachen neben der Gemeingefährlichkeit andere Voraussetzungen zur Entmündigung gegeben seien, so daß die Frage der Entmündigung wegen Gemeingefährlichkeit praktisch nicht von großer Bedeutung sei. Das mag in vielen Fällen zutreffen, aber so selten wie Hübner annimmt, sind die Fälle, in denen Gemeingefährlichkeit allein oder doch vorwiegend zur Grundlage der Entmündigung gemacht wird, denn doch nicht. Ich weise auf den von Schultze mitgeteilten Fall (Handbuch der gerichtlichen Psychiatrie, S. 240, 241) hin und nehme besonders Bezug auf den Fall, den Hübner in seinem Lehrbuche der forensischen Psychiatrie schildert (siehe auch Ärztliche Sachverständigen-Zeitung, 1913, S. 68). Der letztere Fall zeigt auch deutlich, daß die Entmündigung bei Gemeingefährlichkeit völlig versagen kann. Ein Viehhändler war wegen Geisteskrankheit entmündigt worden. Trotzdem setzte er sein gemeingefährliches Treiben, das in mündlichen und schriftlichen Beleidigungen von Beamten bestand, in unveränderter Weise fort. Schließlich wurde der Geisteskranke auf Veranlassung der Staatsanwaltschaft durch die Polizei in einer Irrenanstalt untergebracht. Die gegen diese Unterbringung gerichtete Klage wurde aber von dem Oberverwaltungsgericht mit der Begründung abgewiesen, der Viehhändler sei als eine gemeingefährliche Person anzusehen, welche in einer Anstalt interniert werden müsse. Nach § 10, II, 17 des Allgemeinen Landrechts, welcher nach wie vor in der ganzen Monarchie gelte, gehöre es zu den Aufgaben der Polizeibehörde, unmittelbar drohende Gefahren vom Publikum abzuwenden.

Durchaus zutreffend und klar ist das zusammenfassende Urteil Schultzes (Handbuch S. 244): „Bedingt die Psychose nur Gemeingefährlichkeit, aber keine zivilrechtliche Schädigung, so bringe man den Kranken in die Anstalt.

Bedarf er eines Vertreters, so gebe man ihm einen solchen in der Form des Pflegers! Man wende aber nicht das ganz untaugliche und nur zu Mißverständnissen führende Mittel der Entmündigung an.“

V. Abschnitt.

Die Schwierigkeiten der Behandlung der gefährlichen Geisteskranken in den gewöhnlichen Irrenanstalten.

Die Klagen über die Schwierigkeiten der Unterbringung der gefährlichen Geisteskranken in den öffentlichen Irrenanstalten sind so alt wie dieses Problem überhaupt und in den beiden letzten Jahrzehnten immer eindringlicher geäußert worden. Eine Untersuchung darüber, inwiefern sie begründet sind, ist daher nicht zu umgehen. Übersieht man die vorliegende Literatur nach dieser Richtung, so ist zunächst festzustellen, daß die Ärzte der öffentlichen Irrenanstalten die Mißstände, die von den kriminellen Kranken in ihren Anstalten hervorgerufen werden, in grellen Farben schildern. Immer wieder wird betont, daß die unbescholtenen Kranken und deren Angehörige sich über die gemeinsame Verpflegung mit kriminellen Elementen beklagen, die Ordnung der Anstalt durch diese Kranken erheblich gestört und vor allem der Charakter der Anstalt als Krankenanstalt dauernd und in hohem Grade gefährdet werde, da besondere Zwangsmaßnahmen bei den kriminellen Kranken zur Verhütung von Entweichungen und tätlichen Angriffen nötig seien, und dadurch eine möglichst freie Behandlung der übrigen unbescholtenen Kranken verhindert werde. Die Irrenanstalten würden durch die Internierung der kriminellen Geisteskranken zu Bewahrungsanstalten und einer besonderen Abart von Gefängnissen degradiert. Sowohl auf die anderen Kranken wie auf das Pflegepersonal übten die kriminellen Geisteskranken einen höchst nachteiligen Einfluß aus. Oßwald faßt das Ergebnis seines Referates: „Inwiefern stören die kriminellen Geisteskranken den Betrieb der gewöhnlichen Irrenanstalt?" (Die Fürsorge für gefährliche Geisteskranke, Juristisch-psychiatrische Grenzfragen, VI. Bd., H. 7) in folgende Sätze zusammen:

„Sie (die Überhäufung der gewöhnlichen Irrenanstalten mit kriminellen Elementen) bedeutet für die unbescholtenen Kranken eine Plage, für das Anstaltspersonal und die öffentliche Sicherheit eine Quelle steter Beunruhigung und Gefahr. Sie bürdet dem Anstaltsleiter eine große Verantwortung auf und ist geeignet, die Bestrebungen der modernen Psychiatrie nahezu illusorisch zu machen." Demgegenüber wird von verschiedenen Autoren erklärt, daß bei richtiger Verteilung der kriminellen Elemente auf sämtliche in Betracht kommenden Irrenanstalten die Schwierigkeiten der Unterbringung und gemeinsamen Verpflegung der kriminellen mit den unbescholtenen Kranken keine allzu großen seien. Aus der älteren Literatur ist in dieser Hinsicht das Urteil Sanders aus dem Jahre 1886 bemerkenswert, daß auch der wesentlichste Einwand, der gegen die Aufnahme der irren Verbrecher in die gewöhnlichen Irrenanstalten erhoben werden könnte, nicht stichhaltig ist. Mögen sie auch manche Störungen mit sich bringen, sie sind diese doch quantitativ und qualitativ nicht so hoch anzuschlagen, um ihnen gegenüber ein anderes Verfahren als den anderen Geisteskranken gegenüber einzuhalten. Die freiere Entwicklung der Irrenanstalten wird durch sie nicht geschädigt werden, wenn man nicht entweder darunter eine schablonenmäßig gleiche Behandlung aller Geisteskranken versteht, oder sie durch Entfernung der schwieriger zu behandelnden Kranken zu einer nur scheinbaren machen will."

Der erste Punkt der Beschwerden, die Klage über die gemeinsame Verpflegung von nicht vorbestraften mit kriminellen Kranken, ist praktisch nicht von großer Wichtigkeit. Es kommt wohl hin und wieder vor, daß andere Kranke oder deren Angehörige sich über das Zusammensein mit vorbestraften Kranken beklagen, doch stimmen die Irrenärzte darin überein, daß diese Klagen, die meist von Kranken ausgehen, deren Vorleben selbst nicht einwandfrei ist, und von der Tagespresse kritiklos wiederholt werden, um Eindruck auf die breite Masse zu machen, übertrieben und zum großen Teil unberechtigt sind. Sander schrieb im Jahre 1886:

> „Wenn dem Verfasser heute die Frage vorgelegt würde, ob nicht doch die anderen Kranken sich mitunter über das Zusammenleben mit irren Verbrechern beschwert haben, so würde er antworten: „Gewiß, hin und wieder ist es vorgekommen, aber was für Patienten waren das, die sich beschwerten? Meist selbst solche, deren Vorleben nicht ganz tadelsfrei war, oder solche, die an räsonnierender Manie und ähnlichen Zuständen leidend, alle die kleinen Schwächen und Übelstände des Anstaltslebens, die ja unvermeidlich sind, mit besonderem Talent aufspüren und dem Arzte vorzuhalten pflegen. Aber es ist auch ein wohl zu beachtender Unterschied, ob sich ein Kranker über

diesen Umstand beschwert, oder beklagt, oder ob er wirklich im Innern davon unangenehm berührt wird. Daß ein Irrenarzt die Frage, ob ein Patient sich nach seiner wirklichen völligen Genesung über das Zusammenleben mit irren Verbrechern beschwert hat, bejahen wird, dürfte sehr zu bezweifeln sein.“

Selbst Schaefer, der sich im übrigen scharf gegen die von Sander in seinem Buche niedergelegten Anschauungen und die Unterbringung der irren Verbrecher in den öffentlichen Irrenanstalten wendet, muß zugeben, „daß das (der Einfluß der Anwesenheit der irren Verbrecher auf den Charakter der anderen Kranken, ihr Verhalten und somit die allgemeine Behandlungsmethode) nicht allzu schlimm ist, daß es auch unbescholtene Kranke gibt, die alles demolieren, die angreifen und konspirieren, daß nach Fernhaltung der irren Sträflinge und Gewohnheitsverbrecher doch noch viele vorbestrafte Personen in den Irrenanstalten verbleiben würden“. Moeli hebt hervor, daß er Klagen über das Verhalten der verbrecherischen Geisteskranken in der Irrenanstalt nicht vernommen habe. „Anders liegt jedoch bei uns,“ so fährt er fort, „die Sache hinsichtlich eines Teiles der gewohnheitsmäßigen Eigentumsverbrecher, welche nach oft wiederholter Bestrafung, sei es aus der Untersuchung, sei es aus der Strafhaft, der Anstalt zugehen. In unserer Anstalt — Dalldorf — sind derartige Kranke so zahlreich vertreten, daß der Neueintretende frühere Bekanntschaften erneuert, und daß ein Teil dieser Personen, statt unter der Menge der Kranken zu verschwinden, sich zusammen und von den übrigen abschließt. Auch unter diesen Kranken geben viele in keiner Hinsicht Anlaß zur Klage. Einzelne aber erwecken in der Tat, und zwar nicht in erster Linie durch ihre verbrecherische Vergangenheit, sondern durch ihre Individualität und ihr Auftreten, namentlich durch die Roheit ihrer Äußerungen, berechtigte Abneigung bei der Umgebung. Was nun die Meinung der Angehörigen oder des großen Publikums über die Zusammenbringung bestrafter und unbestrafter Irrer betrifft, so ist diese bei den Berliner Verhältnissen von geringer Bedeutung. Sorgen doch skandalsüchtige Blättchen, welche jedes Ereignis in der Anstalt, das einen bestraften Kranken betrifft, berichten und harmlose Vorfälle der urteilslosen Menge phantasiereich ausschmücken, genügend für die Aufrechterhaltung von Vorurteilen“. Auch Heilbronner hält den Einwand, die übrigen Kranken bzw. ihre Angehörigen nähmen an dem Zusammensein mit Vorbestraften und Verbrechern Anstoß, nicht für stichhaltig: „In der Klinik in Halle“, so schreibt er, „befand sich jederzeit ein sehr erheblicher Prozentsatz vorbestrafter Individuen; ich habe nie von seiten der unbestraften Mitkranken oder der Angehörigen eine diesbezügliche Klage vernommen; auch schwer beschuldigte Untersuchungsgefangene, Mörder, Einbrecher, Brandstifter haben keinen Anstoß erregt. Ich habe auch nie davon gehört, daß etwa andere Krankenhäuser analoge Bedenken geäußert hätten, wenn geburtshilfliche oder chirurgische Eingriffe die Übernahme von Gefangenen, geschweige denn von Vorbestraften nach Ablauf der Strafe nötig machten; ja noch mehr: auch die Bedenken der Psychiater scheinen sich nur auf Strafgefangene zu beziehen; es wird, wenn überhaupt, nur ganz ausnahmsweise vorkommen, daß ein Anstaltsleiter aus derartigen Erwägungen die Aufnahme eines noch so bedenklichen Untersuchungsgefangenen ablehnt; ihre Aufnahme erfolgt auch in noch so überfüllten Anstalten meist überraschend prompt, außerhalb der Reihe der sonst Angemeldeten und insbesondere der der Übernahme harrenden Gefangenen, trotzdem keiner öffentlichen Anstalt die Verpflichtung zur Aufnahme von Explorานden im Sinne des § 81 StPO. obliegt. Wollte man aber trotz alledem auf derartige Imponderabilien Rücksicht nehmen, so wäre andererseits mit doppeltem Rechte auf die Härte hinzuweisen, die darin liegen würde, wenn ein bis dahin unbescholtener Geisteskranker wegen eines einmaligen Deliktes zum Verbleiben in einer Umgebung gezwungen würde, die sich begreiflicherweise vorwiegend aus vielfach Vorbestraften zusammensetzen würde." Weber weist darauf hin, daß „in breiten Kreisen des Publikums leider auch heute noch ein Mensch vielmehr kompromittiert ist, wenn er eine Zeitlang in einer Irrenanstalt als wenn er im Gefängnis war" und fügt dem noch die Bemerkung hinzu: „Darin haben sich die Verhältnisse seit Delbrück, der dies schon 1875 erwähnt, noch wenig geändert." Bleuler ist der Ansicht, daß nur diejenigen Kranken sich beschwert hätten, die Grund zum Querulieren suchten, und bei diesen könne man mit Sicherheit darauf rechnen, daß sie bei Nichtvorhandensein dieses Grundes einen anderen ähnlichen finden würden. Bezüglich der angeblichen Klagen von Angehörigen unbescholtener Kranker sagt er: „Niemals haben sich die Angehörigen eines Kranken deshalb beklagt." Naecke vermißt den Beweis für die Berechtigung dieser Klagen: „Alle Welt beschwert sich über die Zumutung, Unbescholtene mit Verbrechern zusammensperren zu wollen, und überbietet sich, der letzteren Untugenden und den direkten moralischen Schaden, den sie der Anstalt bringen, in drastischen Farben zu schildern. Wenige denken freilich daran, das zu beweisen."

Mönkemöller wendet sich besonders gegen die Behauptung, daß Klagen über die gemeinsame Verpflegung mit kriminellen Kranken von den Angehörigen unbescholtener Kranker kämen: „Daß sich Verwandte darüber beschwert hätten, ihre Angehörigen müßten mit Verbrechern zusammenhausen, das habe ich in meiner ganzen psychiatrischen Vergangenheit nur in Büchern gelesen. Oßwald berichtet nach seinen Erfahrungen in der hessischen Landesirrenanstalt Philippshospital: „Bringt man, um die übrigen Kranken vor diesen Elementen zu schützen, diese möglichst in einer Abteilung zusammen unter, so bildet sich in dieser bald der reinste „Zuchthauston" heraus, um mich dieses Ausdrucks zu bedienen. Den ganzen Tag wird nur vom „Kittchen", Schlößchen" (Zuchthaus Marienschloß) und dergleichen geredet, so daß sich die übrigen unbescholtenen Kranken darüber beschweren." Mit Recht erklärt Hegar: „Dem Standpunkte, daß Nichtbestrafte nicht mit Bestraften zusammen verpflegt werden dürfen, steht eben der gegenüber, daß die letzteren ohne Rücksicht auf ihre Vergangenheit aufgenommen und als solche behandelt werden müssen."

Rüdin ist der Meinung, daß „wirkliche Nachteile aus dem gelegentlichen Verkehr bescholtener mit unbescholtenen Kranken kaum entspringen. Meist sind es Kranke mit tadelnswertem Vorleben, welche sich über das Zusammensein mit „Verbrechern" beklagen. Andere Kranke wie räsonierende Manien und dergleichen werden sich nach ihrer wirklichen völligen Genesung über das gelegentliche Zusammenleben mit irren Verbrechern kaum beschweren. Wird das Vorleben der Kriminellen vom Arzt und Wartepersonal diskret behandelt, so wird auch mancher Kriminelle sich von anderen Kranken gar nicht unterscheiden. Schließlich muß als Hauptpunkt betont werden, daß überhaupt kein verständiger Irrenarzt, außer er sei durch Platzmangel dazu gezwungen, einen

Kranken zu einem anderen verlegen wird, wenn er weiß, oder nach Lage der Dinge vermuten muß, daß der eine oder der andere durch den Verkehr oder Kontakt mit diesem oder jenem unangenehm berührt, verletzt oder beunruhigt wird". Aschaffenburg „hat so gut wie niemals etwas davon erfahren, daß die Kranken oder deren Angehörige sich tatsächlich über das Zusammentreffen mit kriminellen Elementen beklagt hätten".

Damit stimmen auch meine eigenen Erfahrungen überein. Zusammenfassend möchte ich über diesen Punkt der Klagen sagen, daß er von so geringer Bedeutung ist, daß er kaum in Frage kommt. Ich kann mich des Eindrucks nicht erwehren, daß die Irrenanstaltsärzte nach dieser Richtung in dem Wunsche, die kriminellen Geisteskranken loszuwerden, unbewußt zu schwarz sehen.

Viel wichtiger sind die beiden anderen Gründe, die gegen die gemeinsame Verpflegung der unbescholtenen und der kriminellen Geisteskranken angeführt werden. Da wird zunächst gesagt, die Kranken der letzteren Art übten einen demoralisierenden Einfluß auf die anderen Kranken und das Pflegepersonal aus. Es ist nicht zu verkennen, daß unter den kriminellen Elementen sich eine Anzahl befinden, die einen höchst unheilvollen Einfluß auf die anderen Kranken haben. Alle Autoren stimmen darin überein, daß ein kleiner Prozentsatz der kriminellen Kranken überaus schädlich auf die anderen Kranken einwirkt. Es sind dies reizbare Schwachsinnige, Epileptiker, Hysteriker, Psychopathen und Querulanten, die ständig hetzen und intrigieren. Finden derartige kriminelle Geisteskranke sich in einer Anstalt zahlreich ein, und können sie nicht getrennt gehalten werden, so stellen sie in der Tat eine schwere Gefahr für die Ruhe und Ordnung dar, dann können Revolten und Demolierungen sich ereignen, wie sie aus Dalldorf und Düren aus der ersten Zeit des Bestehens der festen Häuser an diesen Anstalten von Werner und Geller geschildert worden sind. Auch in preußischen Irrenabteilungen sind wiederholt Revolten mit Demolierung der Anstalt vorgekommen, so in Halle, Münster i. W. und Breslau. Es erhebt sich nun die Frage, ob diese Neigung zum Querulieren, Hetzen, Demolieren und Entweichen lediglich eine Eigenschaft der kriminellen reizbaren Schwachsinnigen, Psychopathen, Epileptiker und Hysteriker ist, oder ob sie sich auch bei derartigen Kranken findet, wenn sie nicht kriminell geworden sind. Es ist kein Zweifel, daß das letztere der Fall ist. Die Degenerierten, Epileptiker, Hysteriker, Schwachsinnigen und Querulanten, die nicht mit dem Strafgesetz in Konflikt geraten sind, sind ebenso unangenehm und lästig, ebenso unsozial und schwierig zu behandeln wie die kriminellen Kranken dieser Art. Ich erinnere daran, was Klinke in seinem Vortrage auf der 69. Versammlung des Vereins ostdeutscher Irrenärzte in Breslau am 30. November 1895 erklärte (vgl. S. 34): „Die Neigung der Verbrecher zu Entweichungen und Entweichungsversuchen, zum Komplottieren, Hetzen, Schikanierend es Wartepersonals, zu Gewalttätigkeiten, bei Weibern zu Obszönitäten wird wohl von allen Seiten anerkannt und hervorgehoben, daneben aber auch, und zwar von sehr erfahrener Seite betont, daß derartige üble Eigenschaften auch unseren anderen Geisteskranken wenn nicht zum Teil in höherem Maße, innewohnen, daß die bestraften Individuen, wenn erst in die Anstaltsordnung gewöhnt, fleißige Arbeiter sind, die man unter den andern Kranken in offener Behandlung solange beläßt, wie es nach ihrem jeweiligen Zustande für angezeigt erscheint. — Wohl der Heilanstalt, die solche Elemente in gehäufter Weise nicht beherbergen muß, aber jeder wird mir Recht geben: „Schlimmer wie die oben genannten häufigen Insassen der Pflegeanstalt, Epileptiker usw. sind die schlimmsten unter den Verbrechern auch nicht." In ähnlicher Weise sprach Oßwald sich in der Versammlung der Vereinigung für gerichtliche Psychologie und Psychiatrie im Großherzogtum Hessen am 30. November 1907 in Gießen aus. „Die meisten Kriminellen," so erklärte er, „sind durch ihre Krankheitsäußerungen selbst so in Anspruch genommen, oder es tritt nach nicht langer Zeit eine solche geistige Schwäche oder gar Verblödung auf, daß $^2/_3$ bis $^3/_4$ dieser Kranken dadurch ganz aus dem Rahmen der Kriminalität herausfallen, sich in keiner Weise mehr von den unbescholtenen Kranken unterscheiden und der Irrenanstalt keinerlei besondere Schwierigkeiten bereiten". Ist dies richtig — und nach den Erfahrungen zahlreicher Psychiater kann das nicht bezweifelt werden — so ist nicht die Kriminalität maßgebend für das unsoziale Verhalten dieser Kranken, sondern die Art der psychischen Erkrankung, dann ist es falsch, die Gefährlichkeit dieser Persönlichkeiten nach ihren Vorstrafen zu beurteilen, dann müßte dafür in erster Linie die Art der geistigen Erkrankung herangezogen werden, dann ist der Satz unbedingt richtig, den zuerst Aschaffenburg mit voller Klarheit ausgesprochen hat: „Die Tatsache, daß unter den Kriminellen eine Anzahl schwierig zu behandelnder Kranker sich befindet, verliert dadurch ihren Wert, daß wir die lästigen Eigenschaften in der Hauptsache nicht als abhängig von der verbrecherischen Neigung, sondern als Folge der Erkrankung anzusehen haben."

Die zweite Frage, die auftaucht, ist die, ob die schweren Ausschreitungen der oben bezeichneten kriminellen Kranken, ihre Neigung zu unsozialen Handlungen nicht vermieden oder doch wenigstens wesentlich eingeschränkt werden können. Nach meinen Erfahrungen an vielen Tausenden derartiger Kranker ist dies leicht und ohne Schwierigkeit möglich durch eine richtige psychologische Behandlung. Es ist auch charakteristisch, daß die unangenehmen und zum Teil folgenschweren Komplotte, Demolierungen und Entweichungen der kriminellen Kranken sowohl in den preußischen Irrenabteilungen als in den festen Häusern der Irrenanstalten vorzugsweise in den ersten Jahren des Bestehens dieser Anstalten vorgekommen sind, später, als man die Eigenart dieser Kranken besser kennen gelernt und danach ihre Behandlung eingerichtet hatte, weit seltener sich ereignet haben. Die schweren Erregungszustände vieler psychopathischer Gefangenen in den Strafanstalten und Gefängnissen sind Kunstprodukte und können verhütet werden. In zahlreichen Fällen habe ich gefunden, daß im Strafvollzuge geistig erkrankte Gefangene, die nach den Berichten der Anstaltsvorsteher als außerordentlich gefährlich bezeichnet wurden, innerhalb weniger Tage in der Irrenabteilung sich beruhigten und dann leicht lenksame und harmlose Kranke waren. Die Gefährlichkeit dieser Kranken war ein Kunstprodukt, das durch unverständige und unsachgemäße Behandlung in den Strafanstalten gezüchtet worden war. Auch heute noch sträubt sich eine große Zahl von Anstaltvorstehern und leider auch von Anstaltsärzten gegen die frühzeitige Überweisung von geisteskranken Strafgefangenen in die Irrenabteilungen. Ich habe bereits darauf hingewiesen, daß auch heute noch die Annahme, daß der Geisteskrankheit verdächtige Gefangene simulieren, an der Tagesordnung ist. Die Gefangenen werden in der Regel zunächst mit allen möglichen Disziplinarstrafen belegt und, falls diese nichts fruchten, längere Zeit in den Anstaltslazaretten, meist in Einzelzellen, behalten; erst wenn alle Versuche in der Strafanstalt selbst gescheitert sind, und Erregungszustände, Wahnvorstellungen, Sinnestäuschungen und Verblödungsprozesse eine solche Höhe erreicht haben, daß die Geisteskrankheit auch für jeden Laien offenkundig erkennbar ist, und der Kranke wegen ausgesprochener Erregungszustände, Nahrungsverweigerung oder Unreinlichkeit nicht mehr im Anstaltslazarett behalten werden kann, erst dann wird der Antrag auf Überführung desselben in eine Irrenabteilung gestellt. In dieser tritt nun in der Regel nach wenigen Tagen eine auffällige und bemerkenswerte Änderung in dem Befinden des Kranken ein. In dem Wachsaal bilden die Erregungszustände sich unter geeigneter Behandlung rasch zurück, die Angst und Unruhe schwindet zusehends, der Schlaf und die Nahrungsaufnahme bessern sich, das Körpergewicht steigt an, die Sinnestäuschungen und Wahnideen treten mehr und mehr in den Hintergrund und aus dem tobenden, maßlos schimpfenden, aufs Höchste erregten, reizbaren, uneinsichtigen und unbeeinflußbaren Kranken wird in wenigen Tagen ein gutmütiger, leicht lenksamer, ruhiger und freundlicher Mann. Dieser rasche Wechsel von tobsüchtiger Erregung zu vollständiger Beruhigung ist so auffällig, daß die Ursache der akuten Erregung lediglich in dem ungünstigen Milieu der Strafanstalt und der falschen Behandlung in derselben erblickt werden kann. Würden derartige Kranke rechtzeitig in eine Irrenabteilung übergeführt, so würden die schweren Erregungszustände und damit ihre große Gefährlichkeit vermieden.

Der wichtigste Grund, der gegen die Aufnahme der kriminellen Geisteskranken in den Irrenanstalten immer wieder angeführt wird, ist der, daß die Irrenanstalten durch diese kriminellen Geisteskranken ihren Charakter als reine Krankenanstalten verlieren und zu Bewahrungsanstalten für Verbrecher herabsinken würden. Mit Recht wird von Aschaffenburg, Heilbronner und anderen betont, daß mit noch viel mehr Recht die allgemeinen Krankenhäuser sich über die Einlieferung von körperlich kranken Verbrechern aus den Strafanstalten beschweren könnten, aber noch niemals Schwierigkeiten aus der gemeinsamen Verpflegung von unbescholtenen und vorbestraften Personen in den allgemeinen Krankenhäusern sich ergeben hätten. Aschaffenburg, Heilbronner und Rüdin weisen auch mit Nachdruck darauf hin, daß die Irrenanstalten sich niemals geweigert haben, Untersuchungsgefangene, die auf Grund des § 81 einer Beobachtung ihres Geisteszustandes unterzogen werden sollen, aufzunehmen, obwohl gerade bei diesen eine sichere Verwahrung im Hinblick auf ihre Fluchtverdächtigkeit unbedingt erforderlich ist. Im Gegenteil, die Untersuchungsgefangenen werden gern und meistens alsbald außerhalb der Reihe der angemeldeten Kranken aufgenommen; ihre Begutachtung wird gern übernommen, weil sie eine angenehme Abwechslung in der etwas einförmigen Tätigkeit der Irrenanstaltsärzte bildet und fast die einzige Möglichkeit für den Arzt an einer öffentlichen Irrenanstalt darstellt, neben seinem sicherlich nicht übermäßig hohen Gehalt, eine Einnahme aus seiner psychiatrischen Tätigkeit zu erzielen. Ist es wirklich so schlimm, mit dem ungünstigen Einfluß der kriminellen Geisteskranken auf den Charakter einer Irrenanstalt? Die Irrenanstalten wenden sich nicht so sehr gegen die Aufnahme der auf Grund des § 51 StGB. Freigesprochenen, der verbrecherischen Geisteskranken, als gegen die Aufnahme der aus den Gefangenenanstalten in die Irrenanstalten eingelieferten geisteskranken Verbrecher. Die Zahl der letzteren ist aber so gering, daß sie kaum irgendwie ins Gewicht fällt. Von den 200 Geisteskranken, die jährlich den öffentlichen Irrenanstalten aus den preußischen Irrenabteilungen zugeführt werden, sind, wie oben dargelegt wurde, im Höchstfalle 50 als gefährlich anzusehen. Die übrigen 150 geisteskranken Verbrecher sind harmlose, ruhige, vielfach verblödete Kranke. Es wäre ein Armutszeichen sondergleichen für die praktische Irrenpflege, wenn es nicht gelänge, in sämtlichen preußischen Irrenanstalten 50 geisteskrank gewordene Strafgefangene unterzubringen und sicher zu verwahren. In Baden werden nach Stengel jährlich im Durchschnitt 8—9, in Hessen jährlich 6—7 geisteskranke Strafgefangene in die öffentlichen Irrenanstalten gebracht; von diesen ist nur der 4. Teil gefährlich. Und mit diesen wenigen Kranken sollte die Irrenpflege in den öffentlichen Anstalten nicht fertig werden können?

Gegenüber diesen wenigen gefährlichen geisteskranken Verbrechern, deren Behandlung in den Irrenanstalten sich schwierig gestaltet, ist die Zahl der anderen gefährlichen Geisteskranken in den Irrenanstalten nicht unerheblich größer. Das betont auch Rüdin: „Demgegenüber (d. i. gegenüber den geisteskranken Verbrechern) ist die Summe der nach § 51 freigesprochenen und der unbescholtenen gefährlichen Irren fast in jeder Irrenanstalt, die nicht gerade exklusive Aufnahmebedingungen besitzt, weitaus größer. Diese Kranken aber nimmt der Irrenanstalt niemand ab. Wir müssen mit ihnen fertig werden, wenn wir die moderne Irrenpflege nicht bankerott erklären wollen.“ Das ist auch meine Ansicht. Bei einem großen Teile der in den Irrenanstalten untergebrachten Kranken ist die Anstaltsbehandlung deshalb notwendig, weil diese Kranken wegen ihrer Neigung zu gemeingefährlichen Handlungen dauernd überwacht werden müssen, und deshalb eine Behandlung in der Familie nicht durchführbar ist. Wenn die Irrenanstalten auch diese Kategorie von gefährlichen Geisteskranken ablehnen, und nur die ruhigen, harmlosen Kranken übernehmen würden, so würde das in der Tat den völligen Zusammenbruch der Irrenpflege bedeuten. Es sind auch noch niemals, soweit mir bekannt ist, Stimmen laut geworden, die sich auf einen derartigen Standpunkt gestellt haben.

Sehr auffällig und bemerkenswert ist der Wechsel der psychiatrischen Anschauungen über die Behandlung und Unterbringung der geisteskranken Verbrecher im Laufe der Jahrzehnte, ein Punkt, auf den auch Weber (S. 532) hinweist. Als das Problem in den 60er und 70er Jahren des vorigen Jahrhunderts zuerst diskutiert wurde, da waren es hervorragende Irrenärzte wie Roller, Damerow, Pelmann, die für die baldige Überführung der geisteskranken Verbrecher in die öffentlichen Irrenanstalten eintraten, während die Strafanstaltsärzte wie Gutsch, Delbrück, Moritz, Wiedemeister deren Unterbringung in Strafanstaltsadnexen und möglichst lange Verwahrung in den Gefangenenanstalten befürworteten. Seit den 80er Jahren trat ein völliger Umschwung der Anschauungen ein: Immer dringender forderten die Irrenärzte mit wenigen Ausnahmen die Ausschließung der geisteskranken Verbrecher aus den öffentlichen Irrenanstalten, während die Ärzte an den Gefangenenanstalten und auch Verwaltungsbeamte, wie Krohne, die Entfernung der geisteskranken Gefangenen aus den Strafanstalten und deren Überweisung an die öffentlichen Irrenanstalten verlangten. Wie ist dieser Umschwung in den Anschauungen der Irrenärzte von einem Extrem zum anderen zu erklären und worauf ist die Abneigung gegen die Aufnahme der geisteskranken Verbrecher in die Irrenanstalten zurückzuführen? Es unterliegt keinem Zweifel, daß diese Stellungnahme der Irrenärzte ihren Grund in den Schwierigkeiten hat, die entstehen, wenn die Entlassung der geisteskranken Verbrecher in Frage kommt. Bei der überwiegenden Mehrheit dieser geisteskranken Verbrecher handelt es sich um Schwachsinnige, Degenerierte und Psychopathen, bei denen mit großer Wahrscheinlichkeit angenommen werden muß, daß sie wieder in akute Geistesstörung verfallen werden, wenn sie von neuem den Schädlichkeiten der Strafhaft ausgesetzt werden. Die Ärzte an den Irrenanstalten stehen deshalb bei der Entlassung der geisteskranken Verbrecher vor der schwierigen Frage, ob der Kranke soweit gebessert ist, daß er als strafvollzugsfähig angesehen werden kann. Sobald sie nämlich den Kranken als nicht mehr anstaltspflegebedürftig bezeichnen, fordert die Staatsanwaltschaft als Strafvollstreckungsbehörde die weitere Strafverbüßung und Überführung in eine Strafanstalt. Nun kommt es gar nicht so selten vor, daß ein Kranker, dessen Befinden sich nach kürzerem oder längerem Aufenthalte in der Irrenanstalt gebessert hat, und der der Anstaltsbehandlung nicht mehr bedarf, trotzdem nicht als straferstehungsfähig angesehen werden kann. Den Begriff der Haftunfähigkeit habe ich in meiner Abhandlung: „Strafaufschub und Strafunterbrechung bei Krankheiten" (Zeitschr. f. Medizinalbeamte 1913, H. 11) eingehend erörtert.

Nach dem preußischen Ministerial-Erlaß vom 20. Januar 1853 liegt Haftunfähigkeit nur dann vor, wenn von der Haftvollstreckung eine nahe, bedeutende und nicht wieder gutzumachende Gefahr für Leben und Gesundheit des in Haft zu bringenden zu besorgen ist." Ich würde kein Bedenken tragen, zu bescheinigen, daß in vielen Fällen bei den geisteskranken Verbrechern, die von seiten der Irrenanstaltsärzte als nicht mehr anstaltspflegebedürftig bezeichnet werden, im Falle der Zurückversetzung in den Strafvollzug eine nahe, bedeutende und nicht wieder gutzumachende Gefahr für die Gesundheit zu besorgen ist und Haftunfähigkeit besteht. Was soll nun mit den Betreffenden geschehen? Da sie nicht mehr anstaltspflegebedürftig sind, gehören sie nicht in eine Irrenanstalt, und da sie nicht haftfähig sind, kann eine Internierung in einer Strafanstalt nicht in Betracht kommen. Man hat dieser Schwierigkeit dadurch zu begegnen versucht, daß man anordnete, daß jeder Verurteilte, der wegen Geisteskrankheit aus der Strafhaft entlassen und in einer Irrenanstalt untergebracht worden ist, vor seiner erneuten Überführung in den geordneten Strafvollzug in der Irrenabteilung, die der Irrenanstalt am nächsten gelegen ist, einer neuen Beobachtung seiner Strafvollzugsfähigkeit unterzogen werden muß. Ergibt diese Beobachtung, daß der Betreffende wegen geistiger Störungen nicht strafvollzugsfähig ist, so soll von neuem seine Entlassung aus der Strafhaft und Überführung in eine Irrenanstalt beantragt werden. Allein dieses Verfahren ist ein recht mangelhafter Notbehelf. Der Arzt der Irrenanstalt hat zu begutachten, ob Anstaltspflegebedürftigkeit, der der Irrenabteilung, ob Strafvollzugsfähigkeit vorliegt. Fehlen der Anstaltspflegebedürftigkeit beweist aber, wie bereits oben dargelegt wurde, keineswegs das Vorhandensein von Strafvollzugsfähigkeit.

Die größte Schwierigkeit entsteht aber dadurch, daß den aus dem Strafvollzuge wegen Geisteskrankheit entlassenen und in eine Irrenanstalt übergeführten Kranken die Zeit ihres Aufenthaltes in dieser auf die Strafzeit nicht angerechnet wird. Dieser Frage, die von größter Bedeutung für die Versorgung der geisteskranken Verbrecher ist, habe ich seit Jahren meine Aufmerksamkeit gewidmet. Ich darf wohl auf meine diesbezüglichen Abhandlungen in der Psychiatrisch-neurologischen Wochenschrift 1907, Nr. 26, 1909, Nr. 48—51, meine monographische Darstellung: „Zur Frage der Anrechnung des Irrenanstaltsaufenthaltes auf die Strafzeit" in den juristisch-psychiatrischen Grenzfragen, IX. Bd., H. 7/8, 1914, meinen am 15. Oktober 1914 in der Hauptversammlung der Zentralstelle für das Gefangenenfürsorgewesen der Provinz Brandenburg in Berlin gehaltenen und im 36. Bande, Jahrgang 1914—15 der Zeitschrift für die gesamte Strafrechtswissenschaft veröffentlichten Vortrag und meine Ausführungen im 11. Jahrgange der Monatsschrift für Kriminalpsychologie und Strafrechtsreform hinweisen. Daß meine Forderung der Anrechnung des Irrenanstaltsaufenthaltes auf die Strafzeit nicht der Berechtigung ermangelt, ist auch von hochangesehener juristischer Seite (Rosenberg, W., Die Anrechnung des Aufenthalts in einer Irrenanstalt auf die Strafzeit, Deutsche Strafrechtszeitung, III. Jahrgang 1916, H. 1/2) anerkannt worden. Rosenberg führt überzeugend aus, daß die herrschende Praxis der Nichtanrechnung des Irrenanstaltsaufenthaltes auf die Strafzeit weder dem Wortlaut des Gesetzes, noch der Absicht des Gesetzgebers, noch der Billigkeit entspricht. „Die Unsicherheit, ob und wann das Strafende erreicht wird" — so betont Rosenberg — „verbittert und reizt die Gefangenen, erschwert und verzögert ihre Heilung. Die Fortsetzung des Strafvollzuges gegen kaum genesene Personen befördert den Rückfall, so daß häufig ein beständiger Wechsel zwischen Zuchthaus und Irrenanstalt stattfindet.—Die herrschende Praxis ist hart, grausam und ungerecht, weil sie auf falscher Auslegung des Gesetzes beruht und den Sträflingen Nachteile zufügt, die der Gesetzgeber gerade verhüten wollte". Eine Entscheidung des Oberlandesgerichts Hamburg vom 18. April 1916 hält demgegenüber an der Auffassung fest, daß trotz der Bestimmung des § 493 StPO. eine Unterbrechung der Strafhaft bei Verfall eines Verurteilten in Geisteskrankheit gesetzlich zulässig sei. In diesem Beschlusse wird folgendes ausgeführt (siehe Psychiatrisch-neurologische Wochenschrift XXI. Jahrgang 1918/19, Nr. 19—20, S. 122 und 123 und Deutsche Strafrechtszeitung, Bd. III, 1916, S. 264): „Ob angesichts der Vorschrift des § 493 StPO. in dem Falle, wenn ein Verurteilter nach Beginn der Strafvollstreckung wegen Geisteskrankheit in eine Irrenanstalt gebracht wird, eine Unterbrechung der Strafvollstreckung seitens der Staatsanwaltschaft überhaupt eintreten kann, ist streitig. Neuerdings mehren sich die Stimmen, die dies verneinen: Löwe-Rosenberg, StPO. bei §493; Rosenberg in Deutsche Strafrechtszeitung 1916, S. 10, Rixen, Zur Frage der Anrechnung des Irrenanstaltsaufenthaltes auf die Strafzeit, Jurist. psychiatr. Grenzfragen 1914. Doch hält das Beschwerdegericht an der früher von ihm vertretenen und herrschenden Ansicht fest, daß trotz der bezeichneten Vorschrift des Gesetzes eine solche Unterbrechung zulässig und möglich ist. Mitbestimmend ist für das Beschwerdegericht gewesen, daß auch die Kommission für die Reform des Strafprozesses sich auf diesen Standpunkt gestellt hat (Protokolle Bd. II, S. 294), und daß in dem Entwurf einer Strafprozeßordnung von 1908, wie die Begründung zu §§ 471—473 ergibt, das geltende Recht nicht abgeändert werden sollte, obleich freilich die Fassung des § 472 Abs. 2 des Entwurfs darüber wiederum einen Zweifel aufkommen läßt, so daß eine gesetzliche Klarstellung wünschenswert erscheint.

Aber auch von dem Standpunkt der Zulassung einer Strafunterbrechung aus muß erfordert werden, daß die Unterbrechung nicht lediglich von der Strafvollstreckungsbehörde durch eine schriftliche Verfügung angeordnet wird, sondern daß sie auch durchgeführt wird, derart, daß nach der Unterbrechung sich die Strafvollstreckungsbehörde aller Verfügungsgewalt über den Verurteilten begibt, und daß der Aufenthalt des Verurteilten in der Irrenanstalt nicht mit Rücksicht auf die noch bevorstehende Strafvollstreckung verlängert wird. Ist sein Aufenthalt dort zu seinem Schutze oder zum Schutze der Allgemeinheit nicht mehr erforderlich, worüber die zuständige Verwaltungsbehörde zu entscheiden hat, so ist der Verurteilte zu entlassen und darf nicht mit Rücksicht auf den Rest der Strafverbüßung festgehalten werden; vgl. auch OLG. Düsseldorf, Beschluß vom 13. September 1907, Gold. Archiv Bd. 56, S. 111.

Im vorliegenden Falle ist demgemäß verfahren. Bei Unterbrechung am 17. August 1913 hat die Staatsanwaltschaft der Polizeibehörde hier mitgeteilt, daß sie sich jeder Verfügung über den bisherigen Strafgefangenen begebe, und es hat an diesem Tage die Polizeibehörde auf Grund des § 22 des Hamburgischen Gesetzes betr. das Verhältnis der Verwaltung zur Rechtspflege, den Beschwerdeführer zu seinem Schutze und zur Abwendung von Gefahren für andere Personen in Verwahrung genommen und zur Heilung der bei ihm festgestellten Geistesstörung der Irrenanstalt Langenhorn überwiesen; auch sind die Kosten von diesem Tage an von der Allgemeinen Armenanstalt getragen worden. Die Strafunterbrechung ist dem Verurteilten bekanntgegeben.

Nach Verlauf längerer Zeit ist dann eine Besserung in dem Befinden des Verurteilten eingetreten. Die Direktion der Irrenanstalt Langenhorn hat darüber auf Ersuchen des Beschwerdegerichts mitgeteilt, der Beschwerdeführer würde unter gewöhnlichen Verhältnissen, wenn er nicht Strafgefangener gewesen wäre, nicht die ganze Zeit bis 11. November 1915 in der Anstalt zurückbehalten worden sein; er sei deshalb länger zurückbehalten worden, weil nach seinem Abgang wieder die Fortsetzung des Strafvollzuges wenigstens habe versucht werden müssen, und es deshalb angezeigt gewesen sei, sein Nervensystem durch entsprechende längere Anstaltsbehandlung zu kräftigen. Es geht daraus und aus den Akten der Irrenanstalt hervor, daß, als die Besserung des Beschwerdeführers eintrat, zwar der Polizeibehörde unter dem 18. Jan. 1915 seitens der Irrenanstalt mitgeteilt worden ist, N. sei soweit wieder hergestellt, daß er demnächst als strafvollzugsfähig in das Gefängnis zurückgeführt werden könne, daß aber hieraufhin nicht von neuem geprüft worden ist, ob der Aufenthalt des Beschwerdeführers in der Anstalt zu seinem oder anderer Personen Schutze noch erforderlich sei. Auch die herangezogenen Akten der Polizeibehörde ergeben hierüber nichts anderes. Hiernach liegt die Sache so, daß anzunehmen ist, der Beschwerdeführer würde, wenn er nicht Strafgefangener gewesen wäre, bei seiner Besserung aus der Anstalt entlassen worden sein, die weitere Festhaltung in der Anstalt ist mit Rücksicht auf den noch ausstehenden Strafvollzug geschehen. Die Irrenanstaltsdirektion hat den genauen Zeitpunkt nicht angeben können, wann seine Entlassung hätte stattfinden können. Da unter dem 18. Januar 1915 von Besserung berichtet wird, so muß zugunsten des Verurteilten angenommen werden, daß schon am 1. Januar 1915 N. soweit gebessert war, daß er hätte entlassen werden können.

Da also der Beschwerdeführer von diesem Tage an lediglich in der Irrenanstalt behalten worden ist, weil er Strafgefangener war, mag dies auch zu seinem

Besten geschehen sein, so ergibt sich die Folge, daß für diese Zeit die Vorschrift des § 493 StPO. wieder Anwendung finden muß, so daß die Zeit vom 1. Januar bis 11. November 1915 in seine Strafzeit einzurechnen ist. (Beschl. vom 18. April 1916 Bs. St. 7/16.)

Archiv für Strafrecht 63. Bd., Heft 1—2, Entsch. Deutscher Oberlandesgerichte.“

Auch das Reichsgericht ist in einer Entscheidung des IV. Zivilsenats vom 9. November 1916 dieser Ansicht beigetreten, indem es folgenden Beschluß faßte:

„Die Strafgefangenen St. Sch. und W. sind, während sie die ihnen auferlegten Zuchthausstrafen verbüßten, in Geisteskrankheit verfallen und deshalb aus den Strafanstalten in Irrenanstalten übergeführt worden. Hier wurden sie auf Kosten des klagenden Landarmenverbandes verpflegt. Der Kläger behauptet, daß in der Zeit dieser Verpflegung, und zwar während näher angegebener Zeiträume, die Strafvollstreckung nicht unterbrochen gewesen sei; die Verpflichtung zur Bestreitung der Verpflegungskosten habe deshalb während dieser Zeiträume nicht auf Grund des § 31 des Gesetzes zur Ausführung des Gesetzes über den Unterstützungswohnsitz vom 8. März 1871 in der Fassung des Gesetzes vom 11. Juli 1891 ihm, dem klagenden Landarmenverbande, sondern dem beklagten preußischen Fiskus obgelegen. Er hat diese Kosten auf 7488,70 Mk. berechnet und mit der erhobenen Klage deren Erstattung wegen ungerechtfertigter Bereicherung von dem Beklagten gefordert. Der Beklagte hat den Anspruch seinem Grund und seinem Betragen nach bestritten. Er behauptet, die Strafvollstreckung sei während der vom Kläger angegebenen Zeitabschnitte unterbrochen gewesen.

Das Landgericht hat die Klage abgewiesen. Das Oberlandesgericht hat nur in Ansehung des St. für die Zeit vom 19. April bis 8. Mai 1912, die dem St., obwohl er sich damals noch in der Heil- und Pflegeanstalt in Eickelborn befand, gemäß § 493 StPO. auf die Strafzeit angerechnet worden ist, den Klageanspruch für begründet gehalten und unter Abänderung des landgerichtlichen Urteils den Beklagten zur Erstattung der auf diese Zeit entfallenden Verpflegungskosten mit 34,20 Mk. nebst Zinsen verurteilt, im übrigen aber mit dem Landgericht angenommen, daß die Strafvollstreckung unterbrochen gewesen sei, und hat die Berufung des Klägers wegen des Mehrbetrages zurückgewiesen.

Die Revision des Klägers wurde zurückgewiesen aus folgenden Gründen:

Der erhobene Anspruch ist ausschließlich auf den Rechtsgrund der ungerechtfertigten Bereicherung gestützt. Andere Klagegründe wie beispielsweise, daß vermöge eines Ersuchens um Aufnahme der Verurteilten in die Irrenanstalten und durch die Annahme und Ausführung dieses Ersuchens eine vertragsmäßige Verpflichtung des Fiskus zur Kostenerstattung entstanden sei, oder daß die Verpflegung der Verurteilten während ihres Aufenthalts in den Irrenhäusern in auftragsloser Geschäftsführung des Klägers für den Beklagten stattgefunden habe, oder daß der Kläger bei der Überweisung der Verurteilten durch ein schuldhaftes, eine Ersatzpflicht des Beklagten begründetes Verhalten die Staatsbehörden irregeführt und unzutreffenderweise in dem Glauben versetzt worden sei, es handle sich nicht mehr um Strafgefangene, als er diese aufnahm und verpflegte — alle diese und etwa mögliche andere Gesichtspunkte der rechtlichen Anspruchsbegründung kommen daher für die Entscheidung nicht in Betracht. Dementsprechend ist die Klage auch von den beiden Vorinstanzen nur aus dem Rechtsgrund der ungerechtfertigten Bereicherung beurteilt worden.

Ungerechtfertigt bereichert aber ist der Beklagte gemäß § 812 Abs. 1 BGB. im gegebenen Falle nur dann, wenn vermöge des Aufenthalts der Verurteilten in den Irrenanstalten des Klägers deren Strafvollstreckungszeit verkürzt worden ist, der Beklagte also durch den Aufwand des Klägers während der entsprechenden Zeitabschnitte Strafvollstreckungskosten erspart hat. Diese Annahme würde — von den Beträgen des Aufwandes auf der einen und der Ersparnis auf der anderen Seite abgesehen — ohne weiteres begründet sein, wenn nach begonnener Strafhaft im Falle einer Erkrankung des Verurteilten und seiner dadurch notwendig gewordenen Überführung in eine von der Strafanstalt getrennte Krankenanstalt eine von dem Willen des Verurteilten unabhängige Unterbrechung der Strafvollstreckung gemäß § 493 StPO. überhaupt nicht stattfinden dürfte. Eine derartige Auslegung des § 493 ist jedoch von jeher abgelehnt worden, und zwar nicht nur in der Gesetzesanwendung von seiten der mit der Strafvollstreckung befaßten preußischen Staatsbehörden (folgt Aufzählung der Verfügungen, besonders der gemeinsamen Verfügung des Justizministers und des Ministers des Innern vom 21. April 1899), sondern auch, insbesondere für den Fall der Geisteskrankheit, von der überwiegenden Mehrzahl der Schriftsteller. Der erkennende Senat hat keinen hinreichenden Anlaß gefunden, von dieser Gesetzesauslegung abzuweichen . . . . (IV. Zivilsenat, Urteil vom 9. November 1916 i. S. Landarmenverband der Prov. Westfalen, Kläger, wider preuß. Fiskus, Beklagter, Reg. IV. 304/16.)

Entscheidungen des Reichsgerichts in Zivilsachen Neue Folge 39. Bd. Leipzig 1917.

Nach dieser Reichsgerichtsentscheidung ist unter dem geltenden Rechte an eine Änderung der Strafunterbrechung bei Verfall eines Gefangenen in Geisteskrankheit und der Nichtanrechnung des Irrenanstaltsaufenthaltes auf die Strafzeit nicht zu denken. Es darf aber der Erwartung Ausdruck gegeben werden, daß durch die bevorstehende Neuordnung der Strafprozeßordnung eine prinzipielle Änderung dieses in seinen Folgen so verhängnisvollen Verfahrens herbeigeführt wird.

Nach dem im I. Abschnitt im Wortlaut angeführten Erlaß des Ministers der Medizinal-Angelegenheiten und des Ministers des Innern betreffend das Verfahren bei der Entlassung gefährlicher Geisteskranker aus den öffentlichen Irrenanstalten vom 15. Juni 1901 und dem Erlaß des Ministers der geistlichen Unterrichts- und Medizinalangelegenheiten vom 20. Mai 1904 sind die Leiter der Irrenanstalten verpflichtet, vor der beabsichtigten Entlassung einer nach ihrem Vorleben als gefährlich zu erachtenden Person die Polizeibehörden zu hören und ihnen Gelegenheit zu geben, etwaige Bedenken zum Ausdruck zu bringen, welche aus dem Vorleben und den ganzen wirtschaftlichen und Familienverhältnissen, namentlich auch aus denjenigen, in welche der zu Entlassende demnächst eintreten wird, gegen die Entlassung sprechen."

Äußern die Polizeibehörden lediglich „Bedenken" gegen die beabsichtigte Entlassung, so sind die Leiter der Irrenanstalten trotzdem befugt, den Kranken zu entlassen. Dagegen wird durch polizeilichen „Widerspruch" die Entlassung vorläufig verhindert. (S. Moeli, Die Fürsorge für Geisteskranke, 1915, S. 48 und 148 und Moeli, Die in Preußen gültigen Bestimmungen über die Entlassung aus den Anstalten für Geisteskranke, 1906.) Die Verpflichtung, vor der beabsichtigten Entlassung eines gefährlichen Geisteskranken eine Äußerung der Polizeibehörden über etwaige Bedenken einzuholen, wird von den Irrenanstaltsleitern als überaus unangenehm und lästig empfunden, jedoch, wie auch Aschaffenburg hervorhebt, mit Unrecht, da sie durch die Mitwirkung der Behörden bei der Entlassung gefährlicher Kranker in ihrer Verantwortlichkeit, zumal im Hinblick auf die Bestimmung des § 832 BGB. entlastet werden.

Die Schwierigkeiten, die sich aus der Unterbringung der verbrecherischen Geisteskranken, der auf Grund des § 51 StGB Freigesprochenen, insbesondere auch im Hinblick auf die Entlassung aus den Irrenanstalten ergeben, haben Bresler Veranlassung gegeben, mit einem eigenartigen Vorschlage hervorzutreten (Zu § 51 RStGB. Psychiatrisch-neurologische Wochenschrift, 1919/20, Nr. 13/14, S. 91, 92). Er wünscht die Einführung einer Bestimmung in das Strafgesetzbuch des Inhalts, „daß im Falle von Zurechnungsunfähigkeit wegen Geistesstörung oder Bewußtlosigkeit auf Antrag des Freigesprochenen — statt Freisprechung — Verurteilung erfolgen kann". Bresler will diese Bestimmung zwar „nur für ganz besonders geartete und Ausnahmefälle" angewandt wissen, er hofft aber andererseits von dieser Maßnahme eine Wohltat für die verbrecherischen Geisteskranken, die dann nicht mehr auf unbestimmte Zeit in einer Irrenanstalt untergebracht würden, sondern eine Strafe von bestimmter Dauer zu verbüßen hätten. Der Vorschlag Breslers entspringt daher letzten Endes dem Wunsche der Irrenanstaltsärzte, sich der verbrecherischen Geisteskranken zu entledigen. Daß derselbe aus juristischen und psychiatrischen Erwägungen völlig undurchführbar ist, liegt offen zutage. Die wichtigsten Bedenken gegen diesen Vorschlag hat bereits Heinicke in seiner Abhandlung: „Einiges zu dem Vorschlag von Bresler: Zu § 51 RStG. (Psychiatrisch-neurologische Wochenschrift 1919/20 Nr. 29/30, S. 220/221) hervorgehoben. Ich möchte dazu noch folgendes bemerken: Die Ausführung des Vorschlages Breslers würde die Durchbrechung eines Prinzips bedeuten, daß sich seit mehr als 500 Jahren in den Strafgesetzbüchern sämtlicher Kulturvölker findet, des Grundsatzes, daß Geisteskranke und Unzurechnungsfähige nicht bestraft werden dürfen, sie würde ferner einen völligen Umschwung der forensisch-psychiatrischen Anschauungen herbeiführen und die gesamte gerichtliche Psychiatrie auf eine äußerst schwankende Basis stellen. Bresler behauptet, ein Angeklagter habe es auch jetzt in der Hand, seine Bestrafung trotz Vorhandenseins von Geistesstörung und Unzurechnungsfähigkeit herbeizuführen, wenn er oder sein Verteidiger diese Tatsache vor Gericht verschweigen würden. Ein derartiger Fall ist mir in meiner langen psychiatrischen Sachverständigentätigkeit noch niemals vorgekommen, und ich habe auch noch niemals von einem derartigen Falle gehört. Heinicke hat schon darauf hingewiesen, daß es Pflicht des Verteidigers ist, eine psychiatrische Untersuchung des Angeklagten zu veranlassen, wenn Bedenken hinsichtlich seiner Zurechnungsfähigkeit bestehen. Eine derartige Pflicht hat aber nicht nur der Verteidiger, sondern in gleicher Weise der Staatsanwalt und jeder Richter. Selbstverständlich ist auch der ärztliche Sachverständige unbedingt verpflichtet, bei begründetem Zweifel an der Zurechnungsfähigkeit des Angeklagten eine Beobachtung und Begutachtung herbeizuführen. Ja, ich gehe soweit zu behaupten, daß jeder rechtlich denkende Mensch die Verpflichtung hat, Unrecht zu verhüten, und deshalb im gegebenen Falle seine

Bedenken hinsichtlich der Zurechnungsfähigkeit an zuständiger Stelle äußern muß. Mit Heinicke bin ich der Ansicht, daß sich kein Richter finden wird, der trotz Bedenken an der subjektiven Schuld des Angeklagten unter Verletzung des höchsten Rechtsgrundsatzes: „Wo keine Schuld, da keine Strafe", eine Verurteilung aussprechen wird. Mit Recht betont Heinicke auch, daß der auf Grund des § 51 Freigesprochene als Kranker, der Verurteilte hingegen als Rechtsbrecher angesehen wird, und weiter, daß sehr viele der nach dem Vorschlage von Bresler Verurteilten alsbald im Strafvollzuge geistig erkranken und dann als geisteskranke Verbrecher in die Irrenanstalt kommen würden. Und ob der Geisteskranke als verbrecherischer Geisteskranker oder geisteskranker Verbrecher in der Irrenanstalt untergebracht wird, das dürfte vom Standpunkt des Irrenarztes nur ein Spiel mit Worten und in Wirklichkeit völlig gleichgültig sein. Der Weg, den Bresler in seinem Vorschlage zur Entlastung der Irrenanstalten von den verbrecherischen Geisteskranken gezeigt hat, ist demnach völlig ungangbar. Vielleicht würden bei Ausführung des Breslerschen Vorschlages weniger verbrecherische Geisteskranke in die Irrenanstalten kommen dafür würden aber umso mehr geisteskranke Verbrecher diesen zugeführt werden.

Zur Begründung der Notwendigkeit, die kriminellen Geisteskranken von den öffentlichen Irrenanstalten fernzuhalten, und für diese besondere Einrichtungen zu treffen, weisen die Irrenanstaltsärzte schließlich immer wieder darauf hin, daß Entweichungen und Entweichungsversuche dieser Kranken häufig vorkommen. Aber auch diesen Grund halte ich nicht für stichhaltig. Daß Kriminelle häufiger aus den Anstalten entweichen als Nichtkriminelle, ist richtig. Daraus folgere ich aber nicht, daß die kriminellen Kranken aus den öffentlichen Irrenanstalten entfernt werden müssen, sondern daß Maßnahmen ergriffen werden müssen, um die Entweichung zu verhindern. Ohne Zwangsmaßnahmen ist nun einmal eine Behandlung in einer Irrenanstalt trotz des No restraint nicht durchzuführen. Diese müssen sich nach dem Zustande des Geisteskranken richten, mag dieser nun zu den nicht kriminellen oder den kriminellen Geisteskranken gehören. „Unsere Anstalten", so erklärt Klinke, der Direktor einer großen schlesischen Anstalt, „müssen so hergerichtet sein, daß sie für Kranke aller Art genügend sichere Unterkunft und die Möglichkeit, die störenden und unbequemen Elemente zu trennen, in vollem Umfange darbieten". Ebensowenig wie die Irrenanstalten berechtigt sind, die Aufnahme von Geisteskranken abzulehnen, die wegen tobsüchtiger Erregung oder Unreinlichkeit unbequem sind, ebensowenig ist die Nichtaufnahme solcher Geisteskranker begründet, die eine kriminelle Vergangenheit haben, und nach Entweichung trachten. Durch sorgfältige Auswahl und Vermehrung des Wärterpersonals, durch ärztliche Kontrolle und entsprechende Sicherungsmaßnahmen, vor allem durch Vermeidung der Anhäufung der gefährlichen Geisteskranken auf einzelnen Abteilungen und richtige Verteilung derselben auf sämtliche Anstalten wird der Entweichungsgefahr wirksam vorgebeugt werden können. Daß dies richtig ist, geht auch daraus hervor, daß die Zahl der Entweichungen gefährlicher Geisteskranker aus den Anstalten erheblich geringer geworden ist, seitdem diese Grundsätze in der Behandlung der gefährlichen Geisteskranken immer mehr Berücksichtigung gefunden haben.

VI. Abschnitt.

Die Maßnahmen zur Verhütung der Gefährlichkeit bei Geisteskranken.

Die moderne Heilkunde steht im Zeichen der Prophylaxe, der Bekämpfung der Krankheitsursachen. „Die wichtigste Aufgabe des Arztes ist, Krankheiten zu verhüten", sagt bereits Isaac Judaeus, ein jüdischer Arzt des X. Jahrhunderts in seiner „Führung der Ärzte". Der Arzt ist nicht lediglich dazu da, Krankheiten festzustellen und zu heilen, nicht minder wichtig und bedeutungsvoll sind die ärztlichen Anordnungen zur Verhütung der Krankheiten. Legen wir uns nun die Frage vor, welche Maßnahmen geeignet sind, der Gefährlichkeit bei Geisteskrankheiten vorzubeugen, so steht an erster Stelle die möglichst rasche Überführung des Kranken, der gefährlich zu werden droht, in geeignete Behandlung, in eine Irrenanstalt. Die Psychiatrie muß aus der Abgeschlossenheit, in der sie bisher gelebt hat, heraus, die Vorurteile, die gegen die Irrenanstalten und die Irrenärzte in weiten Kreisen bestehen, müssen beseitigt werden. Wieviel Unheil könnte vermieden, wieviele Selbstmorde und schwere Bluttaten, wieviel Jammer und Elend könnten verhütet werden, wenn die psychisch Kranken rechtzeitig in die richtige Behandlung kämen und in geeigneten Anstalten untergebracht würden! Von Zeit zu Zeit erregt die Schreckenstat eines Geisteskranken wie in dem Falle des Hauptlehrers Wagner in Degerloch im September 1913 allgemeine Bestürzung und Entsetzen, man wirft wohl die Frage auf, warum in solchen Fällen der Geisteskranke nicht vor der Tat in einer Anstalt untergebracht wurde, aber das Übel wird nicht an der Wurzel gefaßt, der völligen Verständnislosigkeit der breiten Masse des Volkes gegenüber geistigen Erkrankungen wird nicht gesteuert, und die Aufnahmevorschriften für die öffentlichen Irrenanstalten bleiben nach wie vor so erschwert, daß die Angehörigen der Kranken sich nur dann zur Überführung in eine Irrenanstalt entschließen, wenn ihnen kein anderer Ausweg übrig bleibt. Mit dem Abwarten, Hinausschieben der Anstaltsbehandlung und der Beschaffung der zur Aufnahme erforderlichen Schriftstücke geht viel kostbare Zeit verloren, und in vielen Fällen ist das Unglück schon geschehen, bevor diese erfolgen kann. Bei körperlich Kranken wird von den Angehörigen dafür gesorgt, daß sie möglichst bald in sachgemäße Behandlung gelangen, bei den psychisch Erkrankten wird aber nicht selten von Laien und Ärzten in unverantwortlicher Weise experimentiert und die Prognose dadurch nicht unerheblich verschlechtert, bevor sie an die rechte Schmiede kommen. In dieser Hinsicht liegt vor uns Psychiatern noch ein weites, kaum beackertes Feld reicher Betätigung. Wir müssen endlich das noch in sehr vielen Köpfen spukende Wahngebilde aus der Welt schaffen, daß Sünde und Schuld die Ursachen geistiger Störungen sind, wir müssen dahin wirken, daß psychische Erkrankungen genau so als Krankheiten bewertet werden, wie innere und chirurgische Krankheiten, wir müssen die Tore der Irrenanstalten weit öffnen, damit die breite Öffentlichkeit sich davon überzeugen kann, daß die Behandlung mit Zwangsjacke und Gummizelle einer längst vergangenen Epoche angehört, und an deren Stelle eine durchaus humane, sinnvoll ausgebaute Therapie getreten ist. Mit Recht hat Leppmann in seinem klaren Vortrage: „Der Schutz gegen Geisteskranke" in der 9. Hauptversammlung des deutschen Medizinal-Beamtenvereins zu Breslau am 12. September 1913 betont, daß das mangelhafte Verständnis für das Wesen der geistigen Erkrankungen in Laienkreisen den wesentlichsten Nachteil bei dem Schutz vor Geisteskranken bildet. Es ist nicht zu verkennen, daß die Tagespresse, die einen gewaltigen Einfluß auf die öffentliche Meinung ausübt, der Weiterverbreitung der Vorurteile gegenüber Irrenärzten und Irrenanstalten vielfach Vorschub leistet. Statt aufklärend und belehrend zu wirken, wirkt sie, wenn es sich um Geisteskranke und Irrenanstalten handelt, nicht selten verhetzend und überaus schädlich. „Es ist doch einer Zeit, welche die praktische Anwendung der Naturwissenschaften auf ihre Fahne geschrieben hat, unwürdig, daß z. B. kein kriminell gewesener Geisteskranker aus einer Irrenanstalt ausbrechen kann, ohne daß die gesamte Presse ohne weiteres urteilt: Er ist ein Simulant! Und wenn irgendein krank Erklärter nach Veränderung seines Zustandes verlangt, daß die Beschränkung seiner Rechte fällt, dann heißt es wieder in der ganzen Presse: „Da seht ihrs ja, da ist ein goldklarer und unschuldiger Mensch durch die Voreingenommenheit und Einseitigkeit der Ärzte eingesperrt worden." (Leppmann) Ich habe mir häufig die Frage vorgelegt, wie es denn kommt, daß jeder Laie sich für fähig hält, ein abschließendes Urteil über geistige Gesundheit und Geisteskrankheit abzugeben, während er es doch unbedingt ablehnen würde, über den körperlichen Zustand eines Menschen ein Gutachten zu erstatten. Der Grund für diese verschiedenartige Beurteilung somatischer und psychischer Störungen liegt offenbar in den mystischen Vorstellungen, die noch vielfach über die Ursachen und das Wesen geistiger Erkrankungen verbreitet sind. Auch in gebildeten Kreisen findet sich gar oft die Ansicht, daß der gesunde Menschenverstand vollkommen genüge, um den Geisteszustand eines Menschen zu beurteilen. Deshalb müssen wir in die Öffentlichkeit gehen, falsche Darstellungen in den Zeitungen berichtigen und, wenn es not tut, den Verleumdern der Irrenanstalten und Irrenärzte mit Schärfe entgegentreten.

Die Frage, ob eine Person gemeingefährlich geisteskrank ist oder nicht, kann oft auf Grund einer einmaligen Untersuchung und kurzer Beobachtung nicht entschieden werden. Es kommt gar nicht selten vor, daß ein tobsüchtiger, schreiender und um sich schlagender Mann auf der Straße festgenommen und in Polizeigewahrsam gebracht wird. Der herbeigerufene Kreisarzt soll dann entscheiden, ob der Mann gemeingefährlich geisteskrank ist und in eine Irrenanstalt gebracht werden soll. Eine derartige Entscheidung ist aber auf Grund einer kurzen Untersuchung auf der Polizeiwache vielfach nicht möglich. Eine Beobachtung in einer Irrenanstalt ist bei zweifelhaftem Geisteszustand nur auf Grund des § 81 StPO. im Strafverfahren und auf Grund des § 657 ZPO. im Entmündigungsverfahren zulässig. Eine Beobachtung des Geisteszustandes bei Gemeingefährlichkeit kennt unser Gesetz nicht. Deshalb muß der Forderung A. Leppmanns nach gesetzlicher Festlegung der Zulässigkeit einer Irrenanstaltsbeobachtung von kurzer Dauer bei zweifelhaftem Geisteszustande von Gemeingefährlichen zugestimmt werden. In einer Reihe von Städten bestehen Stadtasyle, in denen Geisteskranke und der Geisteskrankheit verdächtige Personen ohne weiteres aufgenommen werden können. Diese haben sich sehr bewährt und der Einwand, daß nichtgeisteskranke Personen in diesen festgehalten werden könnten, hat sich nicht als stichhaltig erwiesen. „Je freiheitlicher das

Aufnahmeverfahren gestaltet wird, desto besser für alle" (Aschaffenburg). Göring teilt mit, daß die Hamburger Presse in einem Jahre über 225 durch Geisteskranke hervorgerufene Todesfälle berichtete, von denen der weitaus größte Teil durch rechtzeitige Unterbringung in einer Irrenanstalt hätte vermieden werden können. Aber das unausrottbare Vorurteil gegen die Irrenanstalten ist schuld daran, daß nicht rechtzeitig eingegriffen wird. Fälle, wie der von Göring erwähnte, in dem ein hessischer Kreisarzt schrieb: „Mußten wir es doch erst vor kurzem wieder erleben, daß in der kurzen Zeit zwischen Beantragung der Untersuchung und Bestätigung des Fragebogens der Kranke Hand an sich selbst gelegt hatte", sind in der Praxis des Nervenarztes und des beamteten Arztes keineswegs selten. Darum kann nicht dringend genug immer wieder darauf hingewiesen werden, wie notwendig die schleunige Überführung gefährlicher Geisteskranker in Irrenanstalten ist, und wie wichtig es ist, daß das Aufnahmeverfahren der Irrenanstalten möglichst einfach gestaltet wird. Häufig scheitert die rasche Aufnahme eines gefährlichen Geisteskranken auch an der Kostenfrage. Besonders in Landkreisen wird wegen der Kosten der Anstaltsbehandlung die Unterbringung eines Geisteskranken in einer Irrenanstalt verzögert und verhindert und dadurch großes Unheil angerichtet. Die Angehörigen und Gemeinden werden in erheblichem Grade zu den Kosten des Anstaltsaufenthaltes herangezogen. Die Angehörigen des Kranken können auf die Dauer in vielen Fällen einen großen Teil der Kosten ohne schwere wirtschaftliche Schädigung nicht übernehmen, und auch die Gemeinden werden durch diese Kosten wesentlich belastet, wenn die Fälle von Geisteskranken, die in einer Anstalt untergebracht werden müssen, sich häufen. Besonders kleinen Landgemeinden können bedeutende Kosten durch lange Zeit dauernde Unterbringung von Gemeindemitgliedern in Irrenanstalten erwachsen. Deshalb ist es verständlich, daß die Gemeindevorsteher sich gegen die Übernahme der Unterbringungskosten sträuben, und daher in vielen Fällen die Überführung eines Kranken auf dem Lande in eine Irrenanstalt unterbleibt, in denen sie im öffentlichen Interesse, wie im Interesse des Kranken selbst, unbedingt erforderlich wäre. Am zweckmäßigsten würde es sein, wenn in den Fällen, in denen ein vorwiegend öffentliches Interesse der Anstaltsverwahrung vorliegt, die Kosten vom Staate getragen würden. Damit würden manche Schwierigkeiten beseitigt werden. Die Angehörigen des Kranken würden sich demnach viel leichter entschließen, denselben in eine Irrenanstalt zu bringen.

Auch in den Gefangenenanstalten begegnet die rechtzeitige Erkennung und sachgemäße Behandlung geisteskranker und der Geisteskrankheit verdächtiger Untersuchungs- und Strafgefangener mannigfachen Schwierigkeiten. Es ist in dieser Abhandlung schon an verschiedenen Stellen darauf hingewiesen worden, wie oft Geisteskranke in den Gefängnissen und Strafanstalten verkannt und zu Unrecht für Simulanten gehalten werden. Um dem abzuhelfen, hat bereits Aschaffenburg darauf hingewiesen, wie notwendig es für die Juristen und Gefängnisbeamten ist, daß sie die Grundzüge der Psychopathologie kennen. Vor dem Kriege war durch die Gefängnislehrkurse und die forensisch-psychiatrischen Vereinigungen, die in vielen deutschen Städten bestanden, nach dieser Richtung ein vielversprechender Anfang gemacht worden. Auch die Einrichtung einer Verbrecher-Klinik, die Aschaffenburg vorgeschlagen hat, in der der Strafrechtslehrer den juristischen, der Psychiater den psychologischen und psychiatrischen Teil übernehmen soll, wäre zu begrüßen. Einen Punkt möchte ich noch als besonders wichtig hervorheben, das ist die mangelhafte psychiatrische Ausbildung der Ärzte an den Gefängnissen und Strafanstalten, und das hängt unverkennbar mit der nebenamtlichen Stellung und der völlig ungenügenden Besoldung der Gefängnisärzte zusammen. In Preußen gibt es keinen einzigen Gefängnisarzt, der hauptamtlich angestellt ist, auch nicht an den Gefängnisanstalten, die jährlich viele Tausende von Gefangenen aufnehmen. Im Gegensatze zu einer Reihe anderer deutscher Staaten wie Bayern, Sachsen, Baden, Württemberg, Hamburg sind in Preußen nicht einmal die Ärzte der Gefangenenanstalten, mit denen Irrenabteilungen verbunden sind, fest angestellt. Und wie kümmerlich ist die Honorierung der Gefängnisärzte! Straßmann hat bereits im Jahre 1895 in seinem Lehrbuche der gerichtlichen Medizin (S. 603) eine Verbesserung der Stellung der Gefängnisärzte gefordert, geschehen ist aber, trotzdem diese Forderung immer wieder von neuem gestellt worden ist, so gut wie nichts. Die jetzige Lage der Ärzte an den Gefangenenanstalten ist geradezu unhaltbar. Die hauptamtlich angestellten Oberbeamten einer Gefangenenanstalt, der Direktor, die Geistlichen, Lehrer und Inspektoren stehen eben kraft ihrer hauptamtlichen Stellung ganz anders da, als der nebenamtlich, auf Grund eines Vertrages verpflichtete Arzt. Kommt es zu Konflikten, so geht natürlich — wie dies mehrfach vorgekommen ist — der Arzt und ein neuer tritt an seine Stelle. Die nebenamtliche Tätigkeit des Gefängnisarztes und seine kärgliche Besoldung („Im allgemeinen pflegt das Gehalt der Gefängnisärzte niedrig bemessen zu sein“, Friedrich Leppmann, Der Gefängnisarzt, 1909, S. 18) bringt es mit sich, daß er sich den Gefangenen nur kurze Zeit widmen kann; er ist doch darauf angewiesen durch andere ärztliche Tätigkeit seine Haupteinnahmen zu erzielen. Vielfach sind die Kreisärzte zugleich Gefängnisärzte im Nebenamte; die Ärzte der preußischen Irrenabteilungen praktizieren als Nervenärzte. Aschaffenburg hat sich gegen eine hauptamtliche Anstellung der Irrenärzte aus dem Grunde gewandt, weil er befürchtet, diese könnten dann den Konnex mit den psychischen Erkrankungen leichterer Art, wie sie gerade die Sprechstunde des Nervenarztes darbietet, verlieren. Ich halte dieses Bedenken aber nicht für berechtigt. Der hauptamtlich angestellte Arzt könnte trotzdem Privatpraxis betreiben, wie dies auch die nicht voll besoldeten Kreisärzte häufig tun, wie auch die Anstaltsgeistlichen häufig noch eine soziale Fürsorgetätigkeit entfalten. Die hauptamtliche und feste Anstellung der Ärzte an den größeren Gefangenenanstalten würde deren Stellung im Kollegium der Oberbeamten erheblich verbessern und auch nach außen dokumentieren, daß ihre Tätigkeit eine überaus wichtige und bedeutungsvolle ist. Mit Stolz können wir Ärzte darauf hinweisen, daß an der Reform des Gefängniswesens in Deutschland Ärzte in hervorragendem Maße beteiligt gewesen sind, wie der Hamburger Arzt Dr. Julius, der im Jahre 1827 durch seine Vorlesungen über Gefängniskunde den Anlaß zur Gründung des Berliner Vereins zur Besserung der Strafgefangenen gegeben hat, und der Frankfurter Arzt Dr. Varrentrapp, der 1841 eine Abhandlung über „Pönitentiarsysteme“ schrieb und mit Julius und Noellner die Jahrbücher der Gefängniskunde und Besserungsanstalten herausgab. Was die Gefängnisärzte in den letzten Jahrzehnten auf dem Gebiete der Gefängnishygiene, Kriminalpsychologie und Psychopathologie geleistet haben, braucht nicht besonders betont zu werden:

ich nenne da nur die Namen A. Baer, A. und F. Leppmann, Aschaffenburg und Siefert. Trotzdem ist für eine Hebung der Stellung und besseren Besoldung der Gefängnisärzte nichts getan worden. Im Jahre 1904 wies Heilbronner auf Grund seiner Erfahrungen als Arzt des Breslauer Strafgefängnisses bereits eindringlich darauf hin, wie reformbedürftig die Stellung der Ärzte an des Gefangenenanstalten ist, denen eine Irrenabteilung angegliedert ist. „Schon jetzt" — so schreibt er in der Monatsschrift für Kriminalpsychologie und Strafrechtsreform — „ist ihre Tätigkeit umfangreicher und namentlich verantwortlicher, als dem nebenamtlichen Charakter ihrer Stellung entspricht. Betrachtet man die oben berechneten Zahlen von 267 Betten und 1060 Aufnahmen (in sämtlichen 6 preußischen Irrenabteilungen) als die Bestands- und Aufnahmezahlen einer Anstalt, so würde die Zahl von sechs Ärzten noch keineswegs sehr hoch erscheinen, am wenigsten, wenn man berücksichtigt, daß mit der Wirksamkeit an der Anstalt eine sehr umfangreiche gutachtliche Tätigkeit verknüpft ist. Das Verlangen nach Schaffung je einer hauptamtlichen Arztstelle an jeder der sechs bestehenden größeren Abteilungen erscheint demnach wohl berechtigt. Ich glaube wohl, daß in Preußen, wie es dies bezüglich der Kreisarztstellen getan hat, dem Beispiel anderer Bundesstaaten — z. B. Bayern — auch bezüglich vollbesoldeter und pensionsberechtigter Gefängnisärzte wird nachfolgen müssen, zum mindesten bezüglich der hier in Betracht kommenden Anstalten, für die ja schon jetzt eine erheblich höhere Renumeration ausgesetzt ist. Die Schaffung solcher Stellen würde einmal die Gewinnung ärztlicher Kräfte erleichtern, sie würde aber insbesondere, weil die Stellen dann weniger als Durchgangsstationen betrachtet würden, einem wenig erwünschten häufigen Wechsel in der Besetzung vorbeugen." In einem bedeutsamen Aufsatz: „Sozial. medizinische Fragen" (Zeitschr. f. ärztl. Fortbildung, XVII. Jahrg. 1920, Nr. 1, S. 25) betont Friedländer, wie wichtig die Tätigkeit der Gefängnisärzte ist: „Auf diesem Gebiete" — erklärt er — „können die Gefängnisärzte Großes schaffen — allerdings dürfen sie nicht im „Nebenamt" tätig sein." Friedländer fährt dann fort: „Der Arzt muß der Träger aller sozialen Gedanken und Bestrebungen sein. Zu ihrer energischen Durchführung und Anwendung bedarf es nicht nur materieller, sondern auch innerer Unabhängigkeit." Man gebe den Gefängnisärzten endlich diese materielle und innere Unabhängigkeit, die Gefangenen und der Staat werden daraus hohen Gewinn erlangen. In einer Abhandlung: „Zur Bedeutung der Anstaltspsychiatrie" (Psychiatrisch-neurologische Wochenschrift 1910/11, Nr. 47) stellt Weber-Göttingen mit Recht die Forderung: „Die Anstaltsärzte sollen eben nicht nur Beamte sein, die mehr oder weniger freudig ihre durch die Dienstvorschriften bestimmte tägliche Aufgabe abhaspeln, sondern sie sollen daneben spontane Interessen für ihr Fach haben und betätigen." Was Weber hier von den Irrenanstaltsärzten verlangt, das gilt mindestens in gleicher Weise von den Gefängnisärzten. „Er" — der Gefängnisarzt — „soll auch Gelegenheit haben und nehmen, neben der Behandlung, die er im einzelnen Falle so lange übernimmt, als er dies mit den zu Gebote stehenden Mitteln imstande zu sein glaubt, den allgemeinen Beziehungen zwischen den Verbrechern und Geistesstörungen seine Aufmerksamkeit zuwenden, ein Studium zu machen aus den somatischen und psychischen Eigenschaften der Verbrecher in dem Sinne, wie es die neuere psychiatrische Schule, namentlich in Italien tut, in dem Sinne eines Thomson, Despine, Lombroso"

(Sander 1886). Sanders Forderungen zur Behandlung der irren Verbrecher gipfeln in den Worten: „Nicht Spezialanstalten, sondern Spezialärzte!" Dieses Postulat wird von Sander eingehend begründet. Da es aber in Preußen in den 6 Ärzten an den Irrenabteilungen nur in unvollkommener Weise Berücksichtigung gefunden hat, seien aus seinen Ausführungen folgende Sätze zur Beherzigung der maßgebenden Stellen angeführt:

„So reduzieren sich denn die Anforderungen, die wir bei dieser Angelegenheit im Interesse der Irrenanstalten und der Geisteskranken an den Staat machen, auf die Vorbildung der Strafanstaltsärzte in Irrenanstalten. Der Staat geht von dem Gedanken aus, daß jeder Arzt auch Sachverständiger in bezug auf Geistesstörungen ist. Daß dies nicht der Fall ist und auch nicht sein kann, ist oft genug erörtert worden. Aber auch der Physikus (in Preußen), wenn er auch seine Kenntnisse in dieser Beziehung etwas erweitert haben mag, ist an sich nicht in der Lage, gerade den schwierigen Anforderungen zu genügen, die durch die besonderen Verhältnisse der Strafanstalten geboten sind. Gewöhnlich werden aber den Physikern die Stellen der Anstaltsärzte übertragen, ein Verfahren, gegen das sich auch nichts einwenden ließe, wenn bei Besetzung der betreffenden Physikate auf diejenigen Physiker besonders zurückgegriffen würde, welche eine längere Zeit an Irrenanstalten tätig gewesen sind. Indes dürfte dies einerseits aus anderen Gründen oft nicht möglich sein, und andererseits dürfte die Zahl der bei solcher Beschränkung zu Gebote stehenden Physiker nicht ausreichen. — Es müßte der Staat in einem wenigstens fünfjährigen Kursus (ein Jahr reicht durchaus nicht aus) einzelne Ärzte auf seine Kosten in Irrenanstalten, die in ihrer Größe, ihrem Material und auch ihrer Leitung nach besonders geeignet dazu erscheinen, ausbilden lassen mit der Verpflichtung, spätestens nach dieser Zeit das Physikatsexamen zu machen. Diese Physiker würden dann in Kreisen, in denen sich Strafanstalten befinden, resp. in großen Städten als Ärzte der Gerichts- und Strafgefängnisse, im letzteren Falle evtl. auch ohne Übernahme anderer Physikatsgeschäfte, anzustellen sein. Doch mag nun dieses oder ein anderes Verfahren gewählt werden, die Anschauung muß sich Bahn brechen, daß die spezielle psychiatrische Ausbilddung für den Strafanstaltsarzt nicht ein nebensächliches, sondern ein Haupterfordernis sein muß."

Diese Anschauung hat sich in den 34 Jahren, seitdem Sander diese Sätze schrieb, nicht Bahn gebrochen, wenigstens nicht in Preußen, und auch in den nächsten Jahrzehnten wird die Erfüllung der Forderung Sanders nach längerer fachärztlicher Ausbildung der Gefängnisärzte in der Psychiatrie ein frommer Wunsch bleiben. Deshalb ist eine eingehende Kontrolle sämtlicher Gefängnisse durch eine unabhängige Kommission von Psychiatern, wie sie in Belgien und Holland bereits besteht, und auch von Aschaffenburg vorgeschlagen wird, dringend notwendig. Der Anstaltsleitung und dem Anstaltsarzte muß strenge Anweisung gegeben werden, dieser Kommission in allen Fällen Mitteilung davon zu machen, wenn ein Gefangener irgendwelche psychischen Störungen zeigt. Außerdem muß die Kommission das Recht haben, sämtliche Gefangene zu untersuchen und Beobachtungen in der zuständigen Irrenabteilung anzuordnen. Nur so wird es möglich sein, die geisteskranken und der Geisteskrankheit verdächtigen Kranken rasch aus den Gefangenenanstalten in die richtige Behandlung und Pflege zu bringen, nur so kann die Entwicklung jener schweren

Geistesstörungen, denen wir noch vielfach in Gefangenenanstalten begegnen, und die als Kunstprodukte unzweckmäßiger Behandlung aufzufassen sind, verhütet werden, nur so kann endlich das Mißtrauen der Anstaltsbeamten bei psychischen Erkrankungen von Gefangenen beseitigt werden und der Geist psychiatrischer Fürsorge seinen Einzug in die Gefängnisse und Zuchthäuser halten.

VII. Abschnitt.

Die Unterbringung der gefährlichen Geisteskranken.

Der Streit der Meinungen dreht sich, wie dies aus dem I. Abschnitt deutlich hervorgeht, seit einem halben Jahrhundert fast ausschließlich um die Frage: „Wie sollen die gefährlichen Geisteskranken untergebracht werden?" Zwei Gesichtspunkte kommen bei der Lösung dieses Problems in erster Linie in Betracht, deren Vereinigung auf mannigfache Schwierigkeiten stößt. Es muß einerseits darnach gestrebt werden, die gefährlichen Geisteskranken so unterzubringen, daß die allgemeine Rechtssicherheit wirksam vor den Angriffen dieser Personen geschützt wird, andererseits sollen die Sicherheitsmaßnahmen nicht das unbedingt notwendige Maß überschreiten, darf nicht außer acht gelassen werden, daß wir Geisteskranke vor uns haben, die Anspruch auf sachgemäße irrenärztliche Behandlung und Pflege haben. Für unsere Stellungnahme zu der Frage der Versorgung der gefährlichen Geisteskranken muß der Umstand, daß es sich vielfach um Personen handelt, die mit dem Strafgesetz in Konflikt geraten sind, vollkommen ausscheiden; maßgebend für die Art der Unterbringung dieser Kranken kann und darf lediglich ihr jeweiliger Zustand sein. Eine alle Teile befriedigende Lösung dieser Aufgabe dürfte sich kaum erreichen lassen. Das Problem kann auch nicht theoretisch auf Grund abstrakter Erwägungen allgemein gelöst werden, vielmehr muß die Fragestellung so lauten: Wie werden die gefährlichen Geisteskranken in diesem oder jenem Lande unter Berücksichtigung der besonderen Verhältnisse am zweckmäßigsten untergebracht? Die Erfahrung hat gezeigt, daß die Versorgung der gefährlichen Geisteskranken sowohl in Zentralanstalten wie in Adnexen von Strafanstalten und in Abteilungen der Irrenanstalten sowie endlich unter besonderen Voraussetzungen auch in Irrenanstalten ohne Sonderabteilungen möglich und durchführbar ist. Es handelt sich aber nicht darum, ob diese oder jene Unterbringungsart möglich ist, sondern darum, welche auf der einen Seite die größte Sicherheit vor Angriffen gefährlicher Geisteskranker gewährleistet und auf der anderen Seite die beste Möglichkeit der psychiatrischen Behandlung derselben darbietet. Dannemann hat in der Vereinigung für gerichtliche Psychologie und Psychiatrie im Großherzogtum Hessen (Die Fürsorge für gefährliche Geisteskranke, S. 23 bis 26) anschaulich geschildert, wie Publikum und Arzt bald für diese, bald für jene Art der Verwahrung eintreten, je nachdem die Vorzüge oder Nachteile derselben empfunden werden.

A. Die Zentralanstalten für gefährliche Geisteskranke

erscheinen dem Laienpublikum vielfach als die zweckmäßigste Art der Unterbringung dieser Kranken. Aschaffenburg lehnt auf Grund einer Besichtigung der Sonderanstalten in Broodmoar und Dundrum und der Kriminalanstalten in Aversa, Montelupo und Reggio-Emilia diese Zentralanstalten entschieden ab. Über Broodmoar und Dundrum, die in Deutschland vielfach als nachahmenswerte Muster hingestellt werden, lautet sein Urteil folgendermaßen: „Die Aufgabe, die Irrenanstalten von irren Verbrechern zu entlasten, bleibt ungelöst. Aber auch die andere Aufgabe, die Rechtssicherheit zu gewährleisten, wird nur zum kleinsten Teil gelöst. Denn da nur ein verschwindend kleiner Teil der gefährlichen Kranken aufgenommen wird, und gleichzeitig die geisteskranken Verbrecher nach Ablauf der Strafzeit in die gewöhnlichen Irrenanstalten kommen, von wo sie leichter entweichen können, so bleibt die Gefährdung der öffentlichen Rechtssicherheit bestehen. Dazu kommt schließlich noch, daß die Versorgung der Kranken selbst nicht so sehr vom ärztlichen als vom Verwahrungsstandpunkt aus geschieht, so daß also auch nach dieser Richtung viel zu wünschen bleibt." Weygandt möchte trotz des ausgezeichneten Eindrucks, den Broodmoar bei einer Besichtigung aus Anlaß des internationalen medizinischen Kongresses in London im Jahre 1913 auf ihn machte, diese Anstalt nicht als unbedingt nachahmenswertes Muster hinstellen, „vielmehr erscheint" — so schreibt dieser erfahrene Psychiater — „das in Deutschland geübte Verfahren, an einzelnen Irrenanstalten besondere Pavillons für Kriminelle zu errichten, doch noch zweckmäßiger. Wohl ist dann der Betrieb einer solchen gemischten Irrenanstalt etwas schwer, aber immerhin kann eine gut geführte Anstalt, wie Bleuler sagt, 10% Kriminelle noch gut verdauen. Der wesentliche Grund für das deutsche Prinzip ist folgender: Die kriminellen Geisteskranken sind außerordentlich verschieden hinsichtlich des Grades ihrer Gefährlichkeit bzw. Harmlosigkeit. Dieser Grad wechselt aber zeitweilig, im allgemeinen pflegt im Laufe der Behandlung die Gefährlichkeit nachzulassen. Selbstverständlich darf man auch keineswegs eine direkte Proportionalität zwischen der Schwere der begangenen Verbrechen und dem Grad der Gefährlichkeit annehmen. In einer gemischten Anstalt wird es nun viel leichter, den allmählich sich bessernden Kranken aus der kriminellen Abteilung in eine andere, auch noch wohl überwachte und geschlossene Abteilung, später in ein halb offenes, weiterhin in ein offenes Haus zu bringen, ihm Arbeitsgelegenheit im geschlossenen Raum, dann in der Kolonne auf dem Gelände, auf dem Anstaltsfeld usw. zu geben, ihn schließlich frei zwischen den Pavillons passieren zu lassen, ihn auf weitere Ausflüge mit Wärtern zu senden, ihn stundenweise oder länger zu beurlauben, bis man die Bewährung für genügend erachtet, so daß mit behördlicher Zustimmung ein Entlassungsversuch in die Freiheit gemacht werden kann. In der lediglich kriminelle Irre beherbergenden Anstalt ist die Kluft zwischen Insassen und Außenwelt viel tiefer und schwerer überschreitbar, so daß jene allmähliche Annäherung des sich bessernden Insassen an die Außenwelt viel weniger leicht durchführbar ist." Zu einer ganz anderen Ansicht ist Straßmann ebenfalls nach einem Besuche in Broodmoar im Jahre 1913 gekommen. Leppmann hatte in der Versammlung des deutschen Medizinalbeamten-Vereins in Breslau im Jahre 1913 in seinem Vortrage: „Der Schutz gegen Geisteskranke" erklärt: „Ich persönlich bin ein energischer Gegner der sogenannten Zwischenanstalten gewesen, solange es sich um die gefährlichen Geisteskranken handelte. Es ist ein Unrecht, daß man Kranke erster und zweiter Klasse unterscheidet; man trifft damit nicht nur die Kranken, sondern die Angehörigen. Nach meinen Erfahrungen über die Unterbringung der gefährlichen Geisteskranken halte ich es außerdem für das beste, wenn im Bereich einer größeren Anstalt einzelne feste Pavillons oder Teile sind, die man für derartige Elemente benutzen kann. Nicht zu allen Zeiten ihres Lebens sind diese Leute gleich gefährlich; man kann mit ihnen probieren, kann sie aus einem festen Pavillon in einen freieren verlegen. Deshalb will ich grundsätzlich alle gemeingefährlich geistig Mangelhaften in den gewöhnlichen Einrichtungen unserer Fürsorge, in Trinkeranstalten, Irrenanstalten, Erziehungsanstalten für Schwachsinnige usw. unterbringen, und ich bin sicher überzeugt, daß dies genügt, wenn es sich nur um gemeingefährliche Geisteskranke handelt.“ Darauf erwiderte Straßmann in der Diskussion: „Ich bin anderer Ansicht. Herr Kollege Leppmann hat sich auch auf den Standpunkt gestellt, daß gewisse Sonderabteilungen, feste Häuser, notwendig sind; ob man aber derartige Sonderabteilungen schafft, oder ob man schließlich derartige Sonderabteilungen zu einer Sonderanstalt vereinigt, das ist vielleicht mehr eine praktische Frage, nicht eine solche von grundsätzlicher Natur. Ich muß gestehen, daß ich eine gewisse Vorliebe gewonnen habe, gerade auf Grund eines Besuches, den ich vor wenigen Wochen der bekannten englischen Anstalt Broodmoar abgestattet habe. . . . . Ich habe auch von anderen deutschen Kollegen, die an der Besichtigung teilnahmen, z. B. von Weygandt-Hamburg und Puppe-Königsberg i. Pr. gehört, daß sie ebenso wie ich einen überaus günstigen Eindruck von dem Betriebe der Anstalt gewonnen haben. Wenn man das Leben, das die Kranken führen, vergleicht mit dem Leben, das sie in den festen Häusern der Anstalten bei uns führen, dann scheint es mir, daß diesen Unglücklichen doch eine vielmehr erträgliche und zum Teil erfreuliche Existenz gewährt ist, als gerade in diesen festen Häusern. Es erscheint mir dies auch in gewissem Grade begreiflich. Wenn jemand in einer allgemeinen Anstalt zu tun hat, so ist es ganz natürlich, daß die Beschäftigung mit dieser Abteilung ihm weniger angenehm ist, wie mit den übrigen. Jeder Mensch verkehrt schließlich lieber mit Unbescholtenen als mit Verbrechern, und so scheint es mir ganz erklärlich, daß hier die Kriminellen nicht die gleiche Berücksichtigung finden wie in einer Anstalt, die ausschließlich für solche Kranke bestimmt ist, und in der das gesamte Personal darauf angewiesen ist, nur der Pflege dieser Kranken sich zu widmen. Ich glaube, daß wir gar keine Veranlassung haben, uns grundsätzlich ablehnend gegen derartige Anstalten, die, wie ich hervorheben möchte, reine Irrenanstalten sein sollen, kein Mittelding zwischen Irrenanstalt und Strafanstalt, und die, wie auch die Broodmoarer Anstalt, völlig unter ärztlicher Leitung stehen müssen.“ Dieser Auffassung Straßmanns kann ich nicht beitreten. Weygandt gibt gerade auf Grund seiner Besichtigung Broodmoars, wie aus seinen oben mitgeteilten Ausführungen hervorgeht, dem deutschen Verfahren der „festen Häuser“ an Irrenanstalten entschieden den Vorzug vor den Sonderanstalten nach dem Beispiele Broodmoars. Als Anhänger von Zentralanstalten sind in neuerer Zeit Nitsche-Dresden (Die Unterbringung der Geisteskranken mit verbrecherischen Neigungen. Psych. Neurol. Wochenschr. 11, Nr. 2 u. 3, 1910) und Enge-Lübeck (Soziale Psychiatrie, 1919, S. 190—195) hervorgetreten. Der Vorschlag Nitsches, der in erster Linie die Verhältnisse in Sachsen berücksichtigt, geht dahin, dort, wo die Einrichtungen an Strafanstalten und Irrenanstalten nicht ausreichen, besondere Anstalten für gefährliche Geisteskranke zu errichten. Die Anstalten für „Nurgefährliche“ sollen aber keine schematische Nachahmung der Zentralanstalten in England, den Vereinigten Staaten und Italien sein, sondern für die Unterbringung in den Sonderanstalten nach dem Plane Nitzsches soll lediglich die Gefährlichkeit, der Zustand des Geisteskranken, nicht seine kriminelle Vergangenheit ausschlaggebend sein. Rüdin hat überzeugend nachgewiesen (Über die zweckmäßigste Art der Unterbringung der irren Verbrecher und verbrecherischen Irren in Bayern: Zeitschr. f. d. ges. Neurol. u. Psych. Bd. II, H. 2), daß Sonderanstalten nach dem Vorschlage Nitsches keinen Fortschritt, sondern zweifellos einen Rückschritt bedeuten würden. Seinen Ausführungen entnehme ich besonders auch im Hinblick auf die Empfehlung von Zentralanstalten durch Straßmann folgende bemerkenswerte Stellen: „Möglich ist ja eine Vereinigung von Nurgefährlichen in einer größeren Zentralanstalt freilich. Das bestreitet niemand. Aber zweckmäßig ist sie nicht, sondern nutzlos, ja gefährlich und rückschrittlich, denn ein solcher Bau würde sehr bald im Publikum als Verbrecheranstalt im berüchtigsten Sinne des Wortes figurieren und wäre es auch tatsächlich. Ihre Insassen wären der Ächtung durch das Publikum in hohem Maße ausgesetzt. Eine Entlassung und Wiederunterbringung im Leben draußen wäre noch weit schwieriger, als dies aus einer Strafanstalt oder Irrenanstalt ohnedies schon ist. Denn ein Übergangsaufenthalt, ein Untertauchen unter harmlosen, gewöhnlichen Kranken vor der Entlassung wäre ja in einer Zentralanstalt für Nurgefährliche kaum möglich, für das Publikum aber jedenfalls nicht maßgebend, da ja doch in der Idee Nitsches selbst diese Zentralanstalt eine „besondere Anstalt sein soll, zu der die übrigen Irrenanstalten in einem offenkundigen Gegensatz stehen." Daß ein Pavillon für Gefährliche für eine Irrenanstalt nichts Angenehmes ist, darüber sind wir uns alle einig, aber ich muß entschieden bestreiten, daß das Publikum deswegen geneigt sein wird, wie Nitsche sagt, den Eindruck der Detention, den man von dem Verbrecherpavillon und auch von dem Verwahrungshause unvermeidlich empfängt, auf die ganze Anstalt und auf das Irrenwesen überhaupt zu übertragen. Sollte das aber doch an gewissen Orten der Fall sein, so ist es unsere Pflicht, diesen völlig unberechtigten Anschauungen entgegen zu treten, wo wir ihnen begegnen. Nachdem ein gegebener Krimineller als krank erkannt ist, können wir es uns nicht vom Publikum vorschreiben lassen, wo wir ihn zu behandeln haben, und wir müssen uns vor allem gegen das Publikum wenden, sobald es Dinge von uns verlangt, die, wie eben der Aufenthalt in einer Anstalt, welche zu den übrigen Irrenanstalten in einem offenkundigen Gegensatz steht, die Interessen unserer Kranken, seien sie auch kriminell, direkt schädigen. Der Irrenarzt hat überdies gar kein Interesse daran, die im Publikum nur allzufest sitzende Meinung von der grundsätzlichen Verschiedenheit zwischen krankhafter verbrecherischer Anlage und geistiger Störung im eigentlichen Sinne noch künstlich zu unterstützen. Er wird im Gegenteil auf die wichtigen Beziehungen und zahllosen Übergänge und Kombinationen zwischen geistiger Störung und verbrecherischer Neigung hinweisen und wird so Gründe genug finden, dem Publikum die Notwendigkeit einer Abstufung in der Behandlung der verschiedenen Geisteszustände klar zu machen, nicht aber sie in direkten Gegensatz zueinander zu stellen. Gerade die Abstufung einer irrenärztlichen Behandlung erheischt ja die Errichtung von Sonderpavillons der verschiedensten Art überhaupt. Da aber die Zustände oft wechseln und sich kombinieren usw., so ist es völlig unzweckmäßig und wäre ein großer Rückschritt in der Irrenbehandlung, alle Irrenanstalten so zu bauen und zu betreiben, daß sie zur Aufnahme und zur Behandlung gewisser Geisteszustände überhaupt unfähig sind.... Noch etwas anderes ist zu bedenken: Eine Zentralanstalt kann und wird nicht bloß Zuchthauscharakter haben, sie muß es auch, denn die Justiz wird sich niemals dazu hergeben, sofort nach Erkrankung eines Gefangenen den Strafvollzug auszusetzen oder den Sträfling zu begnadigen. Wo sie so verfährt, hat fast überall erst ein längerer Beobachtungsaufenthalt in einem Strafanstaltsadnex stattgefunden. Wo aber so viele Leute, die noch in Strafe sind, zusammenströmen würden wie in einer Zentralanstalt, da müßte die Justiz besondere Garantien verlangen. Und die Folgen dieser Garantien hätten natürlich auch die Nichtgefangenen zu tragen. Daß die Abwendung der Gefahr des Komplottierens und Revoltierens die straffste Disziplin erfordern würde, steht bei dieser großen Menge Gefährlicher für mich fest. Würde sie durchbrochen, so müßten (wir haben es ja sogar schon an Strafanstaltsadnexen, die eine harmlose Art Miniaturzentralanstalten darstellen, erlebt) die schwerwiegendsten Folgen entstehen, und die Justiz würde nicht zögern, die Befugnisse des ärztlichen Leiters einzuschränken, um sie in Sachen der Sicherung einem verwahrungstechnisch erprobten Verwaltungsbeamten zu übertragen."

Diesen Darlegungen Rüdins kann ich auf Grund meiner 15jährigen Tätigkeit als Arzt an Gefängnissen, Zuchthäusern und Irrenabteilungen an Gefangenenanstalten in vollem Umfange beipflichten. Besonders die Erklärungen Rüdins über den Zuchthauscharakter der Zentralanstalten und die überaus schwierige Stellung des ärztlichen Leiters einer Zentralanstalt zu der Justizbehörde werden von den Irrenanstaltsärzten, die für die Schaffung von Zentralanstalten für kriminelle Kranke eintreten, viel zu wenig gewürdigt. Das gilt vor allem für die Begründung der Forderung nach Schaffung von Zentralanstalten, die J. Enge in seiner vor kurzem erschienenen „Sozialen Psychiatrie", Berlin, Adler-Verlag 1919, gibt. „Für die Errichtung solcher Zentralanstalten", so schreibt er, „spricht zunächst ganz allgemein der Umstand, daß dadurch sowohl die Strafanstalten, wie die Irrenanstalten von Insassen befreit würden, deren Behandlung mit ihrem sonstigen Betriebe nicht im Einklang steht. Die Errichtung von eigenen Anstalten für kriminelle Geisteskranke würde ferner mit einem Schlage der bisher verschiedenen Behandlung derselben ein Ende bereiten, denn als Insassen dieser Anstalten kämen nicht nur die wegen eines Verbrechens zu einer Freiheitsstrafe Verurteilten und während der Strafhaft geisteskrank Befundenen (also die eigentlich geisteskranken Verbrecher) in Betracht, sondern auch die im Untersuchungsverfahren wegen Geistesstörung Freigesprochenen, die sogenannten verbrecherischen Geisteskranken. Dazu kämen vielleicht noch diejenigen Kranken, die noch nicht kriminell geworden, aber infolge ihrer geistigen Veranlagung doch zu verbrecherischen Handlungen neigen und vielleicht auch in der Irrenanstalt schon Handlungen begangen haben, die bei Geistesgesunden als ein Verbrechen anzusehen wären." Für eine solche Zentralanstalt verlangt Enge außer einem erfahrenen Irrenarzt als Leiter: „Stramme Zucht, eingeschränkten und streng überwachten Verkehr dieser Kranken mit der Außenwelt, für manche Kranke nicht nur Arbeitsgelegenheit, sondern einen gewissen Arbeitszwang, ja selbst die Anwendung von Strafmitteln". Auf Grund meiner, an vielen hundert kriminellen Geisteskranken gemachten Erfahrungen, kann ich Enge nur die Versicherung geben, daß eine solche Zentralanstalt mit strammer Zucht,

Arbeitszwang und Strafmitteln in kürzester Frist völlig Fiasko machen, von einer Irrenanstalt nur den Namen tragen und im übrigen einem Zuchthause aufs Haar gleichen würde. Ich möchte es auch bezweifeln, ob ein Irrenarzt an einer solchen Anstalt eine befriedigende Tätigkeit entfalten kann. Mit Unrecht berufen sich deutsche Irrenärzte bei der Empfehlung von Zentralanstalten immer wieder auf das Kriminalasyl in Broodmoar. Schon Sander hat betont, daß der größte Teil der in dieser Anstalt untergebrachten Kranken in einer deutschen Anstalt ohne besondere Sicherheitsmaßnahmen gehalten werden könnte, und Aschaffenburg und Weygandt haben dies auf Grund eigener Besichtigung bestätigt. Ist dies aber der Fall, dann ist der große Aufwand an baulichen Sicherheitsvorrichtungen überflüssig, die scharfe Überwachung durch zahlreiches Pflegepersonal unnötig, ja direkt schädlich. Die Broodmoarer Anstalt beherbergt auch hauptsächlich wegen Geisteskrankheit Freigesprochene, darunter nicht wenige, die Selbstmordversuche unternommen haben und eine große Anzahl Kindesmörderinnen. Dem deutschen Rechtsempfinden widerspricht es in hohem Grade, solche Geisteskranke auf unbestimmte Zeit in einer Zentralanstalt für kriminelle Geisteskranke zu internieren. Niemand wird auch bestreiten können, daß das in England geübte Verfahren, das die verbrecherischen Irren Broodmoar überweist, „solange es dem Könige gefällt", während es gestattet, daß die geisteskranken Verbrecher nach verbüßter Strafzeit entweder den gewöhnlichen Irrenanstalten zugeführt oder ohne besondere Formalitäten in die Freiheit entlassen werden, keine befriedigende Lösung der Versorgung der kriminellen Geisteskranken darstellt, und die verbrecherischen Geisteskranken dadurch ungleich härter getroffen werden als die geisteskranken Verbrecher.

Nicht unwesentlich in der Frage nach der zweckmäßigsten Art der Unterbringung der gefährlichen Geisteskranken ist auch die Kostenfrage. Daß eine Zentralanstalt für gefährliche Geisteskranke das kostspieligste Verfahren ist, kann nicht bezweifelt werden, denn es erfordert die teuersten baulichen Einrichtungen und verursacht durch das überaus zahlreiche und ausgesuchte Pflege- und Aufsichtspersonal bedeutende Kosten. Mit der Kostenfrage in engem Zusammenhange steht in Preußen auch die Frage, wer die Kosten für die Einrichtung der Zentralanstalten und die Verpflegung der in denselben untergebrachten Kranken zu übernehmen hätte, der Staat oder die Provinzialverwaltungen. Enge ist der Ansicht, daß „einzig und allein der Staat zur Errichtung solcher Anstalten für kriminelle Geisteskranke berufen sei", denn „diese Anstalten dienten in erster Linie der öffentlichen Sicherheit und unter gewissen Voraussetzungen auch dem Strafvollzuge, hätten somit Aufgaben zu erfüllen, die der Staatsverwaltung zukämen". Hinsichtlich der Verpflegungskosten macht er den Vorschlag: „Bei geisteskranken Verbrechern Übernahme der Verpflegungskosten für die Zeit der Strafdauer wie bisher durch den Staat, bei den verbrecherischen Geisteskranken sowie bei den geisteskranken Verbrechern, nach Vollendung ihrer Strafhaft prozentuale Verteilung der Kosten zwischen Staat und Provinzen." Die preußische Staatsregierung hat sich, wie aus meiner ausführlichen Darstellung im I. Abschnitt hervorgeht, bisher auf einen völlig ablehnenden Standpunkt gestellt und gegenüber dem Verlangen der Parlamente und der Landeshauptleute geweigert, die Fürsorge für die geisteskranken Verbrecher nach ihrer Entlassung aus dem Strafvollzuge zu übernehmen, und das preußische Oberverwaltungsgericht hat in dem Urteil vom 20. Juni 1905 entschieden, daß die Provinzialverbände verpflichtet sind, gemeingefährliche Geisteskranke in ihre Irrenanstalten aufzunehmen, „wenn die Unterbringung im Interesse der öffentlichen Ordnung und Sicherheit erforderlich ist". Die Justizverwaltung vertritt die Ansicht, daß der geisteskranke Verbrecher nur solange ihrer Obhut unterstellt sei, und sie nur solange die Kosten für seine Unterbringung und Verpflegung zu tragen habe, als er Strafgefangener sei. Mit dem Augenblicke, wo er aus dem Strafvollzuge, sei es durch Strafaussetzung, sei es durch Strafende, ausscheide, höre die Verpflichtung des Justizfiskus, für ihn zu sorgen, auf. Der wegen Geisteskrankheit Freigesprochene und der in einer Irrenanstalt internierte, nicht kriminell gefährliche Geisteskranke, hat für die Justizbehörde nur im Falle der beabsichtigten Entlassung aus der Irrenanstalt gemäß dem Justizministerial-Erlaß vom 16. Januar 1902 Bedeutung. Diese Auffassung der Justizverwaltung ist zweifellos richtig. Die Internierung der gefährlichen Geisteskranken ist nicht eine Angelegenheit der Justizbehörde, sondern gehört zu den Aufgaben der Polizei, der es nach dem allgemeinen Landrecht (Teil II, Tit. 17, § 10) obliegt, die nötigen Anstalten zur Erhaltung der öffentlichen Ruhe, Sicherheit und Ordnung und zur Abwendung der dem Publikum oder einzelnen Mitgliedern derselben drohenden Gefahr zu treffen." Durch das preußische Dotationsgesetz vom 8. Juli 1875 ist die Fürsorge für das Irrenwesen den Kommunalverbänden übertragen und nach § 31 des Gesetzes vom 11. Juli 1891 sind die Landarmenverbände verpflichtet, für Bewahrung, Kur und Pflege der hilfsbedürftigen Geisteskranken, Idioten, Epileptischen, Taubstummen und Blinden, soweit dieselben der Anstaltspflege bedürfen, in geeigneten Anstalten Fürsorge zu treffen. Durch Aufhebung dieser Gesetze und Übertragung der Fürsorge für die gefährlichen Geisteskranken auf den Staat, würden in Preußen zwei verschiedene Arten von Irrenanstalten geschaffen, einmal die gewöhnlichen Irrenanstalten, die Einrichtungen der Provinzialverwaltungen bzw. Kommunalverbände sind, und zweitens die Staatsanstalten für gefährliche Geisteskranke. Dazu kämen dann noch die Beobachtungsabteilungen für geisteskranke Strafgefangene, denn die Justizverwaltung könnte, auch wenn vom Staate aus polizeilichen Gründen Anstalten für gefährliche Geisteskranke errichtet würden, auf diese Beobachtungsstationen zur Feststellung des Geisteszustandes von Personen, die in der Strafhaft erkranken, nicht verzichten. Eine solche Teilung des Irrenwesens in Preußen wäre aber aus praktischen und wissenschaftlichen Erwägungen außerordentlich zu bedauern. Dadurch würden Irrenanstalten I. und II. Klasse geschaffen. Die Staatsanstalten für gefährliche Geisteskrauke würden bald im ganzen Lande als reine Verbrecheranstalten von dem Charakter der Gefangenenanstalten berüchtigt sein, und gegenüber dem Detentionszweck dieser Zentralanstalten müßte selbstverständlich der Zweck der Krankenbehandlung und Krankenpflege völlig in den Hintergrund treten. Die Kommunalirrenanstalten würden durch eine derartige Trennung des Irrenanstaltswesens in den kriminellen Geisteskranken ein wissenschaftlich bedeutsames Krankenmaterial verlieren, und die Begutachtung von Geisteskranken in strafrechtlicher Beziehung und damit der wichtigste Teil forensisch-psychiatrischer Tätigkeit würde für die Ärzte an diesen Anstalten in Wegfall kommen. Zusammenfassend möchte ich über die in Vorschlag gebrachten Zentralanstalten mein Urteil dahin abgeben, daß sie hinsichtlich der Verhütung von verbrecherischen Handlungen durch gefährliche Geisteskranke keine Vorteile darbieten, dagegen in Bezug auf die Behandlung und Pflege Geisteskranker einen großen Rückschritt bedeuten und in Preußen erhebliche verwaltungstechnische Schwierigkeiten verursachen würden.

B. Die Adnexe an Gefangenenanstalten.

Die Adnexe an Gefangenenanstalten, deren Einrichtungen im I. Abschnitt ausführlich geschildert sind, dienen einerseits zur Entlastung der Gefängnisse und Strafanstalten, andererseits zur Entlastung der öffentlichen Irrenanstalten. Bei den preußischen Irrenabteilungen für geisteskranke Strafgefangene tritt der Beobachtungscharakter in den Vordergrund; die Zeit des Aufenthaltes der Strafgefangenen in diesen Beobachtungsstationen ist demnach eine begrenzte: 6 bis höchstens 12 Monate. Im Gegensatze zu diesen preußischen Irrenabteilungen können die Strafgefangenen in den Irrenabteilungen auf dem Hohenasperg und in Bruchsal bis zum Strafende behalten werden. In der Landesanstalt für Geisteskranke in Waldheim, die räumlich mit dem Zuchthause verbunden ist, können die geisteskranken Strafgefangenen über die Strafzeit hinaus verbleiben; ja in diese Anstalt können sogar nichtkriminelle gefährliche Geisteskranke aufgenommen werden. Das Adnex an der Strafanstalt in Gaillon kann geisteskranke und epileptische Gefangene, die eine länger als 1 Jahr dauernde Strafe zu verbüßen haben, bis zum Strafende, das Kriminalasyl in Perth über das Strafende hinaus behalten. Die Adnexe an den Arbeitshäusern in Tapiau und Brauweiler sind, wie diese Einrichtungen der Kommunalverbände und nehmen geisteskranke Häftlinge der Korrektionsanstalten, aber auch andere gemeingefährliche Geisteskranke auf. In den Irrenabteilungen in Preußen, Württemberg und Baden dürfen mit Rücksicht auf die Vorschrift des § 116 StPO. Untersuchungsgefangene nicht untergebracht werden, wohl aber findet eine Beobachtung von solchen Gefangenen in dem Adnex an dem Landesgefängnis in Budapest statt.

Darüber herrscht unter den Verwaltungsbeamten und Irrenärzten Übereinstimmung, daß die Adnexe für geisteskranke Strafgefangene an Gefangenenanstalten große Vorteile bieten: sie ermöglichen zunächst eine rasche Überführung der geisteskranken Gefangenen in irrenärztliche Behandlung und Pflege. Es bedarf nur eines Aufnahmegutachtens des Gefängnisarztes und eines Antrages des Gefängnisvorstehers, um schnell, ohne besondere Formalitäten und Kosten, die Überführung eines Gefangenen in die Irrenabteilung herbeizuführen. Weitere Vorzüge der Irrenabteilungen an Gefangenenanstalten sind „stete Bereitschaft eines ausgebildeten Irrenarztes für die rechtzeitige Erkennung beginnender Geistesstörung nicht bloß im Interesse der Anstaltsdisziplin, sondern auch im Heilinteresse der Gefangenen selbst. Möglichkeit rascher kostenloser Zurückversetzung in den geordneten Strafvollzug, Vertrautsein des Arztes mit der Individualität des geisteskranken Gefangenen schon vor Entnahme aus dem geordneten Strafvollzuge, sowie die Möglichkeit der Überwachung, Beratung und des Zuspruches nach deren Zurückversetzung, Sicherung innerhalb der Irrenabteilung vor Ausbruch, Entweichungen, Revolten, Anrechnung der Strafe, Rückwirkung psychiatrischer Auffassungen auf die Behandlung des psychopathischen Teiles der im geordneten Strafvollzug befindlichen Gefangenen“

(Rüdin). Dazu möchte ich bemerken, daß nur ein kleiner Teil der in den preußischen Irrenabteilungen untergebrachten Kranken aus den Gefangenenanstalten stammt, denen sie angegliedert sind, der größere Teil dagegen aus anderen Gefängnissen und Strafanstalten eingeliefert wird. Der Arzt der Irrenabteilung ist daher nur mit der Individualität derjenigen Gefangenen vertraut, die aus der Hauptanstalt, deren Arzt er gleichzeitig ist, in die Beobachtungsabteilung übergeführt werden. Die aus anderen Gefangenenanstalten stammenden geisteskranken Gefangenen sind ihm vor der Aufnahme in die Irrenabteilung unbekannt. Die aus der Irrenabteilung entlassenen geheilten oder gebesserten Strafgefangenen, die noch weiter Strafe zu verbüßen haben, bleiben auch nur dann unter seiner Obhut, wenn sie zu der Strafart verurteilt sind, die in der Hauptanstalt vollstreckt wird. Die preußischen Irrenabteilungen sind nämlich zum Teil Gefängnissen wie in Moabit, Breslau, Köln und Halle a. S., zum Teil Zuchthäusern wie in Graudenz und Münster i. W. angegliedert, nehmen aber ohne Unterschied sowohl Gefängnis- wie Zuchthausgefangene auf. In der Irrenabteilung wird in der Verwahrung und Behandlung kein Unterschied zwischen Gefängnis- und Zuchthausgefangenen gemacht. Wird dagegen der in der Irrenabteilung untergebrachte Strafgefangene wieder strafvollzugsfähig, so findet Versetzung in die Hauptanstalt nur dann statt, wenn in dieser Strafen der gleichen Art vollzogen werden, wie sie der für wieder strafvollzugsfähig erklärte Gefangene zu verbüßen hat, sonst findet seine Überführung nach der Gefangenenanstalt der gleichen Strafart statt, aus der die Einlieferung erfolgt war. Im letzteren Falle wird der bis dahin in der Irrenabteilung untergebrachte Gefangene der weiteren Fürsorge des Irrenabteilungsarztes entzogen. Ein großer Vorteil der Irrenabteilungen besteht ferner darin, daß der größte Teil der ihnen zugeführten geisteskranken Gefangenen (bis dreiviertel sämtlicher Eingelieferten) soweit wieder hergestellt wird, daß sie entweder am Strafende in die Freiheit entlassen werden können oder ihre Strafe im geordneten Strafvollzuge bis zum Strafende weiter verbüßen können, die öffentlichen Irrenanstalten also diese Kranken, die ihnen bei Nichtbestehen der Irrenabteilungen zugeführt werden müßten, nicht aufzunehmen brauchen. Die Irrenabteilungen haben auch eine erhebliche Entlastung der nicht psychiatrisch ausgebildeten Ärzte an den Gefängnissen und Strafanstalten zur Folge. Diese sind durch deren Einrichtung der Mühe enthoben, die immer wieder auftauchenden und in den Köpfen der Strafanstaltsbeamten unausrottbar festhaftenden Vorstellungen von der Häufigkeit und Wichtigkeit der Simulation geistiger Störungen im Strafvollzuge zu zerstreuen. Sie können in zweifelhaften Fällen, ohne eine bestimmte Diagnose zu stellen und sich irgendetwas zu vergeben, die Aufnahme der betreffenden Strafgefangenen in die Irrenabteilung veranlassen. Einen großen Fortschritt bedeutet die Errichtung der Irrenabteilungen auch nach der Seite hin, daß durch sie eine eingehende Erforschung der psychischen Erkrankungen in der Strafhaft ermöglicht und das Studium der mannigfachen Beziehungen zwischen Verbrechen und Geisteskrankheit wesentlich gefördert worden ist. Diesen großen Vorteilen der Irrenabteilungen stehen aber unverkennbar eine Reihe von Nachteilen gegenüber. Der wichtigste liegt in der Organisation, in der organischen Verbindung einer Anstalt für Geisteskranke mit einer solchen für Gefangene. Die Irrenabteilung ist doch nur ein Appendix an einer großen Gefangenenanstalt, und so ist es nicht zu vermeiden, daß Anschauungen, die im Strafvollzuge ihre Berechtigung haben, auch auf die Geisteskranken der Irrenabteilung übertragen werden. Diese Auffassungen werden durch die Dienstvorschriften noch bestärkt, nach denen die Insassen der Irrenabteilungen zunächst „Gefangene, und zwar gefährliche Gefangene und dann erst möglicherweise Kranke" sind. Sie finden auch in der Stellung des Arztes zu dem Vorsteher der Gefangenenanstalt ihren Ausdruck. Nicht der Arzt vertritt die Irrenabteilung nach außen, sondern der Direktor der Gefangenenanstalt, nicht dem Arzte sind die Beamten der Irrenabteilung unterstellt, sondern dem Direktor. Der Direktor kann unter Umständen sogar gegen den Willen des Arztes Anordnungen über die Insassen der Irrenabteilungen treffen. Die Stellung des Arztes der Irrenabteilung ermangelt deshalb der Selbständigkeit, die nach dem Umfange und der Bedeutung seiner Tätigkeit gefordert werden muß. Warum soll ein kriminalpsychologisch und psychiatrisch ausgebildeter Arzt nicht eine Irrenabteilung völlig selbständig leiten? Warum ist es denn notwendig, daß ein Nichtfachmann ihm in der Leitung der Beobachtungsabteilung übergeordnet wird? Es soll nicht geleugnet werden, daß trotz dieses prinzipiellen Mangels die Irrenabteilungen, besonders die preußischen, recht befriedigende Resultate gezeitigt haben, es soll auch nicht in Abrede gestellt werden, daß bei persönlicher Harmonie zwischen Anstaltsdirektor und Irrenabteilungsarzt der Betrieb sich glatt und ohne Schwierigkeit vollzieht, aber es darf auch nicht verkannt werden, daß die Stellung des Arztes zum Anstaltsdirektor zahlreiche latente Konfliktskeime in sich birgt. Daß die Anstellung des Irrenabteilungsarztes auf Kündigung durch Vertrag unwürdig ist, besonders im Hinblick auf die Beamtenstellung des Oberaufsehers und der Aufseher der Irrenabteilung, sei an dieser Stelle nochmals hervorgehoben. Ein Mangel der preußischen Irrenabteilungen besteht auch darin, daß der Beobachtungszweck derselben allzusehr in den Vordergrund, der Krankenhauscharakter und Heilzweck dagegen in den Hintergrund gestellt ist. Das gibt sich vor allem in dem Fehlen der so überaus wichtigen Arbeitstherapie kund. Der größte Teil der Kranken der Irrenabteilungen sitzt tatenlos da, nur ein ganz kleiner Prozentsatz derselben wird mit Hausarbeiten und ganz leichten Arbeiten wie Schneiderarbeiten, Stuhlflechten beschäftigt, bei denen kein scharfes Handwerkszeug benutzt wird. Ich bin der Überzeugung, daß man in der Vermeidung scharfer Instrumente wie Messern und Scheren bei diesen Kranken nicht allzuängstlich zu sein braucht. Viel wichtiger ist eine sorgsame Beobachtung durch den Arzt und das Pflegepersonal. Allein alle Bemühungen, eine regelmäßige Beschäftigung der Insassen der Irrenabteilungen herbeizuführen, sind ohne Erfolg geblieben. So leben denn die meisten Kranken der Irrenstationen an den preußischen Gefangenenanstalten — ich habe diese in erster Linie im Auge — in trostloser, öder Untätigkeit und Langeweile in den Tag hinein. Die Ergebnisse der Irrenabteilungen würden unzweifelhaft noch bedeutend besser sein, wenn die Kranken in nützlicher Weise regelmäßig unter sachverständiger Anweisung arbeiten könnten, wie dies seit vielen Jahren in den öffentlichen Irrenanstalten durchgeführt ist. Wenn man das Krankenmaterial der Irrenabteilungen durchmustert, so springt dem Beobachter sogleich der auffällige Gegensatz dieser geisteskranken Verbrecher gegenüber den Geisteskranken in den Irrenanstalten in die Augen. In den Irrenabteilungen überwiegen bei weitem die auf psychopathischer Grundlage entstandenen psychischen Erkrankungen, die durch die Strafhaft bei geistig minderwertigen Persönlichkeiten ausgelösten Seelenstörungen von mehr oder weniger akutem Gepräge, während die echten, endogenen Geisteskrankheiten im engeren Sinne ganz wesentlich zurücktreten. Es ist ein großer Verdienst Sieferts, daß er in seinem hervorragendem Werke über die Geistesstörungen der Strafhaft diesen prinzipiellen Gegensatz der degenerativen Geistesstörungen und der Geisteskrankheiten im engeren Sinne scharf betont hat. Die échten Geisteskrankheiten der Strafhaft, die während der Strafverbüßung auftretenden Erkrankungen an Dementia praecox, manisch-depressivem Irresein, progressiver Paralyse, epileptischen Psychosen unterscheiden sich nach Art und Verlauf in keiner Weise von den gleichen Geistesstörungen des freien Lebens. Anders verhält sich dies bei den degenerativen Psychosen der Haft, den Haftpsychosen. Sie sind Reaktionen psychopathischer Individuen auf die Schädlichkeiten der Haft, Situationspsychosen, die durch das schädliche Milieu bei krankhaft veranlagten Individuen ausgelöst werden. Auf Grund meiner Erfahrungen stimme ich Homburger durchaus bei, der nach eingehenden katamnestischen Erhebungen über die Fälle Kirns aus den Jahren 1879 bis 1889 zu dem Ergebnis gelangte: „Im Rahmen der gesamten Kriminalität des Einzelnen und seines Lebenslaufes spielt die Haftpsychose lediglich die Rolle einer Episode, eines Ereignisses das nach Eintritt und Dauer von äußeren Faktoren bekannter Art abhängig, auf die späteren Geschicke des Menschen ohne jede Wirkung bleibt. Sie greift weder in die Gestaltung der Kriminalität noch in das sonstige psychische Verhalten ein und steht im Bilde eines solchen Daseins an keiner prominenteren Stelle als jegliche pathologische Reaktion auf vorübergehende Ursachen im freien Leben. Hierin liegt der prinzipielle Unterschied gegenüber der Dementia praecox, welche die Zukunft ihres Trägers maßgeblich bestimmt und in ihrer Eigenschaft als progrediente Geisteskrankheit die Ausschaltung des Kranken aus dem Gefüge des Gemeinschaftslebens bewirkt.“ Pollitz hält diese These für „eine bedenkliche Konstruktion“. (Blätter für Gefängniskunde, 1913, 47. Bd., 3. H., S. 532.) Daß ein erheblicher Teil dieser Gefangenen „an Rezidiven erkrankt und psychisch abnorm gereizt und nur vermindert sozial und strafvollzugsfähig bleibt“, spricht nicht, wie Pollitz annimmt, gegen die Behauptung Homburgers. Nach Abklingen der pathologischen Reaktion bleibt eben bei diesen psychopathischen Persönlichkeiten die abnorme Disposition bestehen, die sie vermindert sozial und strafvollzugsfähig macht. Die Haftpsychose ist ein vorübergehendes Ereignis, das keine dauernde Schädigung hinterläßt. Ich bin nun der Meinung, daß es zweckmäßig sein würde, wenn man diesem klinischen Gesichtspunkte in der grundsätzlichen prognostischen Verschiedenheit der „echten Psychosen“ und der „degenerativen Geistesstörungen“ in der Art der Unterbringung der Kranken Rechnung tragen würde. Die mit echten Psychosen behafteten Gefangenen müssen möglichst rasch aus dem Strafvollzuge ausscheiden, sie sind nach Feststellung ihrer Geisteskrankheit lediglich Objekte der öffentlichen Irrenpflege. Dagegen halte ich es aus verschiedenen Gründen für richtig, die an degenerativen Psychosen leidenden Gefangenen in den Irrenabteilungen bis zur Wiederherstellung ihrer Haftfähigkeit, ev. bis zum Strafende zu behalten und sie auch nach ihrer Wiedereinlieferung in den geordneten Strafvollzug unter dauernder Kontrolle des Arztes der Irrenabteilung zu belassen. Der Krebsschaden in der jetzigen Behandlung der geisteskranken Verbrecher in Preußen liegt in dem unsinnigen Hin- und Herschieben der psychopathischen Gefangenen. Treten bei ihnen auf dem Boden der psychopathischen Veranlagung Geistesstörungen auf, so werden sie der zuständigen Irrenabteilung überwiesen. Der Arzt der Irrenabteilung befindet sich nun in einer schwierigen Lage. Er darf den Kranken nur 6 bis höchstens 12 Monate in der Irrenabteilung behalten. Dann muß er sich entscheiden, ob er ihn bei Fortbestehen der Geisteskrankheit nach Aussetzung der Strafhaft einer öffentlichen Irrenanstalt übergibt oder nach Besserung seines Befindens wieder in den ordentlichen Strafvollzug bringt. Im ersteren Falle ist in absehbarer Zeit eine Besserung zu erwarten. Der Kranke wird dann aus der Irrenanstalt wieder in die Irrenabteilung gebracht, die in der Irrenanstalt zugebrachte Zeit wird auf die Strafzeit nicht angerechnet, und es beginnt nun in der Irrenabteilung eine neue Beobachtung von 6 bis 12 monatiger Dauer, nach deren Ablauf die Frage der erneuten Strafaussetzung und Überweisung an eine Irrenanstalt oder der Überführung in den geordneten Strafvollzug an den Arzt herantritt. Wird der Kranke nach Besserung seines Befindens wieder in eine Gefangenenanstalt übergeführt, so verschlimmert sich unter dem Einfluß des ungünstigen Milieus sein Zustand nicht selten in kurzer Zeit derart, daß eine neue Einlieferung in die Irrenabteilung notwendig wird, und der Arzt derselben wieder vor die Entscheidung gestellt wird, was er mit dem Manne anfangen soll. Dieser große Übelstand, der sich dem Arzte der Irrenabteilung auf Schritt und Tritt sehr unangenehm fühlbar macht und ihn in eine recht schwierige Position zu den Irrenanstalten einerseits und zu den Gefangenenanstalten andererseits bringt, kann mit einem Schlage beseitigt werden, wenn die Bestimmung darüber, wie lange der Kranke in der Irrenabteilung verbleiben soll, nicht zeitlich begrenzt, sondern dem Arzte selbständig unbegrenzt überlassen wird. Mein Vorschlag geht also dahin, die Irrenabteilungen zu wirklichen Irrenanstalten für geisteskranke Gefangene auszubauen und diesen Abteilungen für geistig minderwertige Gefangene unter Leitung des Irrenabteilungsarztes anzugliedern. Die an echten Geistestörungen leidenden Strafgefangenen sollen aus diesen Gefängnis-Irrenanstalten möglichst rasch den öffentlichen Irrenanstalten zugeführt werden, die mit degenerativen Geistesstörungen behafteten dagegen solange in ihnen verbleiben, bis sie der Abteilung für geistig minderwertige Gefangene überwiesen werden können. Im Prinzip möchte ich also eine Einrichtung befürworten, wie sie in Württemberg bereits seit einer Reihe von Jahren besteht und sich als recht zweckmäßig erwiesen hat. In einer Besprechung des Aschaffenburgschen Werkes: „Die Sicherung der Gesellschaft gegen gemeingefährliche Geisteskranke“ in den Blättern für Gefängniskunde 1913, Bd. 47, 1. und 2. Heft, S. 291 sagt Schwandner, der Vorsteher der Strafanstalten in Ludwigsburg und Hohenasperg: „Daß das Zurückversetzen in die Strafanstalt der Beobachtungsabteilung umständlich und schädlich ist, darin hat Aschaffenburg gewiß recht. Darum ist es weit zweckmäßiger, die geisteskranken Gefangenen solange in dem Adnex der Strafanstalt zu behalten, bis Heilung eingetreten ist. Da in Hohenasperg räumlich unmittelbar neben der Irrenabteilung eine Invalidenabteilung für Geistigminderwertige besteht, so sind wir in der glücklichen Lage, den Kranken bei eintretender Besserung von der Irrenabteilung dorthin zu verbringen und ihn dort zu belassen, bis er sich wieder zum gewöhnlichen Strafvollzug eignet, eventuell bis zum Strafende. Zeigen sich in der Invalidenabteilung wieder psychotische Erscheinungen, so ist die Zurückversetzung in die Irrenabteilung sofort möglich.“ Ich stimme Schwandner darin zu, soweit es sich um psychopathische Gefangene mit haftpsychotischen Störungen handelt. Dagegen sehe ich nicht ein, warum Gefangene mit echten Geistesstörungen wie Dementia paralytica, Dementia praecox, Dementia senilis, epileptischer Verblödung bis zum Strafende in der Irrenabteilung verbleiben sollen. Für solche Geisteskranke hat der Strafvollzug für absehbare Zeit, wahrscheinlich dauernd, jeden Sinn und Zweck verloren, solche Geisteskranke können nicht mehr Objekt des Strafvollzuges sein. Im Gegensatze zu Schwandner bin ich der Ansicht, daß an der Richtigkeit dieses Satzes im Interesse des Strafrechts wie aus psychiatrischen Erwägungen unbedingt festgehalten werden muß. Ebensowenig wie der zur Zeit der Tat infolge Geisteskrankheit Unzurechnungsfähige verantwortlich gemacht werden kann, ebensowenig kann an einem Geisteskranken eine Strafe vollstreckt werden. Das geht aus dem klaren Wortlaut des § 487 StPO. unzweifelhaft hervor. Auch in den Erkenntnissen des Bundesamts für das Heimatwesen vom 10. April 1880 und 8. Januar 1881 (Klein, Vorschriften über die Verwaltung in den preuß. Justizgefängnissen, 2. Aufl. S. 171) ist mit jeder nur wünschenswerten Klarheit ausgesprochen, „daß ein Geisteskranker niemals Gegenstand eines Strafvollzuges sein kann." Schwandner behauptet: „Wenn in der Strafanstalt Einrichtungen getroffen sind, daß der geistig erkrankte Gefangene sofort in psychiatrische Sonderbehandlung genommen werden kann, wenn ferner, wie dies im Strafanstaltsadnex der Fall ist, alle Möglichkeiten gegeben sind, den erkrankten Gefangenen sachgemäß zu verpflegen und zu behandeln (Dauerbäder, Wachabteilung, ruhige Abteilung mit Arbeit, Isolierung mit und ohne Arbeit; Ergehungshof usw.), dann ist die Strafvollzugsfähigkeit des Gefangenen eben nicht aufgehoben, so wenig sie bei einem körperlich Erkrankten aufgehoben ist, der einer längeren Spitalbehandlung bedarf." Diese Auffassung ist aber unhaltbar. In meiner Abhandlung: „Strafaufschub und Strafunterbrechung bei Krankheiten" (Zeitschr. f. Medizinalbeamte 1913, H. 11) habe ich eingehend geschildert, wann bei körperlichen und geistigen Erkrankungen eine Strafunterbrechung nach den gesetzlichen Vorschriften und Verwaltungsbestimmungen erfolgen muß oder stattfinden kann. Mit F. Leppmann unterscheide ich bei Geisteskrankheit zwei Gründe für Strafvollzugsunfähigkeit, einen absoluten und einen relativen:

Strafvollzugsunfähig ist:

1. der Gefangene, der infolge einer Geistesstörung des Verständnisses für seine Strafe und deren Vollstreckung ermangelt;
2. der Gefangene, der infolge einer geistigen Erkrankung die Ordnung des Strafvollzuges dauernd und in hohem Grade stört.

Es muß zunächst verlangt werden, daß der Gefangene weiß, weshalb er verurteilt ist, wann das Ende seiner Strafe ist, und welche Bedeutung die Strafe hat. Ist bei ihm infolge einer geistigen Erkrankung dieses Verständnis nicht vorhanden, so ist der absolute Grund zur Strafvollzugsunfähigkeit gegeben. Stört der Gefangene infolge Geisteskrankheit dauernd und in erheblichem Maße die Anstaltsordnung, so liegt der relative Grund der Strafvollzugsunfähigkeit vor. Darin besteht eben der prinzipielle Unterschied, daß bei dem körperlich Kranken, der sich im Gefängnislazarett befindet, das Verständnis für seine Strafe nicht gestört ist, während bei einer Anzahl der geisteskranken Strafgefangenen dieses Verständnis fehlt. Ein Paralytiker, ein senil Dementer, ein Katatoniker, ein verblödeter Epileptiker, ein echter Paranoiker hat kein Verständnis für Schuld und Sühne, für Strafe und Strafvollstreckung. Derartige Geisteskranke länger, als zur Feststellung ihrer Geisteskrankheit unbedingt notwendig ist, in Strafhaft, und sei es auch in dem bestens eingerichteten Adnex einer Gefangenenanstalt zu halten, steht in striktem Widerspruch zu dem Geiste unseres Strafrechts und verstößt gegen den Geist der Humanität. Sie müssen, sobald als möglich, aus jedem Verhältnis zum Strafvollzuge, und sei es auch noch so locker, ausscheiden und genau so ohne jeden Vorbehalt und jede Einschränkung den öffentlichen Irrenanstalten übergeben werden, wie die anderen Geisteskranken.

Ganz anders liegen die Verhältnisse bei den degenerativen Psychosen der Psychopathen. Hier handelt es sich um vorübergehende geistige Störungen von Gefangenen, bei denen nicht dauernd das Verständnis für Schuld und Strafe aufgehoben ist. Für diese Kranken sind die Adnexe an Gefangenenanstalten die zweckmäßigsten Einrichtungen zur Behandlung und Verwahrung, und zwar nicht nur für $^1/_2$ oder 1 ganzes Jahr, sondern, wenn notwendig, für die gesamte Dauer der Strafe. Besteht neben der Irrenabteilung an derselben Strafanstalt auch noch eine Station für geistig minderwertige Gefangene, dann ist bei Besserung des an einer degenerativen Geistesstörung erkrankten Gefangenen eine Versetzung in diese und bei weiterer Besserung sogar in den geordneten Strafvollzug unter beständiger Aufsicht des Irrenabteilungsarztes leicht und ohne Kosten durchführbar und ebenso bei Verschlimmerung eine Zurückverlegung in die Abteilung für psychopathische Gefangene und, wenn notwendig, in die Irrenabteilung möglich. Dann wären an einer Gefangenenanstalt wie in Hohenasperg, sämtliche Unterbringungsmöglichkeiten für psychopathische Gefangene unter der Obhut desselben Arztes vorhanden. Ein derartiger Ausbau der Irrenabteilungen würde für den Strafvollzug und die Irrenanstalten von unschätzbarem Vorteile sein: Das Hin- und Herschieben der psychopathischen Gefangenen würde fortfallen, die Gefangenenanstalten könnten alle für sie ungeeigneten Psychopathen abgeben, psychopathische Gefangene mit Geistesstörungen würden in die öffentlichen Irrenanstalten nicht mehr eingeliefert, eine Strafunterbrechung fände bei diesen Kranken nicht mehr statt, und die so verhängnisvolle Nichtanrechnung des Irrenanstaltsaufenthaltes auf die Strafzeit mit der vielfach unabsehbaren Hinausschiebung des Strafendes wäre mit einem Schlage beseitigt.

C. Die Adnexe an Irrenanstalten.

In einem Nachrufe auf den bedeutenden badischen Gefängnisarzt Anton Gutsch, den Schöpfer des ersten Invalidengefängnisses an der Strafanstalt in Bruchsal (in den Blättern für Gefängniskunde, 46. Bd., 3. H., 1912) erwähnte E. v. Jagemann, daß es eine Zeit gab, „wo die freien Anstalten noch einen gewissen Hunger auf die Geisteskranken des Landes hatten, und unser Illenau auf dem Standpunkte beharrte, jeden Sträfling der Art zu beanspruchen“ (S. 515). Das ist nun seit geraumer Zeit ganz anders geworden. Die Irrenanstalten haben längst kein Verlangen mehr nach den kriminellen Geisteskranken, am wenigsten nach den geisteskranken Strafgefangenen. Nur höchst ungern, dem Zwange der Gesetzgebung und der Gerichtsentscheidungen folgend, nehmen die öffentlichen Irrenanstalten die geisteskranken Verbrecher und die verbrecherischen Geisteskranken auf. Wir haben gesehen, daß die vielfach gegen die Aufnahme der kriminellen Geisteskranken von seiten der Irrenanstaltsärzte geäußerten Bedenken einer sachlichen Kritik nicht standhalten, der größte Teil der kriminellen

Geisteskranken sich in keiner Weise von den übrigen Geisteskranken unterscheidet und in der Behandlung keine besonderen Maßnahmen erfordert. Es hat sich aber herausgestellt, daß für gefährliche Geisteskranke, mögen sie nun kriminell oder nichtkriminell sein, wenn sie sich in größerer Zahl in einer Irrenanstalt ansammeln, zur Verhütung von Entweichungen, Revolten, Demolierungen und Gewalttätigkeiten besondere Sicherheitsvorrichtungen nicht zu umgehen sind. Aus diesem Grunde sind, wie dies im I. Abschnitt geschildert ist, an einer großen Zahl in- und ausländischer Irrenanstalten besondere Adnexe für gefährliche, unsoziale Geisteskranke, feste oder gesicherte Häuser, errichtet worden. Diese „Verwahrungshäuser" sind nicht Abteilungen für geisteskranke Verbrecher oder verbrecherische Geisteskranke, sondern dienen zur Aufnahme gefährlicher Geisteskranker ohne Rücksicht auf ihre etwaige kriminelle Vergangenheit lediglich aus dem Gesichtspunkte, daß sie ohne erhebliche Schwierigkeiten während der Dauer ihrer Gefährlichkeit in anderen Abteilungen nicht untergebracht werden können. So wie die Irrenanstalten Abteilungen für unruhige, halbruhige und ruhige Kranke eingerichtet haben, wenn diese Stationen sich als notwendig und zweckmäßig erwiesen haben, so ist auch die Schaffung „gesicherter" Häuser im Bedarfsfalle berechtigt, wobei ausschließlich der ärztliche Leiter nach dem Zustande des Kranken ohne Einmischung des Gerichts oder der Polizei die Entscheidung über die Aufnahme oder Entlassung treffen soll. In dem Aufnahmereglement des Verwahrungshauses in Göttingen wird deshalb, wie Weber mitteilt, auch ausdrücklich hervorgehoben: „Maßgebend für die Aufnahme in das Verwahrungshaus ist dabei nicht etwa die Tatsache, ob, wie oft und wie ein Kranker mit dem Strafgesetz in Konflikt gekommen ist, ob er auf Grund des § 51 des StGB. freigesprochen, oder ob er verurteilt und in der Strafhaft erkrankt ist, sondern die lediglich während eines längeren Aufenthalts in einer der Heil- und Pflegeanstalten festgestellte Unmöglichkeit, den Kranken in freien Verhältnissen zu halten, sei es weil er durch fortgesetzte Bedrohungen oder durch gewalttätige Handlungen oder durch Komplotte und Entweichungsversuche die Sicherheit seiner Umgebung und der Anstalt bedroht."

Für die Sonderabteilungen an Irrenanstalten muß unbedingt gefordert werden, daß jeder Strafvollzug in ihnen aufhört, daß die in ihnen untergebrachten Kranken nur als Kranke mit gefährlichen Neigungen und auf keinen Fall als Gefangene behandelt werden. Auch das Verfahren der formellen Entlassung aus dem Strafvollzuge und Wiedereinziehung im Falle der Besserung oder Genesung ist nicht nur rechtlich unzulässig, sondern wirkt auch dadurch schädlich, daß die Irrenanstalten mit Rücksicht auf die gleich nach der Entlassung wieder einsetzende Strafvollstreckung genötigt sind, besondere Maßnahmen zur sicheren Verwahrung zu ergreifen, die andernfalls vielleicht unterbleiben würden. Mit Recht sagt Rüdin von diesen Sonderabteilungen für gefährliche Geisteskranke an Irrenanstalten: „Sie haben den großen Vorteil, daß die sehr bedenklichen und gefährlichen Kranken dauernd oder vorübergehend dort versorgt werden, und daß auch nicht vorbestrafte gefährliche Kranke, insofern sie nicht der Bett- oder Bäderbehandlung in den gewöhnlichen Abteilungen bedürfen und durch diese ihre Gefährlichkeit verlieren, dort vorübergehend Aufnahme finden können. Dieser Austausch von Kranken innerhalb des Anstaltsareals von der straffen zur freieren Behandlung und umgekehrt kann jederzeit und rasch erfolgen, ohne Formalitäten und ohne Kosten. Die Kranken werden stets als Kranke angesehen und behandelt werden. Sich gut zu führen, wird für sie stets ein gewisser Anreiz sein, da der Hauptgrund gegen eine freiere Behandlung, die Fortdauer des Strafvollzuges, hier wegfällt, und somit für sie nur die eine Vorstellung im Vordergrunde stehen wird, nämlich, sich durch möglichst gute Führung einer freieren Behandlung und schließlich der Entlassung würdig zu erweisen."

Es ist nun nicht zu verkennen, daß das Problem der Unterbringung der gefährlichen Geisteskranken sich im Laufe der letzten 20 Jahre immer mehr in das Problem der Unterbringung der gefährlichen geistig Minderwertigen verwandelt hat. Nicht die eigentlichen Geisteskranken sind es, die praktisch vor Gericht, im Strafvollzuge und in der Irrenpflege die größten Schwierigkeiten hervorrufen, sondern die Grenzzustände, die mannigfachen Übergangsformen zwischen geistiger Gesundheit und ausgesprochener Geisteskrankheit, die psychopathischen Persönlichkeiten. Für diese in der Gesetzgebung, im Strafvollzuge, durch Errichtung besonderer Anstalten unter psychiatrischer Leitung und durch Ausbildung des Fürsorgewesens Maßnahmen zu treffen, ist ein dringendes Erfordernis. Ich habe in dieser Arbeit schon mehrfach darauf hingewiesen, und eine Reihe erfahrener Psychiater wie Leppmann, Aschaffenburg, Bonhöffer, Pollitz, Siefert und Birnbaum bestätigen meine Behauptung, daß ein sehr großer Teil der verbrecherischen Geisteskranken und der geisteskranken Verbrecher nicht „Geisteskranke im engeren Sinne", sondern Psychopathen sind. „Es ist nicht zu viel gesagt", so erklärt Birnbaum: „Sie machen die Hauptmasse unter den verbrecherischen Kranken aus, die den Irrenabteilungen an Strafanstalten aus dem Strafvollzug und den Verwahrungshäusern der öffentlichen Irrenanstalten aus dem Strafwesen überhaupt zugehen." Siefert fand unter 83 Insassen der Irrenabteilung am Gefängnis zu Halle 33 Geistesstörungen im engeren Sinne und 50 Haftpsychosen bei Degenerierten; Birnbaum stellte in einem „freien" Hause der Irrenanstalt Buch, das vorwiegend harmlose Geisteskranke beherbergte, unter 117 „Harmlosen" etwa 8 Degenerierte, also knapp 7% fest (von diesen stand noch bei 4 nicht die Psychopathie, sondern sekundärer Alkoholismus, bei einem Morphinismus im Vordergrunde des Krankheitsbildes). Bei 165 kriminellen Aufnahmen eines Verwahrungshauses dagegen kamen 122, also 74% auf Psychopathen (mit zum Teil ausgeprägten degenerativen Krankheitszuständen) und nur 43 auf andere Krankheitsformen (Dementia praecox, Alkoholismus usw.). Jeder, der über Erfahrungen an kriminellen Kranken in Gefangenenanstalten und Irrenanstalten verfügt, wird Birnbaum durchaus zustimmen, wenn er sagt: „Die Annahme eines ungewöhnlich hohen Prozentsatzes der Degenerativen unter den kriminellen Geisteskranken ist unbedingt durch die Tatsachen gerechtfertigt."

Die kriminelle Physiognomie der Gegenwart erhält durch die zahlreichen psychopathischen Persönlichkeiten unter den Verbrechern ein wesentliches und charakteristisches Gepräge, und nach meinen Erfahrungen in Zivil- und Militär-Gefangenenanstalten hat unter dem Einflusse des Krieges und seiner Folgen die Zahl der psychopathischen Verbrecher noch ganz erheblich zugenommen, so daß dieselbe mindestens 30% unter sämtlichen Gefangenen beträgt. Der Schwerpunkt auf kriminalpolitischem Gebiete in den nächsten Jahrzehnten liegt unzweifelhaft in den „sichernden Maßnahmen", die sich gegen 4 Gruppen von gefährlichen Individuen richten müssen:

1. gegen die unverbesserlichen Gewohnheitverbrecher;
2. gegen die verbrecherischen Trinker;
3. gegen die geistig-minderwertigen Verbrecher;
4. gegen die kriminellen Geisteskranken.

England ist der erste Staat gewesen, der gegen diese 4 Kategorien von kriminellen Persönlichkeiten zuerst umfassende sichernde Maßnahmen ergriffen hat, gegen die Gewohnheitsverbrecher durch den Prevention of Crime Act 1908, gegen die verbrecherischen Trinker durch den Habitual Drunkards Act 1879 und Inebriates Actes 1898, gegen die geistig minderwertigen Verbrecher durch das Gesetz betreffend die Fürsorge und Verwahrung geistig Minderwertiger-Mental Deficiency Act 1913 — und endlich gegen kriminelle Geisteskranke durch den Trial of Lunatics Act, 1883 und den Criminal Lunatics Act, 1884. Zahlreich sind die Entwürfe und Vorschläge, die aus fast allen Kulturländern auf dem Gebiete der sichernden Maßnahmen vorliegen, auf die in dem nächsten Abschnitt näher eingegangen werden soll. An dieser Stelle soll nur darauf hingewiesen werden, daß mit der sachgemäßen Behandlung der psychopathischen Persönlichkeiten auch die Frage der zweckmäßigsten Behandlung der gefährlichen Geisteskranken ein gutes Stück ihrer Lösung näher gebracht sein wird. Wenn es gelingt, durch Maßnahmen, die vorwiegend auf psychiatrischem Gebiete liegen, den Ausbruch der degenerativen Geistesstörungen zu vermeiden, dann ist sowohl den Adnexen an den Gefangenenanstalten wie denen an den Irrenanstalten der Hauptzufluß abgesperrt, dann wird eine wesentliche Verringerung der Zahl der gefährlichen Geisteskranken eintreten, und man wird insbesondere die Zahl der Verwahrungshäuser an den Irrenanstalten erheblich vermindern können.

Was die Einrichtung dieser Verwahrungshäuser betrifft, so kann ich nach den Schilderungen derselben von Werner, Geller, Flügge, Cramer, Kroemer und Aschaffenburg auf eine Darstellung derselben verzichten. Betonen möchte ich nur, daß diese festen Häuser nicht mehr als 60 und nicht weniger als 30 gefährliche Geisteskranke beherbergen, einem nicht nur psychiatrisch, sondern auch kriminalistisch geschulten Arzte unterstellt werden sollen, über absolut sichere bauliche Einrichtungen, insbesondere auch eine größere Zahl fester Isolierzellen verfügen müssen, ein erprobtes und durchaus zuverlässiges Wartepersonal haben, reichliche Arbeitsgelegenheit und ausreichende Gelegenheit zum Aufenthalt und zur Beschäftigung im Freien besitzen müssen. Die völlig sichere Verwahrung muß das oberste Prinzip des Verwahrungshauses sein, dem sich alle anderen Erwägungen unbedingt unterzuordnen haben. Der Arzt des Verwahrungshauses muß sich stets der schweren Verantwortung bewußt sein, die im Hinblick auf die öffentliche Rechtssicherheit auf ihm ruht, daß er strafrechtlich und zivilrechtlich für Schaden verantwortlich gemacht werden kann, der durch mangelhafte Verwahrung oder fahrlässige vorzeitige Entlassung gefährlicher Geisteskranker entsteht. Ich stimme Rüdin vollkommen bei, wenn er erklärt: „Wir wollen dabei (bei der Errichtung von Sonderabteilungen für gefährliche Geisteskranke) gerne denen recht geben, welche sagen, es sei mit der sicheren Verwahrung und Entlassung gefährlicher Kranker, besonders Degenerierter, von seiten der Irrenärzte nicht immer mit der nötigen Vorsicht und dem nötigen Ernst zu Werke gegangen worden. Mancher moderne Irrenarzt wird in Zukunft diesen Einwand mehr beachten müssen.“

D. Die Unterbringung in den gewöhnlichen Irrenanstalten ohne Sondereinrichtungen.

Durch die Schaffung von Adnexen für geisteskranke Gefangene an Gefangenenanstalten und die Errichtung von Sonderabteilungen für gefährliche Geisteskranke an einer Reihe von öffentlichen Irrenanstalten scheint das Problem der Unterbringung der gefährlichen Geisteskranken in Deutschland zu einem gewissen Abschluß gelangt zu sein. Es darf aber die Frage aufgeworfen werden, ob es in einem großen Teile Deutschlands nicht genügen würde, die gefährlichen Geisteskranken auf alle in Betracht kommenden Irrenanstalten gleichmäßig zu verteilen und in ihnen zu verwahren. Aschaffenburg hat diese Frage bejaht, und ich schließe mich seiner Ansicht nach meinen Beobachtungen und Erfahrungen an. Insbesondere ist mir in dieser Richtung eine Beobachtung recht lehrreich gewesen, die ich seit 10 Jahren an einer großen Zahl von geisteskranken Zuchthausgefangenen machen konnte, die aus den Strafanstalten des Oberlandesgerichtsbezirks Breslau der Irrenabteilung des Strafgefängnisses in Breslau zugeführt wurden. Der Beobachtungsabteilung in Breslau werden Zuchthausgefangene aus den 5 für männliche Zuchthausgefangene bestimmten schlesischen Strafanstalten in Brieg, Görlitz, Gr.-Strehlitz, Ratibor und Striegau überwiesen. Im Falle der Wiederherstellung der Strafvollzugsfähigkeit wurden diese Gefangenen nun nicht wieder in die Anstalt zurückgebracht, aus der ihre Einlieferung erfolgte, sondern alle wurden nach der Strafanstalt übergeführt, die der Irrenabteilung am nächsten gelegen ist, nach der in Brieg. Die Folge davon war, daß in der Strafanstalt in Brieg sich eine überaus große Zahl geistig minderwertiger, psychopathischer Zuchthausgefangener ansammelte und ferner, daß die übrigen schlesischen Strafanstalten sich der ihnen unbequemen und lästigen psychopathischen Gefangenen auf dem Wege über die Irrenabteilung dauernd zu entledigen suchten. Ganz ähnliche Zustände können sich an den öffentlichen Irrenanstalten durch die Errichtung von „festen Häusern“ in einzelnen von ihnen entwickeln. Die anderen Irrenanstalten schieben die ihnen unbequemen und lästigen gefährlichen Geisteskranken nach den „festen Häusern“ ab. Das ist ein Verfahren, das vom psychiatrischen Standpunkte nicht gebilligt werden kann. Eine große Irrenanstalt kann, wie Bleuler mit Recht betont, eine Anzahl gefährlicher Kranker „gut verdauen“, denn sie muß die Möglichkeit zur sicheren Unterbringung und Verwahrung erregter und gefährlicher Kranker bieten. Nur in den großen Städten und Industriezentren, in denen sich gefährliche Geisteskranke in großer Zahl ansammeln, ist die Errichtung von Sonderabteilungen für diese Kranken gerechtfertigt und notwendig; im übrigen ist das System der Verdünnung durch andere ungefährliche Kranke die beste Art der Versorgung der gefährlichen Geisteskranken. An dieser Stelle sei nochmals daran erinnert, daß die Gefährlichkeit bei den Geisteskranken in der Regel kein Dauerzustand, sondern vorübergehender Natur ist.

Durchaus zutreffend ist es, wenn Aschaffenburg erklärt, daß die Irrenanstalten leicht geneigt seien, unbequeme Kranke in die festen Häuser abzu schieben. „Sind sie aber genötigt, sich selbst mit den unangenehmeren Eigenschaften abzufinden, so werden sie sich bemühen und bemühen müssen, diese Eigenschaften zu bessern, durch Arbeit, durch Ablenkung, durch Behandlung in Bett und Bad, durch Wechsel der Abteilungen, und wie all die Mittel psychischer Beeinflussung heißen mögen.“

VIII. Abschnitt.

Vorschläge auf dem Gebiete der Gesetzgebung zur Bekämpfung der Gefährlichkeit bei Geisteskranken.

„Man muß sich die Frage vorlegen: Leben wir eigentlich in einer vernünftigen Welt? Nach Tausenden und Abertausenden zählen die Menschen, mit denen heute von den gesellschaftlichen Organen ein grausames Spiel getrieben wird. Diese Unglücklichen sind mit einem geistigen Defekt behaftet, lebensuntüchtig, dem heutigen Kampf ums Dasein nicht gewachsen. So wie irgendeinem Krüppel ein Fuß, eine Hand fehlt, so ist bei ihnen irgendein Teil des Gehirns verkrüppelt oder verkümmert. Nun werden sie abwechselnd von der Armenverwaltung der Polizei, von der Polizei der Armenverwaltung zugeschoben, hin- und hergehetzt, bis sie im Gefängnis oder im Spital für einige Zeit landen. Dann freut sich die Armenverwaltung, daß sie die Last für einige Zeit los hat. Mir ist ein Fall bekannt, wo ein Landbürgermeister einem solchen Unglücklichen den Rat gab: So stiehl doch, du Lump, daß wir Dich endlich einmal los werden! Wie die Hunde hetzt und jagt man diese Menschen heute von einer Tür zur anderen, und dann wundert man sich, wenn sie manchmal wie die Hunde um sich beißen. Diesem schändlichen Treiben ein Ende zu machen, diesen Tausenden Unglücklichen Ruhe und Frieden zu verschaffen, dient die gesetzgeberische Reform, die wir anstreben."

Karl Krohne, der große Reformator des Gefängniswesens und warmherzige Menschenfreund, hat diese bedeutungsvollen Worte im Jahre 1903 auf der Landesversammlung der internationalen kriminalistischen Vereinigung in Stuttgart gesprochen. Es kann nicht in Abrede gestellt werden, daß unser Strafrecht und Strafvollzug in dem Kampfe gegen das Verbrechertum versagt haben und versagen. Das geht aus der Rückfallstatistik mit erschreckender Deutlichkeit hervor. 1882 waren von 315 849 Verurteilten 82292, d. h. fast nur ein Viertel vorbestraft; 1909 hingegen kamen auf 536 603 Verurteilte, 249 544 Vorbestrafte, d. h. mehr als drei Achtel. Von den im Jahre 1899 verurteilten Personen wurden in den nächsten 10 Jahren 39,4% rückfällig, und zwar trat der Rückfall um so häufiger und um so eher ein, je häufiger diese Personen bestraft waren. Von den im Jahre 1899 zum ersten Male Verurteilten sind in den folgenden 10 Jahren nur 22,6%, von den früher schon einmal Verurteilten 48,8%, von den 2—4 mal Verurteilten 65,5% und von den 5 oder 6 mal Verurteilten 83,6% von neuem verurteilt worden. Diese Zahlen beweisen mit nicht mißzuverstehender Deutlichkeit, daß die spezialpräventive Wirkung der Strafen und des Strafvollzuges eine überaus geringe ist. Es würde nun aber verfehlt sein, wenn man die ganze Schuld an diesem betrübenden Resultat dem Strafvollzug zuschreiben würde. Strafrecht und Strafvollzug bedürfen in der Verbrechensbekämpfung nach zwei Richtungen dringend einer Ergänzung, in dem Ausbau und der strafferen Organisation der Entlassenenfürsorge auf der einen Seite und in den sichernden Maßnahmen andererseits. Das Fehlen der sichernden Maßnahmen in dem geltenden Strafrecht macht sich gerade bei den kriminellen Geisteskranken und den psychopathischen Verbrechern in steigendem Maße unangenehm bemerkbar. Unter dem Einflusse des Krieges und seiner Folgen ist die Zahl der psychopathischen Verbrecher ganz erheblich gewachsen, und es liegt klar vor aller Augen, daß es mit der milderen Beurteilung der geistig minderwertigen Rechtsbrecher allein keineswegs getan ist, daß hier zum Schutze der allgemeinen Rechtssicherheit wirksamere Maßnahmen erforderlich sind. Am Schlusse des I. Abschnittes habe ich bereits eine Zusammenstellung der in den Gesetzen und Gesetzesentwürfen einiger Staaten vorgesehenen Bestimmungen über Maßnahmen gegen verbrecherische Irre und geisteskranke Verbrecher gegeben. Darüber besteht allgemeine Übereinstimmung, daß sichernde Maßnahmen gegenüber den gefährlichen Geisteskranken und geistig Minderwertigen möglichst bald geschaffen werden müssen. Schon im Jahre 1903 forderte v. Liszt auf Grund der die Öffentlichkeit in hohem Grade erregenden Fälle Dippold und Prinz v. Arenberg ein Sondergesetz zum Schutze der Gesellschaft gegen gemeingefährliche Geisteskranke und vermindert Zurechnungsfähige und legte den Vorentwurf eines solchen Gesetzes vor. Er führte aus, daß nur der Erlaß eines besonderen Reichsgesetzes imstande sei, das vorhandene Bedürfnis zu befriedigen, schon deshalb, weil andere Reichsgesetze geändert werden müßten, und dieses Gesetz sich nicht auf die vermindert Zurechnungsfähigen beschränken könne, sondern auch die Sicherung gegen die nicht zurechnungsfähigen Geisteskranken ins Auge fassen müsse. Trotzdem immer wieder auf die Dringlichkeit der Schaffung derartiger sichernder Maßnahmen von juristischer und psychiatrischer Seite hingewiesen wurde, sind wir kaum einen Schritt weiter gekommen. Durch den Krieg und seine Folgen ist die Schaffung eines neuen Strafgesetzbuches in weite Ferne gerückt, und auch die Neuordnung eines Strafprozeßrechtes dürfte in absehbarer Zeit nicht zustande kommen. Um so dringender tritt an die gesetzgebenden Faktoren die Notwendigkeit heran, möglichst rasch ein Gesetz zu schaffen, durch das die allgemeine Rechtssicherheit vor den Angriffen gefährlicher geisteskranker und geistig minderwertiger Personen wirksam geschützt wird. Es erhebt sich nun die Frage, in welcher Weise dies am zweckmäßigsten geschehen soll.

v. Liszt schlägt vor, das Gericht soll bei Freisprechung eines Angeklagten gemäß § 51 StGB. bei Gemeingefährlichkeit des Täters die vorläufige Verwahrung des Freigesprochenen anordnen und zugleich die Akten zur Einleitung des Entmündigungsverfahrens an die zuständige Staatsanwaltschaft abgeben. Die vorläufige Verwahrung soll in besonderen Abteilungen der Strafanstalten und Gefängnisse oder in anderen dazu geeigneten Räumen unter ärztlicher Beaufsichtigung erfolgen. In ähnlicher Weise soll bei den vermindert zurechnungsfähigen Gemeingefährlichen verfahren werden. Ist der vermindert Zurechnungsfähige straffähig, so wird die vorläufige Verwahrung durch die Strafvollstreckung unterbrochen und setzt nach der Strafverbüßung ein, wenn bis dahin das Entmündigungsverfahren noch nicht rechtskräftig erledigt ist. Ist er dagegen nicht straffähig, so wird die Strafvollstreckung ausgesetzt. Die Dauer der vorläufigen Verwahrung wird auf die erkannte Strafe angerechnet. Der infolge verminderter Zurechnungsfähigkeit wegen Gemeingefährlichkeit Entmündigte steht hinsichtlich der Geschäftsfähigkeit einem Minderjährigen gleich, der das 7. Lebensjahr vollendet hat. Den Kernpunkt des v. Lisztschen Vorentwurfs bildet der § 7, in dem es heißt: „Wird die Entmündigung wegen Gemeingefährlichkeit oder verminderter Zurechnungsfähigkeit ausgesprochen, so hat das Gericht die Unterbringung des Entmündigten in eine Heil- oder Pflegeanstalt während der Dauer der Entmündigung anzuordnen. Für die Durchführung dieser Anordnung hat die zuständige Verwaltungsbehörde Sorge zu tragen. Auf Antrag oder mit Zustimmung des Leiters der Anstalt kann der Untergebrachte durch Anordnung der Verwaltungsbehörde bis auf weiteres seiner eigenen oder einer fremden Familie zur Pflege und Beaufsichtigung überwiesen werden. Während dieses Familienaufenthalts steht der Entmündigte unter Oberaufsicht des Anstaltsleiters. Die Verwaltungsbehörde kann jederzeit, wenn Unzuträglichkeiten sich herausstellen, die Anordnung widerrufen und die Zurückführung des Entmündigten in die Anstalt anordnen." Im § 8 des Entwurfs wird dieses Gesetz auf die geisteskranken und vermindert zurechnungsfähigen Strafgefangenen ausgedehnt, indem gesagt wird: „Stellt sich während der Verbüßung einer Freiheitsstrafe heraus, daß der Verurteilte geisteskrank oder vermindert zurechnungsfähig ist, so hat das nach § 494 StPO. zuständige Gericht die in den §§ 1 und 2 dieses Gesetzes vorgesehenen Anordnungen zu treffen." Die Einführung dieses Gesetzentwurfs würde unzweifelhaft einen großen Fortschritt gegenüber den bestehenden Zuständen bedeuten. Für nicht zweckmäßig halte ich in dem v. Lisztschen Entwurf die Verbindung der sichernden Maßnahmen mit der Entmündigung, bin vielmehr der Ansicht, daß sichernde Maßnahmen und Entmündigung aus Gründen, die bereits früher eingehend dargelegt wurden, scharf voneinander getrennt werden müssen. Gegen die Entmündigung wegen Gemeingefährlichkeit spricht sich auch Ötker in seinem Entwurf (Mitteil. der internat. Krim. Vereinigung, Bd. 12, S. 58) aus und schlägt ein besonderes Verfahren vor, das er als Internierungsverfahren bezeichnet. Mit Recht macht Aschaffenburg demgegenüber geltend, daß außer der Internierung zur Behandlung gemeingefährlicher Geisteskranker und vermindert Zurechnungsfähiger noch eine Reihe anderer sichernder Maßnahmen in Betracht kommen, die Internierung die am schärfsten in die persönliche Freiheit eingreifende Maßregel darstellt und nur dann berechtigt ist, wenn alle anderen Anordnungen sich als ungenügend erweisen. Einen Vorzug dieses Oetkerschen Entwurfs gegenüber dem v. Lisztschen erblicke ich in Übereinstimmung mit Aschaffenburg darin, daß das Internierungsverfahren nach Oetker auch auf nichtkriminelle gemeingefährliche Geisteskranke angewendet werden kann und so ein wirksames Mittel zur Verhütung strafbarer Handlungen darbietet. Aschaffenburg empfiehlt ein Verfahren nach Analogie des Entmündigungsverfahrens, das er als Feststellungsverfahren bezeichnet; Schultze hält den Ausdruck „Feststellungsverfahren" nicht für empfehlenswert, „weil ja doch jedes Verfahren etwas feststellen will" und will dieses Verfahren „Sicherungsverfahren" nennen. Ich möchte vorschlagen, dasselbe als „Verfahren zur Durchführung sichernder Maßnahmen bei gefährlichen geisteskranken und geistig minderwertigen Personen" zu bezeichnen. Mit Schultze halte ich es für richtig, für diese beiden Kategorien von gefährlichen Personen das gleiche Verfahren anzuwenden, und zwar eignet sich dazu am besten ein solches, das nach Art des Entmündigungsverfahrens vorgeht.

Der Vorentwurf zu einem Deutschen Strafgesetzbuche vom Jahre 1909 bestimmt im § 65:

„Wird jemand auf Grund des § 63 Abs. 1 freigesprochen oder außer Verfolgung gesetzt oder auf Grund des § 63 Abs. 2 zu einer milderen Strafe verurteilt, so hat das Gericht, wenn es die öffentliche Sicherheit erfordert, seine Verwahrung in einer öffentlichen Heil- oder Pflegeanstalt anzuordnen. War der Grund der Bewußtlosigkeit selbstverschuldete Trunkenheit, so finden auf den Freigesprochenen oder außer Verfolgung Gesetzten außerdem die Vorschriften des § 43 über die Unterbringung in eine Trinkerheilanstalt entsprechende Anwendung.

Im Falle des § 63 Abs. 2 erfolgt die Verwahrung nach verbüßter Freiheitsstrafe.

Auf Grund der gerichtlichen Entscheidung hat die Landespolizeibehörde für die Unterbringung zu sorgen. Sie bestimmt auch über die Dauer der Verwahrung und über die Entlassung. Gegen ihre Bestimmung ist gerichtliche Entscheidung zulässig.

Die erforderlichen Ausführungsvorschriften werden vom Bundesrat erlassen."

Gegen dieses Verfahren bestehen nicht unerhebliche Bedenken. Eine Anzahl gefährlicher Geisteskranker, gegen die unbedingt sichernde Maßnahmen ergriffen werden müssen, fallen nicht unter die Bestimmung des § 65 des Vorentwurfs. Dahin gehören zunächst diejenigen gefährlichen Geisteskranken, bei denen es überhaupt nicht zu einem gerichtlichen Verfahren kommt, insbesondere die in Irrenanstalten untergebrachten, deren Angehörige dem Rate des Arztes entgegen die Entlassung des gefährlichen Geisteskranken aus der Anstalt verlangen. Sodann werden auch diejenigen gefährlichen kriminellen Geisteskranken von der Vorschrift des § 65 V. E. nicht betroffen, gegen die wegen offenkundiger Geisteskrankheit und dadurch ausgeschlossener Zurechnungsfähigkeit die öffentliche Klage nicht erhoben wird. Und endlich werden im § 65 V.E. diejenigen Geisteskranken nicht berücksichtigt, bei denen die Geisteskrankheit erst nach der Verurteilung, insbesondere im Strafvollzuge, zum Ausbruch kommt. Es ist mir nicht unbekannt, daß die nichtkriminellen gefährlichen Geisteskranken und die geisteskranken Verbrecher nicht Gegenstand eines Strafgesetzbuches bilden, aber es dürfte nicht bestritten werden, daß gegen diese beiden Arten von gefährlichen Geisteskranken in gleicher Weise sichernde Maßnahmen erforderlich sind, wie gegen die gefährlichen verbrecherischen Geisteskranken und vermindert Zurechnungsfähigen. v. Liszt hat auch mit Recht hervorgehoben, daß § 65 V. E. zu eng gefaßt ist und einer Erweiterung im Sinne des § 36 des österreichischen Regierungsentwurfs vom Jahre 1912 bedarf, in dem es heißt: „Ein Geisteskranker oder Trunksüchtiger, der ..... wegen Zurechnungsunfähigkeit zur Zeit der Tat nicht verfolgt oder nicht verurteilt werden kann, wird an eine staatliche Anstalt für verbrecherische Irre abgegeben, wenn er wegen seines kranken Geisteszustandes und mit Rücksicht auf seinen Lebenswandel und die Eigenart seiner Tat als besonders gefährlich für die Sittlichkeit oder für die Sicherheit der Person oder des Vermögens (gemeingefährlich) anzusehen ist."

Wie bereits betont, halte ich es für das Zweckmäßigste, ein Gesetz zu schaffen, durch das sichernde Maßnahmen gegenüber allen Kategorien psychisch abnormer Personen, wenn sie gefährlich sind, ermöglicht werden. Nach § 65 V. E. hat das Gericht die Verwahrung anzuordnen. In dem Falle, daß der Beschuldigte wegen Unzurechnungsfähigkeit „außer Verfolgung gesetzt wird", erfolgt die Anordnung der Verwahrung durch den Amtsrichter, die Beschlußkammer, den ersten Strafsenat des Reichsgerichts, wird dagegen die Verwahrung nach durchgeführter Hauptverhandlung angeordnet, so sind das Schöffengericht, die Strafkammer, das Schwurgericht oder der erste Strafsenat des Reichsgerichts dafür zuständig. Ob die Verwahrung in dem Urteil des Gerichtes selbst oder in einem besonderen Gerichtsbeschluß ausgesprochen werden soll, und ob im Verfahren vor den Schwurgerichten die Geschworenen oder das

Gericht über die Verwahrung entscheiden sollen, das sind rein juristische Fragen, die vom ärztlichen Standpunkte weniger interessieren. v. Liszt hat sich dahin ausgesprochen, daß die Entscheidung über die Anordnung der Verwahrung nach durchgeführter Hauptverhandlung im Urteil selbst, nicht in einem besonderen Beschlusse zu erfolgen habe, und im schwurgerichtlichen Verfahren die Geschworenen über die Voraussetzungen der Verwahrung zu entscheiden haben.

Die endgültige Anordnung der Verwahrung durch den Strafrichter gemäß § 65 V. E. halte ich nicht für zweckmäßig. Bei verminderter Zurechnungsfähigkeit soll die Verwahrung nach verbüßter Freiheitsstrafe erfolgen. Nun kann es vorkommen, daß während des Strafvollzuges hinsichtlich der Gefährlichkeit des Täters eine Änderung eintritt, ein in der Hauptverhandlung als gefährlich erkannter Rechtsbrecher während der Strafverbüßung aus irgendeinem Grunde z. B. durch ein schweres körperliches Leiden ungefährlich wird, und umgekehrt ein Angeklagter, der in der Hauptverhandlung ungefährlich erschien, in der Strafanstalt als ein eminent gefährlicher, geistig minderwertiger Mensch erkannt wird. Auch der Einwand Aschaffenburgs, daß der Strafrichter in seiner Entscheidung über die Verwahrung allzusehr unter dem Eindrucke der Straftat stehe und nicht übersehen könne, welche Art sichernder Maßnahmen am geeignetsten sei, neue Straftaten zu verhüten, ob die Unterbringung in der eigenen oder einer fremden Familie genügt oder die Unterbringung in einer Irren- oder Epileptikeranstalt notwendig sei, ist nicht ohne Berechtigung. Deshalb bin ich der Ansicht, daß es empfehlenswerter ist, daß dem Strafrichter die Anordnung der vorläufigen Verwahrung übertragen wird, und die endgültigen Maßnahmen einem besonderen Sicherungsverfahren vorbehalten bleiben. Bedenken habe ich auch gegen die Bestimmung des Vorentwurfs, daß die Landespolizeibehörde für die Unterbringung zu sorgen und über die Dauer der Verwahrung und über die Entlassung Anordnung zu treffen habe. Wohl heißt es in dem Vorentwurf weiter, daß gegen ihre Bestimmung gerichtliche Entscheidung zulässig sei. Es ist aber nicht gesagt, welches Gericht für diese Entscheidung zuständig ist, das Verwaltungsgericht, der Strafrichter oder der Zivilrichter. Es kann mit Bestimmtheit angenommen werden, daß in jedem Falle gegen die Durchführung der Verwahrung durch die Landespolizeibehörde gerichtliche Entscheidung beantragt wird. Darum erscheint es zweckmäßig, daß die so tief einschneidende Maßregel der Anstaltsunterbringung von vornherein auch hinsichtlich der Art und der vorläufigen Dauer der Verwahrung mit richterlicher Autorität und Unabhängigkeit umkleidet wird. Daß vor der Entscheidung des Gerichts Ärzte, und zwar in erster Linie Irrenärzte, die den Kranken genau kennen, über den Zustand des Kranken und die beste Art seiner Verwahrung gehört werden müssen, halte ich für selbstverständlich. Nach § 65 V. E. sollen sowohl die auf Grund des § 63 Abs. 1 wegen Unzurechnungsfähigkeit Freigesprochenen als auch die auf Grund des § 63 Abs. 2 wegen verminderter Zurechnungsfähigkeit zu milderer Strafe Verurteilten, letztere nach verbüßter Strafe, wenn es die öffentliche Sicherheit erfordert, in einer öffentlichen Heil- oder Pflegeanstalt verwahrt werden. Es ist nicht zu verstehen, warum die Privatanstalten von der Verwahrung ausgeschlossen sein sollen, wenn sie hinreichende Gewähr für eine sichere Verwahrung bieten. Mit Recht haben die Irrenärzte gegen die Aufnahme vermindert Zurechnungsfähiger in die Irrenanstalten Stellung genommen. Diese gefährlichen geistig minderwertigen Personen gehören nicht in die Irrenanstalten, die unbedingt reine Krankenanstalten für Geisteskranke bleiben müssen. Es wird sich nicht umgehen lassen, daß für diese gefährlichen, psychisch abnormen, aber nicht geisteskranken Individuen besondere Anstalten unter psychiatrischer Leitung geschaffen werden. Daß der psychopathische Gewohnheitsverbrecher in die Hand des Irrenarztes gehört, darüber kann meines Erachtens kein Zweifel bestehen. Bei ihm versagen Strafrecht und Strafvollzug, Fürsorgeerziehung und Entlassenenfürsorge völlig. Mit unabweisbarer Notwendigkeit führt sein Schicksal ihn trotz aller Strafen und Fürsorgebestrebungen immer wieder zum Verbrechertum. „Fast betrübend ist es", so sagt Siefert, „zu sehen, wie Staat und Kirche an diesen Menschen herum experimentiert haben. Es ist, als ob alles sich verschworen hätte, diese krankhaften — in gewissem Sinne als „geborene Verbrecher" zu bezeichnenden — Individuen einem rettungslosen Ruin preiszugeben. Die Gesellschaft verachtet sie und stößt sie aus, die Familie wendet sich von ihnen ab, der Staat sucht sie mit Zwangsmitteln jeder Art sich zu unterwerfen und macht sie schlimmer, als sie waren; die Kirche und die Fürsorge stößt sie, nachdem sie an ihrer Besserung gezweifelt hat, entrüstet von sich, und erst, wenn alles verdorben, nichts erreicht ist, kommen sie in die Hand, die sie von Anfang an hätte leiten können, und die sie allein versteht, in die Hand des Arztes, der nun das Verfahrene wieder einrichten soll, bei dieser undankbaren Aufgabe aber noch durch Vorurteil und das bekannte Besserwissen des Laien in seinem Wirken gebunden ist." Das gewaltige Anschwellen des psychopathischen Gewohnheitsverbrechertums in den letzten Jahren drängt mit Gewalt nach der Errichtung besonderer Anstalten für diese krankhaften Individuen, und meine auf langjähriger Erfahrung beruhende tiefste Überzeugung geht dahin, daß der Staat sich diesem überaus dringenden Postulat nicht wird entziehen können.

Die in dem deutschen V. E. vorgesehenen sichernden Maßnahmen gegenüber gemeingefährlichen Unzurechnungsfähigen und vermindert Zurechnungsfähigen bedeuten einen großen Fortschritt, da unser geltendes Recht gesetzliche Bestimmungen auf diesem Gebiete überhaupt nicht kennt, aber sie sind nicht ausreichend und bedürfen dringend der Ergänzung und Ausgestaltung in dem oben dargelegten Sinne. Ich möchte nochmals die alsbaldige Schaffung eines Sondergesetzes zur Verhütung von Verbrechen durch gefährliche geisteskranke und geistig minderwertige Personen dringend empfehlen. Ohne ein solches Sondergesetz, das die Frage der Fürsorge und der Unterbringung dieser Personen in umfassender Weise regelt, ist alle Arbeit, die von den Gerichten und im Strafvollzuge auf diesem Gebiete geleistet wird, im höchsten Grade unvollkommen und in ihrer Wirkung unsicher.

Preußens größter König, der große Friedrich, hat bereits mit voller Klarheit erkannt, daß die wichtigste Aufgabe des Strafrechts die Prophylaxe des Verbrechens sei, er hat den von tiefem Verständnis für die Probleme des Strafrechts zeugenden Ausspruch getan, „daß es wertvoller ist, Verbrechen zu verhindern oder zu vereiteln, statt zu strafen". Durch ausreichende sichernde Maßnahmen bei gefährlichen geisteskranken und geistig minderwertigen Personen werden wir einen großen Schritt vorwärts kommen auf dem Wege zu dem Ziele, das dem Philosophen auf dem Königsthrone als Ideal des gesamten Strafrechts vor Augen schwebte, dem Schutze der „publicen Sicherheit."

Literaturverzeichnis.

1. Allaman, C., Des aliénés criminels. Paris 1891.
2. Allison, H. E., The care of the criminal insane in the State of New York. Middletown 1894.
3. Allison, The care and custody of the convict and criminal insane. Proceedings of the National Prison Association at Cleveland. 1900.
4. Alombert-Gôget, L'internement des aliénés criminels. Paris 1902.
5. Amon, Die Geisteskrankheiten im Zuchthause Kaisheim. Friedreichs Bl. f. gerichtl. Med. **47**, 220, 301, 369, 430. 1886.
6. Amschl, Sichernde Maßnahmen nach dem deutschen und österreichischen Strafgesetzentwurf. Arch. f. Rechts- u. Wirtschaftsphilosophie **3**, 439.
7. Anfosso, La legislazione italiana sui manicomi e sugli alienati. Torino 1905.
8. Anton, Über gefährliche Menschentypen. Vierteljahrsschr. f. gerichtl. Med. **47**, 1. Suppl. H. 235. 1914. Arch. f. Psych. **54**, 89. 1914.
9. Antonini, J., Beitrag zum Studium des Problems der Pflege geisteskranker Verbrecher. Atti della Societa di Medicina legale 1909. Anno II. Heft 1.
10. — Les évasions des aliénés criminels internés dans les asiles ordinaires. La scuola positiva della giurisprudenza penale. Mars 1896.
11. — Sur la nécessité d' éloigner les criminels aliénés des asiles communs Psychiatr. en Neurolog. Bl. **5**, 369. 1901.
12. — La loi sur les asiles aliénés en Italie et les aliénés criminels. Arch. di Psychiatria. **28**, 74. 1907. Ref. Mendel. Jahresber. XI. 1389.
13. Anzony, Quelles mésures peuvent être privés à l'égard des aliénés dits criminels. Rapport au Congres internat. de méd. ment. 1878.
14. Aschaffenburg, Gustav, Über gefährliche Geisteskranke. Allg. Zeitschr. f. Psych. **57**, 138—143. 1900.
15. — Die Unterbringung geisteskranker Verbrecher. Zentralbl. f. Nervenheilk. 1902. 289.
16. — Strafvollzug an Geisteskranken. Ärztl. Sachverständ.-Ztg. 9. Jahrg. 1903. Nr. 21.
17. — Die Behandlung gemeingefährlicher Geisteskranker und verbrecherischer Gewohnheitstrinker. Vergleichende Darstellung des deutschen und ausländischen Strafrechts. Allg. Teil **1**, 79—133. 1908.
18. — Der Vorentwurf zu einem deutschen Strafgesetzbuch. Deutsche med. Wochenschr. **35**, 2067. 1909.
19. — Die Irrenfürsorge in Württemberg. Monatsschr. f. Krim.-Psych. VII. 1910/1911.172.
20. — Die Sicherung der Gesellschaft gegen gemeingefährliche Geisteskranke. Berlin 1912.
21. — Geisteskranke Verbrecher und verbrecherische Geisteskranke. Bericht üb. d. 7. internat. Kongr. f. Kriminalanthropologie. Heidelberg 1912. 381.
22. Aschrott, Strafensystem und Gefängniswesen in England 1887..
23. Asper, A., Die Sicherung der Gesellschaft vor gemeingefährlichen verbrecherischen Geisteskranken. (Unzurechnungsfähigen und Vermindert-Zurechnungsfähigen). Leipzig 1917. Diss. Zürich.
24. Baer, A., Wie sollen seelengestörte, zu längerer Strafe verurteilte Gefangene untergebracht werden? Blätter f. Gefängniskunde **9**, H. 2. 145.
25. — Die Unterbringung geisteskrank gewordener Sträflinge. Arch. f. Psychiatr. **6**, 585.
26. — Die Hygiene des Gefängniswesens. Handb. d. Hyg., herausgegeb. von Theodor Weyl. **5**, II. Abt. Jena 1897.

27. Ballet, Des mésures législatives contre les dits délinquants irresponsables. Commun. au V. congrés pénit internat. 1895. Ann. méd.-psych. **2**, 250—274. 1895.
28. Bell, C., Separate Hospitals for insane convicts Bull. Internat. Méd. Leg. Cong. 1889. N.Y. 1891. 120—125.
29. Bemerkungen zum Vorentwurf des Strafgesetzbuchs. Herausgegeben von der Justizkommission des deutsch. Ver. f. Psychiatr. Jena 1910.
30. Benedikt, Juristische Briefe. II. Geistesstörung und Verbrechen. Allg. österr. Gerichtsztg. 1900.
31. Berze, Gehören gemeingefährliche Minderwertige in die Irrenanstalt? Wien. med. Wochenschr. 1901. Nr. 26.
32. Bewahrungshaus zu Düren. Psych. neurol. Wochenschr. 1901. Nr. 45.
33. Billod, Une lacune dans la législation relativement aux aliénés dits criminels. Ann. méd. psychol. 1884.
34. Binswanger, Geistesstörung und Verbrechen. Tagebl. d. Versamml. deutsch. Naturf. u. Ärzte 1888. Köln 1889. 61.
35. Birkmeyer, K. v., Schuld und Gefährlichkeit in ihrer Bedeutung für die Strafbemessung. 1914.
36. Bischoff, Lehrb. d. gerichtl. Psychiatr. Berlin u. Wien 1912.
37. Bleck, Das Verfahren zur Durchführung sichernder Maßnahmen. Zeitschr. f. d. ges. Strafrechtswissenschaft 1914. 35. 446.
38. Bleuler, Zur Behandlung Gemeingefährlicher. Monatsschr. f. Kriminalpsych. 1. Jahrg. 92.
39. de Boeck, M., Paul Otlet, M. Arthur Gaddyn, Les prisons asiles et les réformes pénales, qu'elles entraient. Actes du 3. congrès int. d'anthropol. criminelle Bruxelles 1893.
40. Bonhoeffer, K., Irrenabteilungen an Gefängnissen. Monatsschr. f. Psych. u. Neurol. **6**, 231. 1899.
41. Borel, Edouard, Du placement des aliénés criminels en Suisse. Thèse de Genève 1904.
43. — Du placement des aliénés criminels en Suisse. Ann. médico-psychol. Juli/Aug. 1905. 63.
43. Brayn, Richard, A brief outline of the arangements for the care and supervision of the criminel insane in England during the present century. Journ. of ment. sc. 1901. 249.
44. Bresler, Ausgewählte Kapitel der Verwaltung öffentlicher Irrenanstalten. Halle 1910.
45. — Erfahrungen bei Anwendung des preußischen Ministerial-Erlasses vom 15. Juni 1901 betr. Verfahren bei Entlassung gemeingefährlicher Geisteskranker. Rundfrage. Psych.-neurol. Wochenschr. **15**, 235. 1913.
46. Breukoff, Gemeingefährlichkeit geisteskranker Personen. Vierteljahrsschr. f. gerichtl. Med. 1919. 58. Jahrg. Nr. 2.
47. Brierre de Boismont, Les fous criminels de l'Angleterre. Ann. d'Hygiene 35.
48. — Les fous criminels de l'Angleterre. Etude medico-psychologique et légale. Paris 1869. Übersetzt von Stark. Stuttgart 1871.
49. — De la nécessité de créer un etablissement special pour les aliénés vagabonds et criminels. Ann. d'hygiene 37.
50. — Enquéte sur les aliénés criminels. Bull. de la soc. général des prisons. 1878. 6ff.
51. Brierre de Boismont und Falret, Über gefährliche Geisteskranke und Spezialasyle für sog. verbrecherische Irre. Zwei Abhandlungen übersetzt von Stark. Allg. Zeitschr. f. Psych. **30**, 397.
52. Brousse, L'organisation des asiles à propos de l'affaire Vacher. Rev. de psychol. 1989.
53. Bruce, Thomsen, Les aliénés criminels de l'Ecosse. Journ. of mentale science. 1867.
54. Brunet, D., Nécessité d'un asile national pour les aliénés criminels. Congr. ann. de méd. ment. Paris 1891. **1**, 212—219.
55. Bührer, Irrenanstalten und Strafrecht. Monatsschr. f. Kriminalpsych. u. Strafrechtsreform. 1911. 8. Jahrg. 505.
56. Buscherre, Sur les aliénés criminals et les maisons-asiles. Rapport, Congr. internat. méd. lég. 1897.
57. Butler-Metzger, The insane criminals. Amer. Journ. of insan. 1901. Okt.

58. Caldagnes, Contribution à l'étude de la réforme de la loi de 1838. Thèse de Toulouse 1905.
59. Chambard, Quelques réflexions sur l'internement des aliénés dangereux. Ann. méd. psychol. 1893. 51. Jahrg. 217.
60. Charpentier, Les folies du caractère et leurs rapports avec les asiles spéciaux. Ann. méd. psychol. 1893. 70.
61. Colin, Deux quartiers de sûreté pour aliénés criminels. (Düren et Bruchsal.) Rev. de psych. 1907. 177.
62. — Les aliénés vicieux dans les asiles. Paris 1900.
63. — Les aliénés criminels. Rev. de psychiatr. Paris 1897. 296—299. 1898. 75—83. Rev. de méd. lég. Paris 1898. **5**, 128—136.
64. Cottier, R., Der Begriff der Gemeingefahr und seine Verwertung in den Vorentwürfen zu einem schweizerischen Strafgesetzbuche. Diss. Freiburg (Schweiz) 1918.
65. Cramer, A., Über Gemeingefährlichkeit vom ärztlichen Standpunkte aus. Halle 1905.
66. — Gerichtliche Psychiatrie. 4 A. Jena 1908.
67. — Die weitere Entwicklung der Anstalten für psychische und Nervenkrankheiten in Göttingen. Klin. Jahrb. **22**. Jena 1909.
68. Dagonet, Des aliénés dits criminels. Rapp. an Congr. internat. de méd. mentale 1878.
69. Dally, Considérations sur les criminels et les aliénés criminels. Ann. méd. psychol. 1863.
70. Damerow, Einleitung zur allgemeinen Zeitschrift für Psychiatrie. **1**, 20. 1844.
71. — Ein Blick über die Lage von Irrenanstaltsfragen der Gegenwart. Allg. Zeitschr. f. Psych. **19**, 143.
72. Die dänische Fürsorge für Schwachsinnige. Ärztliche Sachverständigenztg. 1911. Nr. 17.
73. Danillo, Zur Unterbringung irrer Verbrecher. Ref. in Allg. Zeitschr. f. Psych. 44, 272.
74. Dannemann, Die Gemeingefährlichkeit bei Geisteskranken und ihre Behandlung. Deutsche med. Wochenschr. Jahrg. 31. 1905. Nr. 14, 15 u. 16.
75. — Die Entmündigung chronisch Krimineller als Mittel zur Verbesserung der sozialen Hygiene. Bericht über den 7. internat. Kongr. f. Kriminalanthropol. Heidelberg 1912. 313.
76. Dedichen, H. A. T., Quelles mesures faut-il prendre à l'égard des criminels, que l'expert déclare aliénés, mais dont le crime n'est pas considéré comme assez dangereux pour qu'il soit nécessaire, de lès interner dans une asile d'aliénés. Psych. en Neurol. Bl. **5**, 16—20. 1901.
77. Deiaco, Pius, Zur Frage der Unterbringung geisteskranker Verbrecher in Österreich. Psych.-neurol. Wochenschr. 1911—1912. Nr. 34, 35.
78. Deiters Zweiter Bericht über die Fortschritte des Irrenwesens. Psychiatr.-neurol. Wochenschr. 1904. Nr. 13. 147, 148.
79. Delbrück, Zum Schutze der Gesellschaft gegen gemeingefährliche Geisteskranke und vermindert Zurechnungsfähige. Monatsschr. f. Kriminalpsych. 1. Jahrg. Heft 2.
80. Delbrück, Baer, Marcard, Referat über die Unterbringung geisteskranker Verbrecher. Vers. d. deutsch. Strafanstaltsbeamten. Berlin 1874. Bl. f. Gefängniskunde **9** u. **10**, 1874 u. 1876.
81. Delbrück, Ernst, Die Seelenstörungen in den Strafanstalten und ihre Behandlung. Allg. Zeitschr. f. Psychiatr. **20**, 441—480. 1863. Bl. f. Gefängniskunde **9**, Heft 2. 113ff.
82. — Einiges über Verbrecherwahnsinn. Vierteljahrsschr. f. gerichtl. Med. N. F. **4**, 1866.
83. — Über die unter den Sträflingen der Strafanstalt zu Halle beobachtete Geisteskrankheit und ihren Zusammenhang mit den Verbrechen. Bl. f. Gefängniskunde **11**, 57.
84. Démange, Rapport sur les aliénés dangereux. Arch. de Neurol. Nov. 1887.
85. Denkschrift des Vereins der deutschen Irrenärzte an den Reichskanzler betr. das Verfahren mit geisteskranken Strafgefangenen 1876. Allg. Zeitschr. f. Psychiatr. **34**, 82.

86. Deventer, v. Pflege der gefährlichen und schädlichen Geisteskranken. Psych.-neurol. Wochenschr. 1909. 309.
87. Dewey, Provision for insane criminals. Ref. Erlenmeyers Zentralbl. 1879. 288.
88. Dieckmann, Über die Entlassung genesener verbrecherischer Irrer. Allg. Zeitschr. f. Psychiatr. **39**, 274. 1883.
89. Diez, Verwahrungsorte für seelengestörte Verbrecher. Zeitschr. f. Staatsarzneikund. 1848. I.
90. Drew, On the separation of the criminal class from other insane in the institutions. Boston med. and surg. Journ. **153**, Nr. 18. 491.
91. Dreyer, Der Schutz der Gesellschaft vor gemeingefährlichen Irren. Monatsschr. f. Kriminalpsych. u. Strafrechtsreform. **7**, Heft 1 u. 2. 1910.
92. Dubief, F., Le régime des aliénés. Paris 1909.
93. Dutoit, A. A., Das Irrenwesen in Frankreich. Monatsschr. f. Psych. u. Neurol. **25**, 182. 1909.
94. Eichstedt, Karl, Zur Frage der Gemeingefährlichkeit bei Geisteskranken. Inaug.-Diss. Rostock 1909.
95. Engelken, Über die Versorgung geisteskranker Verbrecher in England. Monatsschr. f. Kriminalpsychol. 2. Jahrg. 164.
96. Evensen, Über Sicherungsmaßnahmen gegen gemeingefährliche periodische Irre mit freien Intervallen. Bericht über den 7. internat. Kongr. f. Kriminalanthropol. Heidelberg 1912. 205.
97. Falret, Über gefährliche Geisteskranke und Spezialasyle für sog. verbrecherische Irre. Übersetzt von Stark. Stuttgart 1872.
98. Ferri, Manicomio criminale di Montelupo. 1887.
99. Fischer, Die Irrenfürsorge im Großherzogtum Baden, speziell die neue Irrengesetzgebung. Neurol. Zentralbl. 1910. 1332.
100. Flügge, Über das Bewahrungshaus in Düren. Allg. Zeitschr. f. Psychiatr. **61**, 260. 1904.
101. — Einiges aus der Abteilung für irre Verbrecher in Düren. Monatsschr. f. Kriminalpsychol. u. Strafrechtsreform. 1. Jahrg. 349.
102. Forel, Zur Behandlung Gemeingefährlicher. Monatsschr. f. Kriminalpsychol. **1**, Heft 4.
103. Fries, Bemerkungen zu einigen, die Unterbringung geisteskranker Verbrecher in Irrenanstalten und deren Entlassung betreffenden Fragen. Psychiatr.-neurol. Wochenschr. 1902. Nr. 25.
104. Friot, M. L., Études cliniques sur les aliénés dangereux dits criminels. Bordeaux 1891.
105. Fröhlich und Muralt, Unterbringung geisteskranker Verbrecher und verbrecherischer Irren. Psychiatr.-neurol. Wochenschr. 1904. Nr. 29.
106. Gakkebusch, W., Öffentliche psychiatrische Krankenhäuser und kriminelle Geisteskranke. Ref. Zeitschr. f. d. ges. Neurol. u. Psych. **4**, 954. 1912.
107. — Frage der Gesetzgebung über kriminelle Geisteskranke. Zeitschr. f. d. ges. Neurol. u. Psych. Ref. **9**, 253. 1914.
108. Gallard, Notes sur les dispositions législatives, qu'il conviendrait de prendre afin de protéger la société contre les actes violents des aliénés et des epileptiques reconnus dangereux. Arch. hyg. et méd. Paris. Mars 1876.
109. Garnier Les asiles spéciaux ou asiles de sûreté pour les aliénés dits criminels. Rapport au Congr. de méd. Mentale 1896.
110. Garnier Le criminel instinctif et le droit de défence sociale. Arch. hyg. et méd. 1890.
111. Gatsch, Où placer les condamnés aliénés Ann. méd. psychol. 1875. 146.
112. Geisteskranke Verbrecher in England. Allg. Zeitschr. f. Psychiatr. **61**, 614.
113. Geller, Aus dem Bewahrungshause in Düren. Monatsschr. f. Kriminalpsychol. Jahrg. 5. 14.
114. Gierochi, Manicomi criminali in osserv. médico. Turin 1890.
115. Glauning, Die ersten Anfänge staatlicher Fürsorge für Geisteskranke in Sachsen. Monatsschr. f. Kriminalpsychol. 8, 98.
116. v. d Goltz, Geisteskranke Gefangene und verbrecherische Geisteskranke. Bl. f. Gefängniskunde. 1900. 84.
117. Göring, M. H., Die Gemeingefährlichkeit in psychiatrischer, juristischer und soziologischer Beziehung. 1914.

118. Gray, Rapport sur l'asile d'Utique. Amer. Journ. of insanity 1864.
119. Guibaud, Des aliénés criminels. Thèse de Paris 1898.
120. Gumpertz, K., Über die Behandlung geisteskranker Verbrecher. Deutsche med. Presse 6, 1—4. 1902.
121. Günther, Über Behandlung und Unterbringung der irren Verbrecher. Leipzig 1893.
122. Gurrieri, R., I manicomi criminali e l'art. 47 del nuovo codice penale. Bologna 1889.
123. Gutsch, Über Seelenstörungen in Einzelhaft. Allg. Zeitschr. f. Psychiatr. 1, 19.
124. — Wohin mit den geisteskranken Sträflingen? Allg. Zeitschr. f. Psychiatr. 30, 26.
125. Hassert, v., Schutz der Gesellschaft vor gefährlichen Geisteskranken. Monatschr. f. Kriminalpsychologie u. Strafrechtsreform. 9, 65. 1912.
126. d'Haussonville, Sur la législation des aliénés dangereux. Arch. hyg. 1883.
127. Héger, P., Des mésures à prendre à l'égard des aliénés dits criminels. Journ. de méd. chir. et pharmacol. Brux. 86, 33—36. 1888.
128. — Les prisons-asiles. Bull. de la soc. de méd. ment. de Belgique. Dez. 1900.
129. Heilbronner, Karl, Die Versorgung der geisteskranken Verbrecher, mit Bemerkungen über die Wirksamkeit der Gefängnisirrenabteilungen in Preußen. Monatsschr. f. Kriminalpsychol. 1904.
130. v. Hentig, Sichernde Maßnahmen vor Verbrechen. Monatsschr. f. Kriminalpsychol. u. Strafrechtsreform 9, 277. 1912.
131. — Strafrecht und Auslese. Berlin 1914.
132. Herting-Galkhausen, Beiträge für die statistische Kommission, Ignorierung von Gutachten. Entlassung krimineller Kranker. Allg. Zeitschr. f. Psychiatr. 61, 605.
133. Hillebrandt, Sur la note de Mr. Gatsch: Où doit on mettre les condamnés aliénés? Ann. méd.-psychol. Juillet 1875.
134. Hoche, Über die Gefährlichkeit Geisteskranker. Med. Klinik 1905. I. J. 27.
135. Hockauf, A., Eine Studienreise zum Besuche der Irren- und verwandten Anstalten in den Vereinigten Staaten Nordamerikas. Psychiatr.-neurol. Wochenschr. 1907. Nr. 45.
136. Hoppe, Fritz, Die Behandlung der kriminellen Geisteskranken im Staate New York. Monatsschr. f. Kriminalpsychol. Jahrg. 5. 346.
137. — Das Matteawan State Hospital. Psychiatr.-Neurol. Wochenschr. 1902. Nr. 50. 493.
138. — Die Pflegeanstalt für geisteskranke Männer in Tapiau. Psychiatr.-neurol. Wochenschr. 1904. 111.
139. — Psychiatrisches aus Nord-Amerika. Allg. Zeitschr. f. Psychiatr. 64, 2 u. 3. 320 bis 346. 1907.
140. Horstmann, Zur Frage der Gemeingefährlichkeit geisteskranker Personen. Vierteljahrsschr. f. gerichtl. Med. 1917. Heft 1.
141. Hübner, A. H., Lehrbuch der forensischen Psychiatrie. Bonn 1914. 224—231.
142. Hurel, Le quartier des condamnés aliénés annexé à la maison centrale de Gaillon. Paris 1877.
143. — La question des condamnés aliénés. Ann. méd.-psychol. 1877. 203.
144. Jacob, Quelques critiques sur le projet de loi, portant révision de la loi du 30. Juni 1838. Thèse. Paris 1890.
145. Jean, R., Études cliniques sur les aliénés, dangereux dits criminels. Blois 1885.
146. Kahl, Geminderte Zurechnungsfähigkeit. Allg. vergleichende Darstellung des deutschen und ausländischen Strafrechts. Allg. Teil. 1, 1—78. 1908.
147. Karuth, Die Gemeingefährlichkeit des Seelengestörten. Allg. Zeitschr. f. Psychiatr. 2, 74. 1845.
148. Keller, Was bezweckt eine Inselanstalt für antisoziale geisteskranke Männer. Monatsschr. f. Kriminalpsychol. 9, 1.
149. Kéraval, Des mésures à prendre à l'égard des aliénés criminels. Paris 1904.
150. — L'internement des aliénés dangereux. Bericht üb. d. 7. internat. Kongr. f. Kriminalanthropol Heidelberg 1912. 169.
151. Kinberg, Om Behandlingen of Kriminella sinnessjuka. Allmanna svenska läkärtidningen. 5, 1908.
152. Kirn, L., Geistesstörung und Verbrechen. Festschr. z. Feier des 50jähr. Jubiläums der Anstalt Illenau. Heidelberg 1892. 77—100.
153. — Die Psychosen in der Strafanstalt in ätiologischer, klinischer und forensischer Beziehung. Allg. Zeitschr. f. Psychiatr. 45, 1. 1889.

154. Klinke, Die Unterbringung der geisteskranken Verbrecher in den schlesischen Anstalten. Allg. Zeitschr. f. Psychiatr. **52**, 1050. 1896. Diskussion zu diesem Vortrage. Allg. Zeitschr. f. Psychiatr. **53**, 393.
155. Kluge, G., Die Behandlung der Geistig-Minderwertigen auf der Sonderabteilung in Brandenburg a. H. Bl. f. Gefängniskunde **43**, Heft 2. 498. 1909.
156. Knecht, Wie soll nach dem neuesten Stand der Wissenschaft und Praxis für die geistesgestörten Verbrecher gesorgt werden? Bl. f. Gefängniskunde **17**, Heft 1/2. 142.
157. — Die Irrenstation bei der Strafanstalt Waldheim. Allg. Zeitschr. f. Psychiatr. **37**, 145.
158. — Die gegenwärtige Fürsorge für irre Verbrecher in England. Allg. Zeitschr. f. Psychiatr. **39**, 2, 3. Bl. f. Gefängniskunde. **17**, 1, 2.
159. Kollmann, Abriß über die Entwicklung der Irrenpflege im Königreich Bayern im Laufe des 19. Jahrhunderts. Friedreichs Bl. f. gerichtl. Med. 1900.
160. Krayakih, Beitrag zur österreichischen Irrengesetzgebung. Unterbringung geisteskranker Verbrecher. Wien. klin. Wochenschr. 1901. Nr. 1.
161. Kriegsmann, Herm., Die Strafen und Sicherungsmaßregeln des österreichischen Strafgesetzentwurfs. Monatsschr. f. Kriminalpsychol. **6**, 547.
162. Krohne, Unterbringung geistesgestörter Verurteilter. Allg. Zeitschr. f. Psychiatr. **42**, 536.
163. Krömer, Zur Frage der Unterbringung geisteskranker Verbrecher. Zeitschr. f. Psychiatr. **64**, 980.
164. Kundt und Rüdin, Über die zweckmäßigste Unterbringung der irren Verbrecher und verbrecherischen Irren in Bayern. Zeitschr. f. d. ges. Neurol. u. Psychiatr. **2**, 275. 1910.
165. Kunowsky, v., Zur Frage der Unterbringung geisteskranker Verbrecher. Psychiatr.-neurol. Wochenschr. 1904. Nr. 44.
166. — Nochmals zur Frage der Unterbringung geisteskranker Verbrecher. Psychiatr.-neurol. Wochenschr. 1904. Nr. 49.
167. — Die Unterbringung geisteskranker Verbrecher als Verwaltungsfrage. Psychiatr.-neurol. Wochenschr. 1907. 9. Jahrg. Nr. 23. 193.
168. — Die Entlassung geisteskranker Rechtsbrecher aus Irrenanstalten. Allg. Zeitschr. f. Psychiatr. **64**, 125. 1907.
169. Lallier, Mémoire sur les mésures à prendre à l'égard des aliénés dits criminels. Paris 1896.
170. Lande, Précautions à prendre vis à vis des aliénés criminels, propositions. Mém. et bull. soc. de méd. et chir. de Bordeaux (1899). 1900. 71.
171. Langreuter, Über die Unterbringung geisteskranker Verbrecher und verbrecherischer Geisteskranker. Allg. Zeitschr. f. Psychiatr. **43**, 380.
172. Lefèvre, C., Des aliénés criminels. Chron. méd. Paris 1895. I. 327—335.
173. Lémels, Les irresponsables devant la loi. Thèse de Paris 1896.
174. Lémonnier, Essai sur les modifications à la loi de 1838 à l'égard des aliénées criminels. Thèse. Paris 1884.
175. Lenhard, Dannemann, Oßwald und Kullmann, Die Fürsorge für gemeingefährliche Geisteskranke unter besonderer Berücksichtigung der Verhältnisse im Großherzogtum Hessen. Jurist. psychiatr. Grenzfragen. **6**, Heft 7. 1908.
176. Lentz, Quelques mots à propos des aliénés criminels. Bull. soc. de méd. ment. de Belg. 1886. 41. 7—17.
177. — Les aliénés criminels; étude statistique et clinique. Bull. Acad. Roy. de méd. de Belgique 1900 **14**, 777—816. 1900 und Bull. Soc. méd. ment. de Belgique 1901. 47—85.
178. Lenz, Die geisteskranken Verbrecher im Strafverfahren und Strafvollzuge. Bl. f. Gefängniskunde 1900. 361.
179. Leppmann, Fürsorge für geisteskranke Strafgefangene. Zeitschr. f. Medizinalbeamte 1893 u. Bl. f. Gefängniskunde. **29**, Heft 1/2. 65.
180. Liszt, Franz, v., Vorentwurf eines Gesetzes betr. die Verwahrung gemeingefährlicher Geisteskranker. Ärztl. Sachverständigenztg. **10**, Nr. 2, 3. 1904.
181. — Die Verwahrung gemeingefährlicher Geisteskranker und vermindert Zurechnungsfähiger. Monatsschr. f. Kriminalpsychol. **1**, H. 4.
182. — Schutz der Gesellschaft gegen gemeingefährliche Geisteskranke und vermindert Zurechnungsfähige. Monatsschr. f. Kriminalpsychol. **1**, Heft 1.

183. Liszt, Franz v., Die sichernden Maßnahmen im Strafverfahren. Deutsche Strafrechtszeitung. Jahrg. 1. 45.
184. Liszt, v., Delaquis, Aschaffenburg, Sichernde Maßnahmen in den drei neuen Strafgesetzentwürfen. Arch. f. Rechts- u. Wirtschaftsphilosophie 3, 610, 620, 651.
185. Lobedank, Rechtsschutz und Verbrecherbehandlung. Wiesbaden 1906.
186. Longard, Die Irrenabteilung in der Strafanstalt Köln. Allg. Zeitschr. f. Psychiatr. 58, 505. 1901.
187. Loewenhardt, Bericht über englische Irrenpflege. Allg. Zeitschr. f. Psychiatr. 13, 685.
188. Lochte, Wollenberg, Kohlrausch, Vorentwurf eines deutschen Strafgesetzbuchs. Vierteljahrsschr. f. gerichtl. Med. 41, 2. Supplem. 209.
189. Manil, Les aliénés criminels. De l'autorité compétente pour reconnaitre l' aliénation. Thèse de Paris. 1901.
190. Marandon de Montyel, Les aliénés dits criminels. Ann. méd. psychol. 13, 434—450. 1891. Discussion — 452—456.
191. Marcard, Wie soll nach dem neuesten Stande der Wissenschaft und Praxis für die geistesgestörten Verbrecher gesorgt werden? Bl. f. Gefängniskunde. 10, 1 u. 2.
192. Mendel, F., Zur Frage über die Unterbringung geisteskranker Strafgefangener. Vierteljahrsschr. f. gerichtl. Méd. u. F. 25. 118. Zeitschr. f. Psychiatr. 43. 3. 298ff.
193. Meyer, L. S., Sur l'assistance des criminels aliénés. Psychiatr. en Neurol. Bl. 5, 21—24. 1901.
194. Meyer, Staatszorg voor kranksinnige Gevangenen. Gids. 1899. N. 10.
195. Meyer, C., Fürsorge für die Geisteskranken in England und Schottland. Arch. f. Psych. 1905. 39. 1201.
196. Moeli, C., Über irre Verbrecher. Berlin 1888.
197. — Was lehren die in Dalldorf gemachten Erfahrungen für die Frage nach der Unterbringung geisteskranker Verbrecher. Allg. Zeitschr. f. Psychiatr. 43, 298. 1887.
198. — Die in Preußen gültigen Bestimmungen über die Entlassung aus den Anstalten für Geisteskranke. Halle 1906.
199. — Die Fürsorge für Geisteskranke und geistig Abnorme. Halle 1915.
200. Mouchard, Documents sur la section des projects de la loi Dubief. Thèse de Toulouse. 1907.
201. Mönkemöller, Über die Unterbringung gemeingefährlicher Geisteskranker. Deutsche med. Wochenschr. 1908. 831, 879 u. 924.
202. Moravsik, Die Schutzmaßregeln der Gesellschaft gegen die Verbrecher. Monatsschr. f. Kriminalpsychologie 8, 529.
203. — Über die Unterbringung und Pflege krimineller Geisteskranker. Psychiatr. Wochenschr. 1900. 349.
204. — Die Unterbringung irrer Verbrecher. Neurol. Zentralbl. 1903. Nr. 5.
205. Môtet, Les aliénés criminels en Angleterre. Bull. de la soc. générale des prisons. 1884. 2. 3.
206. — Des mésures à prendre à l'égard des aliénés dits criminels. Ann. méd. Psychol. Mars 1879.
207. Müller, A., Fürsorge für geisteskranke Verbrecher. Friedreichs Bl. f. gerichtl. Med. 1897. 94ff.
208. Müller, Christian, Ein Beitrag zur Frage der Aufbewahrung und Entlassungsfähigkeit in Landesirrenanstalten untergebrachter geisteskranker Verbrecher. Monatsschr. f. Kriminalpsychol. 6, 263.
209. Müller, R. V., Der Begriff der Strafvollzugsfähigkeit vom Standpunkte des Psychiaters. Allg. Zeitschr. f. Psychiatr. 66, 695.
210. Näcke, P., Die Unterbringung geisteskranker Verbrecher. Halle 1902.
211. — Erweiterung des Adnexes für geisteskranke Verbrecher an Strafanstalten. Psych.-neurol. Wochenschr. 1904. Nr. 26.
212. — Adnexe oder Zentralanstalten für geisteskranke Verbrecher. Psychiatr.-neurol. Wochenschr. 1904. Nr. 48.
213. — Verbrechen und Wahnsinn beim Weibe. 1893.
214. — Die beste Art der Unterbringung geisteskranker Verbrecher. Arch. f. Kriminalanthrop. 6, 261. 1905.

215. Näcke, P., Adnexe an Gefängnissen für geisteskranke Verbrecher. Psychiatr.-neurol. Wochenschr. 1907. Jahrg. 9. 126.
216. — Gefährlichkeit der Geisteskranken. Arch. f. Kriminalanthrop. 53, 373. 1913.
217. Nemeth, Die Frage der Gemeingefährlichkeit vom forensisch-psychiatrischen Standpunkte. Ref. Jahreber. üb. d. Leistungen u. Fortschr. a. d. Geb. d. Neurol. u. Psychiatr. 1908. 1217.
218. Nitsche, Die Unterbringung der Geisteskranken mit verbrecherischen Neigungen. Psychiatr.-neurol. Wochenschr. 11, Nr. 2 u. 3. 1910.
219. Nitsche und Wilmanns, Die Geschichte der Haftpsychose. Zeitschr. f. d. ges. Neurol. u. Psychiatr. 3 der Ref., Heft 5 u. 6. 1911.
220. Nolte, P., Die Unterbringung geisteskranker Verbrecher und wegen Geisteskrankheit Freigesprochener in den außerdeutschen Staaten. Zeitschr. f. Medizinalbeamte. 1907. Nr. 7.
221. Fr. O. M., Ein Besuch in der Anstalt für irre Verbrecher. Allg. Zeitschr. f. Psych. 1865. 12, 180.
222. Oba, Unverbesserliche Verbrecher und ihre Behandlung. Inaug.-Diss. Erlangen 1909.
223. Oetker, Entwurf eines Reichsgesetzes betr. die vorläufige Verwahrung, bzw. Internierung gemeingefährlicher Geisteskranker. Mitteil. d. internat. Kr.-Vereinigung. 12, 58. 1905.
224. Olivier, Maurice, Études cliniques relatives à l'internement des aliénés réputés criminels. Thèse des Paris. 1903. Ref. Mendel, Jahresber. 7, 1133.
225. Österreichischer Strafgesetzentwurf von 1912. Regierungsvorlage.
226. Partenheimer, Gemeingefährlich und irrenanstaltsbedürftig im Sinne des Gesetzes? Monatsschr. f. Kriminalpsychol. 7, 426. 1911.
227. Pactet Colin, Les aliénés criminels dans les prisons. Paris 1902.
228. Pelanda e Cainer, I pazzi criminali al manicomio provinziale di Verona. Torino 1902.
229. Pelman, Carl, Reiseerinnerungen aus England und Frankreich. Allg. Zeitschr. f. Psychiatr. 27, 1. 2.
230. — Reichsgesetzliche Regelung des Irrenwesens. Psychiatr.-neurol. Wochenschr. 1907.
231. — Psychische Grenzzustände. 2. Aufl. Bonn 1910.
232. Penta, Manicomii criminali e sezioni per folli nelle case di pena. Riv. mens. di psich. 1902. 46.
233. — Vi sono delle categorie di délinquenti ai quali possa essere applicata la sentenza indeterminata e come puo realizzarsi questa misura? Riv. mens. di psich. 1899. 164.
234. Petit, D'une classe des délinquants intermédiaire aux aliénés et aux criminels. Thèse de Paris. 1900.
235. Petition der Kgl. Haupt- und Residenzstadt Berlin, an die beiden Häuser des Landtages betr.: Fürsorge für die gemeingefährlichen Geisteskranken, Idioten und Epileptiker: Vorlagen für die Stadtverordnetenversammlung zu Berlin 1913. Nr. 6. 128.
236. Petrén, Geschichte der Kriminalirrenpflege in Schweden. Monatsschr. f. Kriminalpsychol. 1909. 6. Jahrg. Nr. 2. 83.
237. Pfenninger, Sichernde Maßnahmen gegenüber verbrecherischen Unzurechnungsfähigen und vermindert zurechnungsfähigen Verbrechern. (Verhandl. d. schweiz. Juristentages.) Zeitschr. f. d. ges. Strafrechtswissensch. 1914. 35. 263.
238. Philipp, Über die Unterbringung geisteskranker Verbrecher. Hamburg 1881.
239. Pick, A., Über die Entlassung genesener verbrecherischer Irren. Allg. Zeitschr. f. Psychiatr. 43, 1. 1887.
240. Plaxton, Aliénés criminels à Ceylon. Ann. méd. psychol. 1884. 186.
241. — Über geisteskranke Verbrecher. Friedreichs Bl. f. gerichtl. Med. 32, 262/266. 1881.
242. Pons, Deux asiles d'aliénés criminels. Ann. méd. psychol. Paris 3, 378—401. 1896.
243. Pollitz, Sicherungsmaßregeln nach dem Entwurf zu einem deutschen und österreichischen Strafgesetzbuch. Verhandl. d. 31. Juristentages. 2, 126. 1911.
244. Ponticelli, Leopoldo e Algeri, Il manicomio criminali dell' Ambrogiana presso Montelupo Fiorentino. Riv. di discipl. carceraria 1888. 3ff.
235. Prins, Die Gemeingefährlichen. Mitteil. d. J.K.V. 13, 81. 1906.
246. Projet de la révision de la loi de 30. Juin 1838 sur les aliénés. Ann. méd. psychol. 1883.
247. Proust, Législation relative aux aliénés criminels. Ann. méd. psychol. 1880. 377.

248. Puglia, F., Sul trattamento dei criminali alienati. Riv. mens. di psich. forense. Napoli 1, 365—367. 1898.
249. Puppe, Einweisung, Festhaltung und Entlassung von gemeingefährlichen bzw. nach § 51 StGB. freigesprochenen Geisteskranken in Anstalten. Allg. Zeitschr. f. Psychiatr. 1908. 65. 698.
250. Raimann, Die Unterbringung und Behandlung des geistig Minderwertigen. Jahrb. f. Psych. 28, 179. 1907.
251. Ramadier und Fenayron, Die Kriminalität der Irren des Departements Aweyron. Annal. med.-psychol. 1898. 56. Jahrg.
252. Rapport, van de Commissie van Prae-Advies omtrent de vraag, op welke wijze bey de plaatsing van gevaarlijke kranksinnigen kan worden voorzien. Psych. en neur. Bladen. 1902. 285.
253. Rast, H., Beitrag zur Frage der Versorgung verbrecherischer Geisteskranker. Aus der psychiatr. Klinik d. Univ. Bern. Med. Diss. Bern 1917.
254. Rauchstein, Die strafrechtliche Behandlung Geisteskranker. Bl. f. Gefängniskunde. 1900. 19.
255. Rédon, Des modifications à apporter à la situation des aliénés criminels au point de vue pénal. Thèse des Montpellier. 1898.
256. Reinach, J., Le traitement des fous criminels. Chron. méd. Par. 1, 321—327. 1895.
257. Reuß, Der Rechtsschutz der Geisteskranken auf Grundlage der Irrengesetzgebung in Europa und Nordamerika. 1888.
258. Revolte geisteskranker Verbrecher in einer Anstalt. Allg. Zeitschr. f. Psychiatr. 41, 466. 1885.
259. Ribstein, Kriminalirrenanstalten und Invalidengefängnisse in Handb. d. Gefängniswesens. Herausgegeb. von v. Holtzendorf und v. Jagemann. Hamburg. 2, 328. 1888.
260. Riggs, Des aliénés criminels étrangers. Arch. de neurol. 1896. 124.
261. Risch, Die Unschädlichmachung geisteskranker Verbrecher. Psychiatr.-neurol. Wochenschr. 1908. Nr. 3.
262. Riva, Gli alienati criminali pericolosi. Riv. speriment. di frenatria 34, 963.
263. Rixen, P., Fürsorge für kriminelle Geisteskranke. Psychiatr.-neurol. Wochenschr. 1908.
264. — Zur Frage der Anrechnung des Irrenanstaltsaufenthaltes auf die Strafzeit. Halle 1914.
265. — Strafaufschub und Strafunterbrechung bei Krankheiten. Zeitschr. f. Medizinalbeamte 1913. Nr. 11.
266. Roller, Über Seelenstörungen in Einzelhaft. Zeitschr. f. Psychiatr. 20, 195.
267. Rothamel, Soziale Leistungsfähigkeit gemeingefährlicher Geisteskranker. Monatsschr. f. Kriminalpsychol. u. Strafrechtsreform. 2, 67. 1905.
268. Rösing, Spezialarzt oder Spezialasyl im Gefängnisse. Arch. f. Kriminalanthropol. 5, 49. 1900.
269. Rotering, Die Versorgung der geisteskranken Verbrecher mit Bemerkungen über die Wirksamkeit der Gefängnisabteilungen in Preußen. Monatsschr. f. Kriminalpsychol. 1. Jahrg. Heft 5.
270. Sander, M., Die neueingerichtete Irrenabteilung an der Strafanstalt zu Graudenz. Allg. Zeitschr. f. Psychiatr. 60, 60. 1903.
271. Sander, W., Zur Frage der Versorgung geisteskranker Verbrecher. Psychiatr.-neurol. Wochenschr. 1. Jahrg.
272. Sander, W. und A. Richter, Die Beziehungen zwischen Geistesstörung und Verbrechen. Berlin 1886.
273. Saporito, Criminali alienati e alienati criminali. Aversa 1907.
274. — La difesa sociale degli alienati criminali. Riv. sperimentale di frenatria. 34, 274.
275. — Manicomio di Aversa in rapporto alla lege e oi progressi della tecnico manicomiole. Moli e remedii. Aversa 1907.
276. Schäfer, Zur Revision der Frage nach der Unterbringung der geisteskranken Verbrecher. Allg. Zeitschr. f. Psychiatr. 44, 8ff.
277. Scheven, Geistesstörung und Verbrechen in Mecklenburg-Schwerin. Arch. f. Kriminalanthropol. 4, 1900.

278. Schrank, Über die Aufnahme von während der Strafhaft geisteskrank gewordener Verbrecher in Irrenanstalten. Ref. Erlenmeyers Zentralbl. f. Nervenheilk. 1878. 213.
279. Schroeter, R., Die Unterbringung von geisteskranken Verbrechern. Allg. Zeitschr. f. Psychiatr. 51, 432—446. 1894.
280. Schultze, Ernst, Die Sicherung der Gesellschaft gegen gemeingefährliche Geisteskranke und der Vorentwurf zu einem Deutschen Strafgesetzbuch. Arch. f. Psych. 48, 1. 1911.
281. — Sichernde Maßnahmen nach dem Vorentwurf eines deutschen Strafgesetzbuches. 4. internat. Kongr. z. Fürsorge f. Geisteskranke. 1911. 167.
282. — Das Irrenrecht. Handb. d. Psychiatr. herausgegeb. von Aschaffenburg. Allg. Teil. 5. Abt. Leipzig u. Wien 1912.
283. v. Schwab, Die Unterbringung geisteskranker Strafgefangener in Württemberg. Bl. f. Gefängniskunde 38, Heft 1 u. 2. 1. 1904.
284. Schwabe, Die Aufgaben der Medizinalbeamten in bezug auf die Fürsorge für Geisteskranke, Epileptiker und Idioten. Offizieller Bericht über die 22. Hauptvers. d. preuß. Medizinalbeamtenvereins in Hannover. Berlin 1905.
285. Schwandner, Praktische Erfahrungen in der Behandlung geisteskranker Strafgefangener. Monatsschr f. Kriminalpsychol. Jahrg. 5. 401.
286. Sémal, Des prisons asiles pour criminels aliénés et instinctifs. Bruxelles 1889.
287. Sérieux, Paul, L'assistance des aliénés en France, en Allemagne, en Italie et en Suisse. Paris 1903.
288. Siefert, Über Geistesstörungen in der Strafhaft. Halle 1907.
289. Siemerling, Über schottische, englische und französische Irrenanstalten. Arch. f. Psych. 17. 2.
290. — Geisteskranke Verbrecher. Berl. klin. Wochenschr. 1900. Nr. 22.
291. Simon, Th., Die Behandlung geisteskranker Verbrecher vom medizinal-polizeilichen Standpunkt. Horns Vierteljahrsschr. f. gerichtl. u. öffentl. Med. 2, 193. 1865.
292. Sipp, Des aliénés dangereux au point de vue clinique et administratif. Bull. méd. 3 mars 1897.
293. — Les aliénés dangereux au point de vue clinique et administratif. Lyon 1895.
294. v. Sölder, Strafrecht und Strafprozeßrecht in Dittrich, Forens. Psychiatrie 8, 160.
295. Sommer, Beiträge zur Kenntnis der kriminellen Irren. Allg. Zeitschr. f. Psychiatr. 40. 1 u. 2.
296. — Das Verhältnis der psychiatrischen Begriffe im Strafgesetzbuch und bürgerlichen Gesetzbuch. Deutsche Strafrechtsztg. 1914. 1. 208.
297. Spaet, Über Gemeingefährlichkeit der Geisteskranken. Zeitschr. f. Medizinalbeamte. 1906. 677.
298. Staiger, Erfahrungen in der Behandlung geisteskranker Verbrecher. Monatsschr. f. Kriminalpsychol. u. Strafrechtsreform. 1909. 5. Jahrg. 415.
299. Stein, Irrengesetzgebung in Ungarn. Psychiatr. Wochenschr. 1900.
300. Stengel und Hegar, Die Unterbringung geisteskranker Verbrecher. Allg. Zeitschr. f. Psychiatr. 66, 83. 1909.
301. Stooß, Die sichernden Maßnahmen gegen Gemeingefährliche im österreich. Strafgesetzentwurf. Österr. Zeitschr. f. Strafrecht. 1910. 25.
302. — Die Natur der sichernden Maßnahmen. Monatsschr. f. Kriminalpsychol. 8. 368. 1911.
303. Straßmann, Fritz, Lehrbuch d. gerichtl. Medizin. 1895.
304. Sturm, Sichernde Maßnahmen des Vorentwurfs und Landesverwaltungen. Bl. f. admin. Praxis. 1911. 321.
305. Tamburini, Augusto, Dei manicomi criminali. Riv. di disciplin. carceraria. 1876. 443ff.
306. Tilkowsky, Entlassung Geisteskranker aus der Irrenanstalt. Handb. d. ärztl. Sachverständigentätigkeit. Herausgegeb. von Dittrich. 8, 482.
307. Truchon, De la nécessité de la création d'asiles spéciaux pour les aliénés dits criminels. Thèse de Lyon 1894.
308. Türkel, Siegfried, Irrenwesen und Strafrechtspflege. Wien 1901.
309. — Die kriminellen Geisteskranken. Wien. med. Wochenschr. 1904. Nr. 35. 1614.
310. — Die kriminellen Geisteskranken. Wien 1905.

311. Türkel, Siegfried, Die Reform des österr. Irrenrechts. Wien 1907.
312. United States, Departement of State. The criminal insane in the United States and in foreign countries. Repport by S. J. Barrows commissioner for the United States on the international prison commission. 55. Congr. 2. sess. S. Doc Nr. 273. May. 1898. Washington 1898.
313. Unger, Die Irrengesetzgebung in Preußen. Berlin 1898.
314. Die Unterbringung geisteskranker Strafgefangener in Württemberg. Landständische Verhandl. v. 10. Juli 1903. Bl. f. Gefängniskunde **38**, H. 3 u. 4. 305. 1904.
315. Unterbringung geisteskranker Verbrecher und gemeingefährlichen Geisteskranken in Schlesien. Allg. Zeitschr. f. Psychiatr. **61**, 788.
316. Unterbringung geisteskranker Verbrecher. 39. Vers. südwestdeutscher Irrenärzte in Karlsruh. Novemb. 1908. Diskussion zu dem Vortrag von Hegar und Stengel. Allg. Zeitschr. f. Psychiatr. **66**, 174. 1909.
317. Verhandlungen des internationalen irrenärztlichen Kongresses in Paris. August 1878. Ref. in: Allg. Zeitschr. f. Psychiatr. **36**, 57.
318. Vigouroux et Colin, La question des aliénés criminels. Communic au Congr. de méd. ment. 1897.
319. Virgilio, Sulla istituzione dei manicomi criminali in Italia. Arch. ital. per. mal. nerv. 1877.
320. Vocke, Irrenanstalten sind Krankenanstalten, keine Bewahrungshäuser für verbrecherische Entartete und gemindert Zurechnungsfähige. Neurol. Zentralbl. 1906. 471.
321. Vorentwurf zu einem deutschen Strafgesetzbuch. Allg. Teil. Berlin 1909. 237.
322. Wagner und Benedikt, Die Behandlung krimineller Geisteskranker. Das österr. Sanitätswesen **16**, Nr. 27. Beilage.
323. Wagner und Jauregg, Über die Versorgung krimineller Geisteskranker. Jahrb. f. Psych. **21**, 424. 1902.
324. Weber, Das Hannoversche Provinzialverwahrungshaus in Göttingen. Monatsschr. f. Kriminalpsychol. **7**, 159.
325. Weber, L. W., Die Unterbringung geisteskranker Verbrecher und gemeingefährlicher Geisteskranker. Ergebn. d. Neurol. u. Psychiatr. **1**, 1912.
326. Weygandt, Genügt unser Schutz vor verbrecherischen Geisteskranken? Heilkunde. Juni 1909. 203.
327. Wellenbergh, G., Die Fürsorge für gefährliche Geisteskranke. Psychiatrische en Neurologische Bladen 1903. No. 2.
328. Werner, R., „Geistig Minderwertige“ oder „Geisteskranke“. Berlin 1906.
329. — Die Versorgung der geisteskranken Verbrecher in Dalldorf. Berlin 1906.
330. Wernich und Wehmer, Fürsorge für irre Verbrecher. Lehrb. d. öffentl. Gesundheitswesens. Stuttgart 1894. 477.
331. Wickel, Das Bewahrungshaus. Psychiatr.-neurol. Wochenschr. 1908. 10. Jahrg. Nr. 37.
332. Wiedemeister, Über die Errichtung von Spezialasylen für verbrecherische Irre. Allg. Zeitschr. f. Psych. **38**. 2. 1871.
333. Willemaers, Les aliénés criminels. Bull. de la soc. méd. de Belgique. Dezemb. 1900.
334. Wittermann, Ernst, Pariser Reiseeindrücke. Psychiatr.-neurol. Wochenschr. 1912—1913. Nr. 37. 433.
335. Wüst, Die sichernden Maßnahmen im Entwurf zu einem schweizerischen Strafgesetzbuch. Zürich 1905.
336. Zinn, Versorgung der geisteskranken Personen, welche wegen Begehens eines Verbrechens angeschuldigt, angeklagt oder verurteilt sind. Referat d. Jahresvers. zu Eisenach 1882. Allg. Zeitschr. f. Psychiatr. **39**, 639. 1883.
337. Zusammenstellung der gutachtlichen Äußerungen über den Vorentwurf zu einem deutschen Strafgesetzbuch, gefertigt im Reichsjustizamt, als Manuskript gedruckt. Berlin 1911.

Nach Abschluß meiner Arbeit sind mir noch folgende einschlägige Abhandlungen bekannt geworden:

339. Ballet, Gilbert, Le projet de révision de la loi de 1838 sur les aliénés. Rev. de Psych. et Psychol. expérimentale 1913. Nr. 5.

340. Bleuler, E., Sichernde Maßnahmen gegenüber unzurechnungsfähigen und vermindert zurechnungsfähigen Verbrechern. Schweiz. Juristenztg. 10. Jahrg. 1913. Heft 12.

341. Entscheidungen des Bundesamts für das Heimatwesen. 1. Armenrechtliche Verpflichtung, des Armenverbandes, für Geisteskranke zu sorgen, verneint. Psychiatr. neurolog. Wochenschr. 22. Jahrg. 1920/21. 192.

342. Délavigne, M., La questions des asiles-prisons. L'Assistence. 1913. 96.

343. Fillasier, A., La réforme de la loi de 1838 sur les aliénés et la commission du sénat. Ann. méd.-psychol. 1913. Nr. 6.

344. Fischer, Max, Gesundheitsaufsicht bei Geisteskranken außerhalb der Anstalten. Halbmonatsschr. f. soz. Hygiene. 1913. Nr. 18.

345. Hentig, H. v., Die Verwahrung gefährlicher Elemente nach dem Entwurf eines französischen Irrengesetzes. Österr. Zeitschr. f. Strafrecht. Jahrg. 4. 1913. 217.

346. Hermkes, Das Bewahrungshaus für Geisteskranke mit gemeingefährlichen Neigungen. Vierteljahrsschr. f. gerichtl. Med. 1913. 1. Suppl. 350.

347. Hoffarth, J., Die gemeingefährlichen Geisteskranken. Verlag von Otto Berger, Staßfurt o. I.

348. Nöldeke, Sicherung gegen geisteskranke Verbrecher. Vossische Zeitg. v. 25. Okt. 1913. Morgenausgabe.

349. Samana, M. F., La loi italienne du 14. février 1904 sur les asiles d'aliénés (manicomi) et sur les aliénés. L'Assistance. 1913.

350. Schäfer, F., Die Unterbringung der geisteskranken Verbrecher. Psychiatr.-neurol. Wochenschr. 14. Jahrg. 1913. Nr. 52.

Abhandlungen aus dem Gesamtgebiete der Kriminalpsychologie (Heidelberger Abhandlungen) herausgegeben von Geh. Hofrat Professor Dr. **K. v. Lilienthal**, Prof. Dr. **F. Nissl**, Prof. Dr. **S. Schott**, Prof. Dr. **C. Wilmanns**.

Heft 1. **Die Ursachen der jugendlichen Verwahrlosung und Kriminalität.** Studien zur Frage: Milieu oder Anlage. Von Dr. **Hans W. Gruhle** in Heidelberg. Mit 23 Abbildungen im Text und 1 farbigen Tafel. 1912. Preis M. 18,—.

Heft 2. **Lebensschicksale geisteskranker Strafgefangener.** Katamnestische Untersuchungen nach den Berichten L. Kirn's über ehemalige Insassen der Zentralstrafanstalt Freiburg i. B. (1879—1886). Von Privatdozent Dr. med. **August Homburger** in Heidelberg. Mit 6 Textabbildungen und 12 farbigen Tafeln. 1913. Preis M. 14,—; gebunden M. 16,—.

Heft 3. **Über Massenmörder.** Ein Beitrag zu den persönlichen Verbrechensursachen und zu den Methoden ihrer Erforschung. Von Privatdozent Dr. **Albrecht Wetzel**, Chefarzt an der Psychiatrischen Universitätsklinik in Heidelberg. Mit 1 Tafel im Text. 1920. Preis M. 18,—.

Verbrechertypen. Von Dr. **Hans W. Gruhle** und Dr. **Albrecht Wetzel** in Heidelberg.

I. Band, 1. Heft. **Geliebtenmörder.** Von Dr. **Albrecht Wetzel** und Professor Dr. **Karl Wilmanns** in Heidelberg 1913. Preis M. 2,80.

I. Band, 2. Heft. **Säufer als Brandstifter.** Von **H. W. Gruhle** und **K. Wilmanns** in Heidelberg und **G. L. Dreyfuß** in Frankfurt a. M. Mit einer Tafel. 1914. Preis M. 3,20.

I. Band, 3. Heft. **Zur Psychologie des Massenmords.** Hauptlehrer Wagner von Degerloch. Eine kriminalpsychologische und psychiatrische Studie von Professor Dr. **R. Gaupp** in Tübingen nebst einem Gutachten von Geh. Med.-Rat Professor Dr. **R. Wollenberg** in Straßburg i. E. Mit 1 Textabbildung und 1 Tafel. 1914. Preis M. 6,—.

Die Psychologie des Verbrechens. Eine Kritik von Dr. med. et phil. **Max Kauffmann**, Privatdozent an der Universität Halle a. S. Mit zahlreichen Porträts. 1912. Preis M. 10,—; gebunden M. 11,—.

Beiträge zur Psychologie und Psychopathologie der Brandstifter. Von Dr. med. **Heinrich Többen**, Beauftragter Dozent für gerichtliche Psychiatrie an der Universität Münster i. W. 1917. Preis M. 4,80.

Psychiatrische Familiengeschichten. Von Dr. **J. Jörger**, Direktor der Graubündnerischen Heilanstalt Waldhaus bei Chur. 1919. Preis M. 6,40.

Strafrecht und Auslese. Eine Anwendung des Kausalgesetzes auf den rechtbrechenden Menschen. Von Dr. **Hans von Hentig**. Mit 14 graphischen Darstellungen. 1914. Preis M. 6,—.

Hierzu Teuerungszuschläge

GPSR Compliance

The European Union's (EU) General Product Safety Regulation (GPSR) is a set of rules that requires consumer products to be safe and our obligations to ensure this.

If you have any concerns about our products, you can contact us on ProductSafety@springernature.com

In case Publisher is established outside the EU, the EU authorized representative is:

Springer Nature Customer Service Center GmbH
Europaplatz 3
69115 Heidelberg, Germany

Batch number: 10816188

Printed by Printforce, the Netherlands